JN157426

# 哲学・論理学原論〔新世紀編〕

## ――ヘーゲル哲学　学形成の認識論的論理学

南郷継正著

# 『哲学・論理学原論〔新世紀編〕――ヘーゲル哲学　学形成の認識論的論理学』

## 読者への挨拶

『哲学・論理学原論〔新世紀編〕』を手にされた読者諸氏に、心からのお礼というより、諸氏の崇高な精神（学問への憧れ）に尊敬の念を抱いていることを伝えたい。

### （I）

本著『哲学・論理学原論〔新世紀編〕』（*Die wissenschaftliche Grundlegung der Philosophie und der Logik*）は、六十有余年にわたる哲学・論理学の学的な姿を求めての学的研鑽（古代ギリシャ哲学〔主にアリストテレス〕と近代欧州哲学〔主にヘーゲル〕）の総括としての発刊である。サブタイトルに「ヘーゲル哲学　学形成の認識論的論理学」（*Zum Verstehen der Hegels Philosophie: Wissenschaft der epistemologischen Logik für den Aufbau der Wissenschaft*）とあるように、本書は、学問としての哲学、学問としての論理学を問い、その学的な姿及び道程を問い、その姿に至る筋道を読者諸氏に提示するものである。ここで本当の哲学・論理学の学的な姿及び道程を問い、その姿に至る筋道を示すとは、以下のことである。

それは読者諸氏が学的世界を志した場合、諸氏は精神が凍りつく場面に出会うことになる。端的には、学的世界を求めて世界中の哲学書・論理学書なるものを求めて読破してみたところで、哲学・論理学としての学的体系はおろか、肝心の学的概念を規定したものは当然のこと、認識学、弁証学、加えて論理学の学的概念を規定したものは見当たらぬか、あるとしても恣意的な説明書である。すなわち学的レベルの著作が皆無に近いからである。これは大哲学者として現代において名を挙げられるデカルト、カントの書においてすら、そうだからである。それだけに端的には、哲学書・論理学書として体系化されたものは一冊もない（といってよい）歴史的な事実が存在する。

　この理由は簡単には、現代における哲学者と称している人の「哲学的な意味における」学的実力不足が原因であるといってよい。学的実力の不足とはの中身を結論から説くならば、哲学の初代的完成者はアリストテレスといってよいのは「確か」なのであるが、そのアリストテレスの学問の中身を読みとれる実力は現代の哲学者は当然のこと、「アリストテレスの訳者」と称する人の誰もが把持できてはいない、というのが現実だからである。このことはアリストテレスの書物を現代の日本においてもまともに訳しきれていないことで分かってよい（これは、ヘーゲルの訳者とて御同様ではあるのだが……）。

　これは実例をいかようにも挙げられよう。そしてこれには、まともな理由がある。それは、アリストテレスの文章の理解は、ヘーゲル『哲学史』の弁証法的論理の理解を抜きにしては絶対（といってよいくらい）に可能とならないからである。もっと説けば、ヘーゲルレベルの哲学的実力がなければ、どうにもアリストテレスを読みとることが不可能といってよいからである。では、ヘーゲルの実力があれば……可能なのかというと、これだけでは、まだ十分ではない。少し説いておこう。

ヘーゲルの書に説かれているように、真の哲学書というものは、時代の哲学としてしか誕生できないということであり、それ故、学問の神の象徴たる梟（die Eule als Emblem der Göttin der Wissenschaft, Athene. 古代ギリシャにおける知恵と学問そして戦争の女神アテナの聖鳥である）は、時代の黄昏にしか飛び立たないというより、黄昏にしか飛び立てないとの現実がある。とはいうものの、この事実（これは現実の我々の世界で起きた事実である）については、執筆者であるヘーゲルですら、その所以なるものを説いてはいないだけに、これはうっかりすると、お伽噺レベルとされかねない現実がある。

しかも、学的梟（die wissenschaftliche Eule）が飛び立つその時代、時代の一つ一つは気の遠くなるような歳月を把持しているのであり、端的には、人類の叡智がそういう歴史的な発展時間を把持することなしには、学問としては次の時代への変化は可能とならないということでもある。だが、人類の歴史の時間表を視れば分かってくるように、「生命の歴史」同様に、最古代の時の流れと古代への時の流れとは大きく違ってくるように、歴史というものは時の歩みを次第次第にと、速めていくものである。

これも弁証法で説かれる量質転化形態の時の流れの一つである。そのことを私が高校時代に見識った時の衝撃の大きさは、まさに、アリストテレスの「驚駭」というものに等しかったといってよい。

事のついでに述べておけば、高校生になった当時の私は、「もはや中学生ではない」ことを真に自覚すべく、日本の地の果てとも思える九州の片田舎のアバラ屋で、ただ一人自ら求めてドイツ語の自学自習に取り組んでいった。選んだ書は関口存男執筆になる『初級ドイツ語』（三修社）であり、これはいわゆるヒゲ文字たる旧ドイツ文字であったので、当初は大変な苦労続きであったが、このことは後々に大きく役立つことになっていった。すなわち、ヨゼフ・ディーツゲンを必要とした時点で原書はドイツ文字だったから、さして苦労なく読み進められたからである。だが、ハイリッヒ・クノーの原書はローマ字であったので、少しがっかりしたことを覚えている。それはさておき、このアリストテレスの「驚駭」は世界中の哲学者という哲学者に誤解されっぱなしなので、少しは説いておくべきであろう。

アリストテレスの「驚駭」（τὸ θαυμάζειν, das Bewundern, *Metaphysica* 982b12）とは、最低のレベルでは、ファーブルのあの「叫び」であり、了海の二十一年目の「心境」であり、小説上では、エドモン・ダンテスの「脱獄」ないし、「宝物」の発見に等しい、と分かるべきなのであり、単なる発明発見レベルでとってよいわけはなく、まして時折、素人哲学者が著作で説いているごときの「あぁ驚いた」で済ませてよいものではない。私はそれ程の驚駭を歴史の教科書で味わうことができ、これをふまえて、この怒濤の如き歴史の流れに飲みこまれずに、「人生何をなすべきか」を考えに考えて出しえた私の解答は、以下のものであった。

まず第一には、かつて説いたように、これは高校生の時、偶然に見ることができた柳田謙十郎の『観念論と唯物論』（弘文堂書房）によって、「この弁証法を学ぶことが、怠け人である私の唯一の人生大逆転の方法である。これが学問への道だからであり、そうでなければならない」と決意をしたことであり、第二は大学入学時に、エンゲルスの「哲学は時代の成果を得て消滅」したとの言葉であり、三浦つとむの「これからは哲学ではなく弁証法の時代となる」との言葉を合わせて、「哲学は弁証法として再生したのだ、弁証法が哲学をより見事なものとして復活させたのだ。だから私は、全学の王としての哲学ではなく、全学の王としての弁証法を学ぶべきなのだ」としての二十歳からの出立だったのである。そこから、弁証法の学びとしての全学の修学、すなわち、自然科学、社会科学、精神科学への学びが始まっていくことになる。だが、以下に説くように、これは簡単なことでは済まなかったのである。

（Ⅱ）

この全学的修学が学的構築可能なレベルで成った時には、怖いことに二十年以上もの刻（トキ）が過ぎ去っていた。この内実に関して私は、著書の至る箇所で説いているが、それは全くのところ、エドモン・ダンテスの「牢獄の苦しみ」的レベルであり、ファーブルの「たった一人の叫び」であり、了海の岩壁を抜いた瞬間の「全身からの叫び」という程の厳しい実際だったのである。だが、である。やがてこれがプラトンの弁証法を実質的に修得することにもなっていったことである。

哲学の歴史を少しでも繙けば、誰にでも分かるように、学問といえる水準に到達できた哲学者は、この二大巨人、アリストテレスとヘーゲルだけである（加えるにアリストテレスを継ぐことができた本物の学者であるが、著作が『神学大全』となっているだけに世上では神学者としか評価されないトマス・アクィナスがいる。だが学的論理学の体系化はヘーゲルといえども未だしである……）。しかし、である。この二人（もしくは三人）の学的後継的学者は零である。これは何故（ナニユエ）であろうか。詳細は別途として、二人（もしくは三人）とも、大学者ではありえても、良き師ではなかったことも一因である、とまずは指摘しておくべきであろう（しかしこれは当人の欠点、と指摘すべきではない）。

それだけに私はそこをふまえ、後に続く人材の養成をと心がけてここまで歩いてきたために、現在は何人か育ってきてはいる。またそれだけに、この講義の中身すなわち実態たる構造が、後に続かんとする諸氏の学的実力の養成に役立つように、と心がけての説き方になっている。とはいっても、ヘーゲル哲学の研究者にすら難解と思える高度な学的レベルの展開が為され続けているだけに、諸氏が本書の学的文字や言葉を簡単に読みとれるとは、さすがの私とて思ってはいないし、思えるわけもない。

だが、である。哲学界を含めての諸学界の先生方で、まともに学的論文たる哲学書・論理学書をモノした、あるいはモノにできて論理的体系的展開をされている方の僅少なるを知れば、大半の方の論文なるものの実態は、研究的成果なるものの文字、数字、数的処理、論理と称してのコンピューターの処理的文字の羅列以外の何ものでもない、といってよい。だからせめても、これから日本文化を高めよう、あるいは支えようと志す読者諸氏には、なんとも無粋な、内容のない文字、数列、数的処理を並べるのみ、という情けない状態から脱出されることを願っての、『哲学・論理学原論』（*Die wissenschaftliche Grundlegung der Philosophie und der Logik*）でもある。それだけに、私の著作は、内実は、体系的ではあるものの、講義形式としての、易から難への展開は当然ながら、易から易へ、難から易へ、そして、それらの幾度となる繰り返し的説き方を取り続けているのである。

以上をふまえれば、各編には当然ながら、ある程度の内容の重複が存在することになっていく。端的には各編それぞれの役割が存在するだけに、用いてある言語表現である体系性、あるいは、学的概念を少しずつ角度を変えながらの説き方すらも、なしているからである。併せて、大きく諸氏の理解が深まることになっていければ……との思いで説いているからでもある。この大きな理由は以下である。

（Ⅲ）

学問レベルの論文というものは、まず第一に問題にされるべきことは、その論理性にある。そもそも論理というものは、まずは、世界観たる観念論と唯物論のどちらかをまともに把持してかからないと、いかに自らの研究、学びが事実に従って（いるように思えて）いても、観念論と唯物論は、論理性が高度になる程に違った展開（発展）となっていくものである。単純に説けば、論文の内実は学問レベルからすれば素人の御仁が考えるような、言葉として論理という文字を使えば、それで論理的な文（論文）になるというがごときのヤワなものではない。まして、哲学と称して、学問の水準を大きく下げた（学的学びの本分を忘れた）「人生いかに生くべきか」や謎解きを行う御仁のタワゴト文でも絶対にない。

端的に論理とは、自らが究明したい専門的対象の事実という事実に横たわる性質の共通性を導きだして後、そこを一般性レベルで把持できたものを最低限として成立し、そこから一般性的論理と特殊性的論理の把握を経、結果として、構造論（実体論ではなく）としての論理を確立することをもって、ようやくにして学問としての論文、つまり学の体系化が可能となっていくものだからである。

それだけに、本当に学的論文が書けるようになるためには、少なくとも対象的事実の共通性をまずは導きだし、そこを一般性として把握できるだけの実力の養成期間を十数年はまともに必要とする。だが、これらは文学論的評論レベルの秀才の物書きが何千枚もの大冊をモノにしても、それだけでは、どうにもならないこと！　なのである。少し説けば以下である。

論理を把握できるには、当初は共通性を導きだすことから一般性へと論理を進めることであることは「確か」であるが、しかしこれは論理学的実態の論理としては、正確には、最初のほんの一歩でしかない。すなわち、ここからこの一歩から論理への道が始まっていくのである。それに加えて詳しくは後に説くが、簡単には、論理にはレベルの高低があり、低い所から一歩一歩と高い所へと次第に登っていかなければならないのである。ここはアリストテレスには当然のこと、ヘーゲルですらまだ最初の一歩を大きく踏みだすことがようやくにしてできたレベルであっただけに、高い所へは未知の段階としての道だったといってよい。分かりやすく説けば、現象段階からは現象の論理が構築されていき、構造の段階では構造の論理が構築されることになり、本質の段階では、本質の構造そのものの論理が構築されていく（端的には、それは我々が自分の専門分野で自力で構築していく）ものなのである。

これは、『自然の弁証法』（エンゲルス）に学んで武谷三男が、『物理学と方法』（岩波書店）を著わした坂田昌一の助力を得て物理学の研究方法として創出した、三段階論たる現象論、実体論、本質論という平易なレベルの一直線的な登山的説き方では、どうにもならない問題である。それだけに、学問的論文の質的向上が図れるには、当然に学問的論文の内実に必須として含まれるべき学的弁証法とか、学的論理学とか、学的認識論の、その学問的質の向上が常態としてなされなければならない。ところが、ここに大きな落とし穴があることに、歴史上の大学者のただの一人すら気がつくことがなかったのである。

一言では、それらの基礎学にすら「歴史性が実存する」という重大事である。弁証法を例に挙げれば、自分の専門分野の研鑽が深まるとともに、そこに横たわる弁証法性を単なる単層レベルではなく、対象の弁証法性をより重層構造で捉え返して、そこをより重層的な弁証法の論理構造で体系的に説くことが必須となってくるからである。すなわち、学的レベルでの弁証法の発展を必須とする。

だが、そこを歴史上の学者の誰もが気がつかないままに単層の弁証法そのままで、あるいは単層の矛盾論のままに、あるいは単層の認識論や、単層の論理学で自分の学説を構成してしまったのである。これは弁証法を三法則として創出したエンゲルスは当然のこと（とはいっても、エンゲルスは三法則の創始者だから、文句をいうべきではないのだが）、私が学んだ三浦つとむ、滝村隆一の二方も、である。三浦つとむは淋しいことにあまりにもエンゲルスに心酔しきったがために、ヘーゲルの説くプラトン弁証法の深奥を修めるべくの努力に欠け、故に最後までここを理解できなかったといってよい。また滝村隆一は、弁証法をまともに駆使して説いている効果でどうにか成功している『マルクス主義国家論』（三一書房）出版後に、弁証法とはエンゲルスの三法則である（でしかない）と錯覚するあまり、弁証法の学びにも深奥が存在することが分かる努力をなすことなく、あろうことか役立たずとして棄て去ることにもなっていったからである。

（Ⅳ）

では何故に私が、そうならなかったのかは、大きくは実際に弁証法を駆使して（実験、実証して）の武道・武術の修業・修行の故である。読者諸氏の大半には、ここの内実たる実態に関しては、いくらやさしく説明してもおそらくは理解不能であろうが、武道・武術の修業（実体としての身体の鍛錬）にすら、奥深い理論的体系としての学問を駆使しての学び、すなわち身体修練の理論体系性、精神修練の理論体系性が存在するのである。ここを世界初として説ききったのが、『武道の理論』（一九七二年刊）、『武道の復権』（一九七五年刊）、『武道とは何か』（一九七七年刊）、『武道への道』（一九七九年刊、以上すべて三一書房）等々であったことは、読者諸氏にとって衆知の事実である。

それ故、ここを等閑視した御仁はスポーツ的には上達できても、武術・武道としてはどうにもならないことになる。これは、現代のスポーツ化した剣道、柔道、合気道、空手道と称するものとは、断絶した世界としてのレベルの違いの異なるものがあるのである。事実レベルでも相手の必殺技を顔面の僅か一寸の見切り（見切り損なったら死ぬ）という、生死の境の闘いといったものは、スポーツの世界には存在しない。だが武道・武術にはそれが確固としてある。故に、その一寸の見切りに、自らの人生の終末を望まぬままに生命を賭ける修行は、身体の技ではなく、心のというより生死一如の精神鍛錬を必須となすものである。その武道・武術の学びが、その精神が弁証法の深奥を求めていったのである。「弁証法という学問にも精神の深奥なるものがあるのでは！」と。たしかにそれは存在していた。

だがしかし、これには以下に引用するファーブルの言葉にあるような、了海の難行苦行にあるような十年二十年との月日の努力が求められたのである。私が重層的弁証法に辿り着いた時には優に二十年もの年月が流れていたことである。すなわち、私にたった一人での二十年近い覚悟の程がなかったならば、世の御仁たち同様、単層弁証法、単層認識論、単層論理学の情けない実力で終わっていたはずである。

このことは、『武道講義 武道と認識の理論Ⅰ』(『全集』第九巻所収)及び『新版 武道と弁証法の理論』(『全集』第十二巻所収)にも、きっちりと説いておくことになったものである。この無限といってよいたった一人の修業・修行があったればこその、ヘーゲル哲学の長短が見事に分かる日が来ることになったのである。武道・武術というものは伊達に存在するものではないことを分かってほしいとは思うものの、諸氏には到底……といった想いもある。

そこで「たった一人の叫び」と記したファーブルの言葉、「全身からの叫び」と記した了海の言葉を少し引用しておきたい。繰り返すが、このファーブルと了海の言葉は、私の十数年経た後の毎年毎年存在した絶体絶命レベルの「叫び」そのものだったのだ、と分かってほしいからである。

何でも知りたがる私の心にとって通ってきた旅路は、遠くに見える未知の世界へ向う新らしい旅路の準備でしかない。で、私の相棒は離れて行った。その後私は一人、哀れにもたった一人だ。……一つの難問が行く手を阻む絶壁のようにそそり立ったとき、それをよじ登る足場になってくれる親切な肩は一つもない。たった一人、私はこの障害のでこぼこ道をよじ登り、度々落ちては血まみれになって起き上り、またも攻撃に向かって行かねばならない。たった一人、励ましのこだまの声さえなく、私はその頂に達し、努力に疲れ切って、やっといくらか彼方を見る余裕が出来たとき、勝利の叫びをただ一人であげるだけだ。

(J・H・ファーブル『完訳ファーブル昆虫記』(九)山田吉彦、林 達夫訳、岩波文庫)

それは了海が、樋田の刳貫に第一の槌を下してから、二十一年め、……槌を持った右の掌(てのひら)が岩に当たったので、彼は「アッ」と、思わず声を上げた。そのときであった。了海の朦朧(もうろう)たる老眼にも、まぎれなくその槌に破られたる小さき穴から、月の光に照らされる山国川の姿が、ありありと映ったのである。了海は「おう！」と、全身をふるわせるような名状しがたき叫声をあげたかと思うと、それにつづいて狂したかと思われるような歓喜の泣き笑いが、洞窟をものすごく動揺(うご)めかしたのである。

（菊地　寛『恩讐の彼方に』角川文庫）

ここまで歩みを進めることができた現在までを生き抜いてきた私の想いは、誰も本当には分からないはずである。だから、私にとっての修学は、以上の歴史上に実在していたアリストテレス、ヘーゲルの「二方」との対話しかなかったことを述べておくべきであろう。私は、淋しいことに、現実の師だった二方との直接の「対話」は不幸にして適わなかった（ことをあえて添えて、である）。それ程に、私の学問力、弁証法力、論理学力は、師の二方には認めてもらえることはいささかもなかったのである。それだけに、大秀才たる弟子との共闘で歴史的学者に挑んでいく、本当に、いつ息が切れてしまうのか……の長い年月が続くことになっていった。だが、惜しむらくはその弟子たちも、十数年を経るとどうしてか頭脳の働きは少しずつ、時代に遅れをとることになっていったように思う。これは説くように、弟子の大半は加齢とともに、頭脳運動は努力して続けていっても、頭脳の本体たる脳(細胞)そのものの実態的、実質的修練を鍛錬レベルでなし続ける心のゆとりを（大学講師、准教授（助教授）、教授として出世する程にその仕事の大変さの故に）持てなかったのが最大の因だ、といってよい。

だが、である。私は、ここを少しも怠ることはなかった。このことは『全集』なり、『〝夢〟講義』なりを読まれた諸氏には自明のことであろう。私は、五十代、六十代、七十代と頭脳の鍛錬に加えるに、身心の鍛錬をも怠らず、今も、人生真っ盛りレベルの修練者との一寸の見切りの闘いが可能だから！である。これがかつて私が宣言した「いつの日かヘーゲルを超す」との現在までの現実的日常である。

（V）

本『哲学・論理学原論』（*Die Wissenschaftliche Grundlegung der Philosophie und der Logik*）には、過去に出版されたものが含まれている。だが、これらは過去の論文を単に寄せ集めたものではなく、それらをまともに現在の実力が現われるように進化させてある。それだけに、「あぁ、これはもう読破したものだ」などとゆめゆめ思われないことである。簡単には私の論文は、弁証法、認識論、論理学をも含めて、必ず一歩ならず進歩、進化した形で改めてあるからである。それだけに、私の著作だけは、絶対に他の人の『過去論文集』なるものと同等に扱われないことである。事は文芸書ではないし、また評論書でもない、これはヘーゲルが「序論」で説いている学問書たる論理的体系書なのであるから。

これが、時の人であった吉本隆明であるならば、少しも不思議ではない。なぜなら彼は、学的理論家ではなく、ただにすぐれた思想家であり、詩人であっただけに弁証法など埒外のことであった（といってよい）のだから……。彼の思想は一世を風靡しただけに原形のままでも十分というものである。

話のついでに、一つ二つ説いておきたいことがある。

一つは、山極壽一京都大学総長があるラジオ番組で私となんとなく似たような意味・想いで「背後霊」なる言葉を用いていたことである。また、この方は私同様、日本語の大事性を日本文化の発展のために忘れるべきでないことを、とうの昔から説いていることに感銘を覚えている。それを身上とされているだけに、講義（講演）のされ方も、見事なものであった。

二つは、本文中にも説いたことだが、私の四十年来の執筆上の座右の銘である、「書くことは即ち考えることである」との文言を、井上荒野という優れた作家が、自分の信念としていることを説かれていたこと、である。世の中にはずいぶんと同じ苦労をした方がいるものだ、と思った次第である。ただ、現在の私は以上の座右の銘を弟子への格言として説く時には、これに加えるに「世に発表できる文として書くことこそが、より深く考える実力がつくことになる」を付加することにしている。


ここで読者諸氏にお詫びというか、残念な思いを残していることがある。それは、予定稿であったヘーゲルが説くことの適わなかった「哲学小史」たる「人類認識の学的論理としての哲学の歴史」、を載せられなかったことである。脱稿はしているのであるが、本『哲学・論理学原論』全体として膨大な頁数となっている関係で、本書では諦めるしかなかった。それは、本書で省いてある論述（『精神現象学序論』と『大論理学』「序文」）の大事な箇所を詳細に原文を示しながら説明し、まともに論じることであっただけに、ともかく、残念の一言である。

というのは『精神現象学 序論』は、読めば読む程に見事な内実が視え隠れしている。それだけに、もしヘーゲルにあと一歩の論理の高みがあったならば、つまり「論理とは何か」「概念と論理との関係」にあと一歩の進展があったならば、彼はどれ程の学の高みに到達していたのだろうか、との惜しみあるものがある。そこをもふまえて本書は説いたことである。可能ならばある程度の頁数をとって、『全集』第十三巻にでも、簡略「哲学の論理学的歴史」（新書版一冊分もあるだけに）としたいと思っている。

また、哲学書の論評は、「哲学の論理学的歴史」で行う予定なので省略する。強いて点数をつければ、ヘーゲル哲学は八十五点、アリストテレスは九十点、カントは六十点、トマスは八十点。カント、ヘーゲルの点数が意外と低いのは何故なのかの答は、ヘーゲルにはトマス・アクィナスの「学的実力」をなんとも読みとれていない（ヘーゲル『哲学史』参照）からであり、カントは、古代ギリシャの学びが、ゼノンまでである（アリストテレスを読む実力がなかったのは、彼の『論理学』での説明で分かるというものである）からである。ついでながら、日本の著作は点数にならないので止める。西田幾多郎、三木 清、田邊 元などの学者の方々は当然のこと、その他大勢は、研究論文としてはともかく、哲学書としては駄論だからである。いかに文化勲章なるものをいただいているにしても、である。

但し、波多野精一の哲学の歴史は、当時としては八十点はつけられよう。高い評価の理由に、その著『西洋哲学史要』は、「我が哲学界において西田博士とならび称される著者二十四歳の処女作。『西洋思想を同化しわがものとなして叙述』された日本人の手になる最初の体系的哲学史』（角川書店）だからである。とくにソクラテス、アリストテレス、スコラ哲学、ヘーゲルの扱い方は見事である。この波多野は草創期の東京帝国大学にてラファエル・フォン・ケーベル博士に師事し、哲学史の研究を進めた。ケーベル博士は、自分の弟子は波多野一人だけであり、他は誰もいない、との思いを抱いていたとの逸話も伝えられている（松村克己、小原國芳編『追憶の波多野精一先生』玉川大学出版部）。また、かの出 隆もかつて学生時代に、波多野から哲学史を三年間にわたって教わり、学恩を受けたことを自伝で述懐していることも、付記すべきであろう。

加えて、古在由重編『哲学史』（青木文庫）の冒頭に説いてある、「「哲学史」を叙述するということは、過去のいろいろの哲学的事実をなぐさみに蒐集する閑暇のある好事家の仕事でも、自分の信念を合理化するために過去の偉大な哲学者の権威を拝借する独断家の仕事でも、また逆に自分の主張の正しさを証明するために「古い哲学者たちがただ『誤りをおかした』だけであること」（ジュダノフ）を博引傍証する通俗啓蒙家の仕事でもあってはならない。「哲学史」は、すぐれて科学的な叙述をあたえられなければならないのである。われわれは、「哲学史」を科学的に叙述した人としてまずヘーゲルの名をあげることができる」との叙述は、諸氏の心象として残してほしいものである。以上の二冊の「哲学史」は、一般教養のための啓蒙書として、ヘーゲル『精神現象学 序論』とともに是非に読書をと思う。

私の過去における一般教養の基礎的学び一般としては、「世界文学全集」「日本文学全集」の読書による知的研鑽に加えるにファーブル『科学物語』、『プルターク英雄伝』が中学入学までの土台となり、その上で、高校生時代に柳田謙十郎の著作（『観念論と唯物論』）で弁証法への憧れを知り、その弁証法を元に、大学入学時に出 隆『哲学以前』と河合栄治郎『学生に与う』による学への憧れがあり、その後三浦つとむの『弁証法はどういう科学か』で弁証法を学的に学ぶべき対象として、武道空手を主体とした武道への道への出立となっていく。

私の想いは以上であるが、今後の思いとしては以下である。それは、本書を含めての私の著作が、日本のみならずドイツ哲学界に波紋を投ずる一石となっていけば、ということである。そうすれば、ドイツ哲学界にとっても大ヘーゲル哲学の完成となっていくだろうとの、強い思いがある。

終わりにあたって、私の武道論を初めとする、学問書、理論書を出版していただいていること、加えて難解な本書の出版をも快諾された、現代社小南社主に厚くお礼を申しあげたい。

また、この『哲学・論理学原論』に関しては、編集者の柳沢さんには十年にもわたってお待ちいただいたことに感謝し、かつお詫びしなければならない（だが、待ってもらえた分以上の本書の中身になったことは確かなので、少しホッとしています）。加えて、田沼さんにはいつもの御苦労を謝したい。

二〇一七年五月

南郷継正

〔追記〕なお、ヘーゲルの著作、及びその他一部の著作（プラトン、アリストテレス、カントなど）からの引用については、以下の原典を参照し、そのうち重要と思える箇所については悠季真理に真の哲学の実力を養成させるべく、まず翻訳をさせ、それを本論に合うべく私が正した訳文に直してある。また、読者の理解のために、重要と思われる箇所は適宜、原文も挿入してある。

（注）ヘーゲル『哲学史』については、ヘーゲル自身による執筆ではなく、あくまでも講義録であるため、編者によってかなり記述が異なっている。本書では、現在のドイツで標準的に用いられているSuhrkamp版に依拠したため、邦訳の『ヘーゲル全集』（岩波書店）とは、一部内容が異なっている。

### 〔引用・参照文献〕


*Platonis Respvblica*, S. R. Slings ed., Oxford University Press, 2003

*Platonis opera*, tomus V, *Epistulae*, J. Burnet ed., Oxford University Press, 1907

*Aristotelis Physica*, W. D. Ross ed., Oxford University Press, 1950

*Immanuel Kants Werke Bd. VIII, Vorlesungen Kants über Logik*, hrsg. von Artur Buchenau, Verlag DR. H. A. Gerstenberg, Hildesheim, 1973

G. W. F. Hegel, *Phänomenologie des Geistes*, hrsg. von Hans-Friedrich Wessels und Heinrich Clairmont, Felix Meiner Verlag, Hamburg, 1988

*Idem. Wissenschaft der Logik: Das Sein (1812)*, hrsg. von Hans-Jürgen Gawoll, Felix Meiner Verlag, Hamburg, 1999

*Idem. Wissenschaft der Logik. Die Lehre vom Sein (1832)* , hrsg. von Hans-Jürgen Gawoll, Felix Meiner Verlag, Hamburg, 2008

*Idem. Vorlesungen über die Geschichte der Philosophie I-III*, hrsg. von Eva Moldenhauer und Karl Markus Michel, Suhrkamp, Frankfurt am Main, 1986

*Idem. Enzyklopädie der philosophischen Wissenschaften im Grundrisse 1830*, hrsg. von Eva Moldenhauer und Karl Markus Michel, Suhrkamp, Frankfurt am Main, 1986

*Idem. Grundlinien der Philosophie des Rechts oder Naturrecht und Staatswissenschaft im Grundrisse*, hrsg. von Eva Moldenhauer und Karl Markus Michel, Suhrkamp, Frankfurt am Main, 1986

F. Engels, *Herrn Eugen Dühring Umwälzung der Wissenschaft (Karl Marx—Friedrich Engels Werke, Band 20)*, Dietz Verlag Berlin, 1973

*Idem, Dialektik der Natur (Karl Marx—Friedrich Engels Werke, Band 20)*, Dietz Verlag Berlin, 1973

*Idem, Ludwig Feuerbach und der Ausgang der klassischen deutschen Philosophie*, Dietz Verlag Berlin, 1987

また、邦訳では以下のものを、適宜参照した。

プラトン、アリストテレス

『プラトン全集11　国家』藤沢令夫訳、岩波書店、一九七六年

『プラトン全集14　書簡集』長坂公一訳、岩波書店、一九七五年

『アリストテレス全集3　自然学』出　隆・岩崎允胤訳、岩波書店、一九六八年

『アリストテレス全集12 形而上学』出 隆訳、岩波書店、一九六八年

デカルト

『哲学原理』桂 寿一訳、岩波書店、一九六四年

『方法序説』落合太郎訳、岩波書店、一九六七年

カント

『カント全集17 論理学』湯浅正彦・井上義彦訳、岩波書店、二〇〇一年

ヘーゲル

『精神現象学 序論』山本 信訳、『世界の名著44 ヘーゲル』所収、中央公論社、一九七八年

『法の哲学』藤野 渉、赤沢正敏訳、『世界の名著44 ヘーゲル』所収、中央公論社、一九七八年

『ヘーゲル全集4 精神の現象学』上巻、金子武蔵訳、岩波書店、一九七一年

『ヘーゲル全集6a 大論理学』上巻の一、武市健人訳、岩波書店、一九五六年

『ヘーゲル全集8 大論理学』下巻、武市健人訳、岩波書店、一九六一年

『ヘーゲル全集11 改訳 哲学史』上巻、武市健人訳、岩波書店、一九七四年

『ヘーゲル全集12 哲学史』中巻の一、真下信一訳、岩波書店、一九六一年

『ヘーゲル全集13 哲学史』中巻の二、真下信一訳、岩波書店、一九四一年
『ヘーゲル全集13 哲学史』中巻の二、宮本十蔵・太田直道訳、岩波書店、二〇〇一年
『ヘーゲル全集14a 哲学史』下巻の一、藤田健治訳、岩波書店、一九五三年
『ヘーゲル エンチュクロペディー』樫山欽四郎・川原永峰・塩屋竹男訳、河出書房新社、一九八七年

なお、引用文の漢字・仮名遣いは、読者の便を図って、ほぼ私の本文に合わせ（とくに「かな」を漢字に換え）、また旧漢字仮名遣いは、新漢字仮名遣いに改めると共に、適宜改行もした。末尾ながら、先達の学恩に謝意を表したい。

哲学・論理学原論〔新世紀編〕——ヘーゲル哲学　学形成の認識論的論理学——目　次

## 終の編　わが研究会の歩みを概観する……383

# 第一編　現代に至るまでの学問の歴史を俯瞰する

# 第一章　哲学・論理学・弁証法・認識論を俯瞰する

## 第一節　概念化へ向けての人類の苦難の歩みを振り返る

### (1) 哲学、論理学は、学的レベルではまだ端緒についただけである

おそらく世上の人々の誰もが分かっていないはずのことであるが、人類史上すなわち学問史上、未だに哲学なる学問も、そして論理学なる学問も完成していないことを、まず述べておきたい。たしかにこの二大学問は、歴史上その学的端緒につく機会を持ったことは無数といってよい程にあったはずである。故に、その「哲学」ないし「論理学」という名を冠した書物は世上（歴史上）幾冊も存在しているといってよい。だが、それらの書物のほとんどはその学問の端緒についたばかり、すなわち入口をウロウロしているばかりであり、その学問の出口はおろか道程すらが満足に究められてはいないのである。

学問を究める機会を持った人物として、歴史上に名を留めてよい人物は僅かにアリストテレス、トマス・アクィナス、ヘーゲルであり、加えてあまりにもの誤謬に満ちているが、ともかくも論理学講義を

行ったカントを記してもよいか、とも思う（カントの論理学講義は、カント自身の著作ではなく、一聴講者イエッシェにより編集されたものが出版されている）。他はすべてアリストテレスの改悪の論理か、思索レベルの論理のみといってよい。これは大きくは、ヘーゲルの築きあげた学問の実態というより、その内実を理解可能な人物が、誰一人として現われることがなかったことに起因しよう。

別途に説いておいたが、その証拠の一つは、ヘーゲルの一番弟子ともいえるシュヴェーグラーの、ヘーゲルに対する本質レベルでの誤解の故である。シュヴェーグラーは自著でヘーゲルについて次のように説く。

---

歴史のうちに現われた個々の哲学体系は――あらゆる哲学はその時代の生活全体の哲学的表現にほかならないから――一つの有機的な運動、合理的な、内的に組織された体系、一系列の発展を表現している。そしてこの発展は、自分の存在を次第に意識的な存在、知識へ高めようとする、すなわち精神的および自然的な宇宙を次第に自分の存在、自分の現実、自分自身の鏡として認識しようとする、精神の衝動に根ざしているのである。

ヘーゲルは、このような思想をはっきり言い表し、哲学史を統一的な過程という見地から見た最初の人であるが、しかしかれはこの原則的には正しい根本見地を誇張し、人間の行為の自由や偶然の概念、すなわち現存している非理性的なものを否定するにいたった。ヘーゲルの主張するところによれば、歴史のうちに見られる諸哲学体系の順序は、論理学の体系のうちに見

---

られる論理的カテゴリーの順序と同一である。さまざまな哲学体系の諸根本概念から、それらの外面的な形態や特殊なものへの適用やを取り去れば、論理的概念のさまざまな段階（有、成、定有、向自有、量、等々）が得られる。そして逆に、論理的な進展だけをとってみれば、そこには歴史的過程のうちにある本質的なもののすべてであると言うのである。

しかしこのような見地は原理としても正しくないし、歴史に照らして見ても維持されがたい。なぜ原理として誤っているかと言えば、歴史は自由と必然との交錯であるから、大体においては理性的な連関をなしているが、細かい点となると無数の偶然のたわむれであり、この点自然の世界が全体としては諸段階の合理的な体系を示してはいるものの、細かい点では図式的な分類がまったく不可能であるのと同様だからである。……

さらに、上述のヘーゲルの見解は次のような見地によって反駁される。歴史の発展と概念の発展とはほとんどいたるところで喰違っている。例えば国家は、歴史的な起源から言えば、掠奪制度に対抗する手段であったが、概念から言えばこれに反して、掠奪制度からではなくて法の理念から導き出されなければならない。哲学においても同じことである。論理的進展は抽象的なものから具体的なものへの上昇であるが、哲学の歴史的発展はほとんど常に具体的なものから抽象的なものへの、直観から思考への下降である。

（『西洋哲学史』上巻、谷川徹三、松村一人訳、岩波書店、本文中の読み仮名は省いた。）

ここでシュヴェーグラーは、ヘーゲルの説く哲学の歴史を、「論理学の体系のうちに見られる論理的カテゴリーの順序と同一である」として、しかしそれは、原理としても、歴史に照らしても、個々レベルでは事実とは食い違っているから誤りである、と主張している。シュヴェーグラーは「論理的な進展」との表現を用いながらも、その意味するところ、つまり事実レベルと論理レベルとの次元の違いを、すなわち現象的事実と学的論理としての事実の異同を、哀れなことに全く理解できなかった結果、そう判断してしまったのである。

加えてそればかりか、まだ学問レベルでは幼かったマルクスとエンゲルスの手によって、すなわち二十代後半でしかなかった御両人の手によって哲学の終焉なるものが『ドイツ・イデオロギー』で説かれたとされ、かつ最終的にはエンゲルスの『フォイエルバッハ論』によって哲学なる学問は歴史的使命を果たして消えさるのだ、と説かれたことによって、多くの人がわけも分からぬままに、難解極まりないヘーゲル「哲学」という学問を放りだしてしまった結果、その後にはただいたずらに哲学との題名を付すだけの心理問題論とか、同じく思索レベルでもって哲学的と称する人生論で満足してきた幾世紀もの年月が流れただけなのである。それだけにそこを受け継いだ現代の自称哲学者たちの「随筆＝エッセイ」は、哲学とは人生を思索することであり、哲学者とは思索を業とする人であるとの信念すら把持してしまっている。念のために、一流とされている哲学者の著作を引用しておきたい。

## 第一講　哲学とは何ぞや

哲学に関しては見解が一致しない　哲学とは何ぞやとか、哲学にはどんな価値があるかなどという問題についてはいろいろの見解があって、一致していないのであります。哲学に対して、私共を非常に啓発してくれるものだという期待をかける人があるかと思うと、哲学を無内容な思惟だとして無視する人もあります。また哲学は平凡な人間にはとても及ばないようなひどく骨の折れるものだと思って、これを敬遠したり、或は哲学は夢想家がやる無用な穿鑿事として軽蔑したりする人があります。哲学は万人に関わりをもつものであり、従って元来平易で、解り易いものであらねばならないと考える人があるかと思うと、反対に哲学をひどく難しいものだと考えて、哲学の研究を諦めてかかる人があります。哲学という同じ名称を名乗って出るものが、実際にはこのように対立した評価を示す数々の例証を生み出しているのであります。

（ヤスパース『哲学入門』草薙正夫訳、新潮社、昭和二十九年）

哲学全体は一つの樹木のごときもので、その根は形而上学、幹は自然学、そしてこの幹から出ている枝は、他のあらゆる諸学なのですが、後者は結局三つの主要な学に帰着します。即ち医学、機械学（mécanique）および道徳（Morale）、ただし私の言うのは、他の諸学の完全な認識を前提とする窮極の知恵であるところの、最高かつ再完全な道徳のことです。

（デカルト『哲学原理』桂　寿一訳、岩波書店）

私は学生の前でなが年哲学概論の講義をつづけてきたが、まだ哲学概論と題する書物を書いていない。本書はこの種のものとして、私にとってはじめての著作である。……「哲学とは何か」という問いは古来の哲学者によってくり返し問われてきた。この問いは形としていかにも簡単であるが、それにもかかわらず一定の歴史的状況のなかで、その哲学者の社会的・人間的な諸条件と結びついて、問われてきた。したがってその答えもさまざまである。極端にいえば、哲学者とよばれる歴史的人物の数だけ多くの答えが与えられてきたともいえる。今日においても哲学の一義的な定義はまだ与えられていないありさまである。

（務臺理作『哲學概論』岩波書店、昭和三十三年）

この話は「哲学とは何か」の考察に始まらねばならぬ。それだけは承知している。……しかし何から始むべきか。何が初めであるか。初めは何であるか。「初め」とは何か。「何」とは何か。……

（出 隆『改版 哲學以前』岩波書店、昭和四年）

科学の前提となっているものを究め、その根拠を明らかにするのが哲学である。即ち哲学は科学批判に従事するのである。批判というのはそのものの拠って立つ根拠を明らかにし、その基礎を置くことである。

（三木 清『哲学入門』岩波書店、一九七六年改版）

哲学とは何か。この問いに簡単な答えを与えることは困難である。哲学は古くからあり、個々の特殊科学に先んじて起った。また哲学は歴史上色々と変遷しており、将来もなお発展して行くであろう。従ってそれを簡単な概念に纏めることは困難だからである。

（西田幾多郎『哲學概論』岩波書店、一九五三年）

それだけに哲学という学問の端緒につくことすらできず、ただひたすらに己れ自身の「これぞ！」という思惟の世界、思索という名の花園で散策している人がほとんどである。端的には学問としての哲学の、その内実の半ば以上に達した人物は歴史上、まだいないといってよいのである。この理由は単純である。それは人類の学的発展の歴史の物語といってもよい現実が存在するからである。簡単には、私の過去の著作、とくに『全集』第二巻である『新・弁証法・認識論への道』「第一部」・「第二部」を参照してもらえれば、理解できていくはずである。

だが、である。学問への道を歩く諸氏には、これら、先哲とされている人のタワゴトに惑わされることなく、是非に次のヘーゲルの文言をまじめに読み、かつ、思慮してほしいものである。というのは、現代の哲学者にとってヘーゲルが説かんとしていた学的レベルでの「形而上学」との概念や「思弁」との概念、ましてや「体系」としての概念も「哲学」あるいは、「論理学」という学的概念すらも、この大哲学者ヘーゲルによってようやく端緒についたばかりであるという怖い事実を、諸氏にはまともに読みとってほしいからである。

〔I〕

この時期以前に形而上学と呼ばれていたものは、いわば根こそぎ抜き取られて、学問の列から消し去られてしまった〔Dasjenige, was vor diesem Zeitraum Metaphysik hieß, ist sozusagen mit Stumpf und Stiel ausgerottet worden und aus der Reihe der Wissenschaften verschwunden.〕。かつての存在論、合理的心理学、宇宙論の声は、あるいは前代の自然神学の声さえも、今はどこに聞くことができようか。またどこに聞こうとする者があろうか。たとえば、霊魂の非物質性についての研究、動力因や目的因についての研究は、まだどこかで関心を持たれているといえるだろうか。また神の存在についての昔の証明も、ただ歴史的な意味で挙げられるにすぎず、そうでなければ教化とか精神の向上とかのために引き合いにだされるにすぎない。

事実として確かなことは、かつての形而上学について、その内容に関して、あるいはその形式に関して、あるいはその両者いずれにおいても、関心が失われてしまったということである〔Es ist dies ein Faktum, daß das Interesse teils am Inhalte, teils an der Form der vormaligen Metaphysik, teils an beiden zugleich verloren ist.〕。だが、国民にとって、たとえばその国法についての学問が無用となり、国民の志操、道徳的慣習や徳性が不要であるということになれば大変であるが、同様に国民がその形而上学を失い、己の純粋なる本質を求めんとする精神がもはや国民の中に本当に存在しないことになれば、それもまた一大事である〔so merkwürdig ist es wenigstens, wenn ein Volk seine Metaphysik verliert, wenn der mit seinem reinen Wesen sich beschäftigende Geist kein wirkliches Dasein mehr in demselben hat.〕。」

（ヘーゲル『大論理学』第一版「序文」南郷、悠季共訳）

〔Ⅱ〕

カント哲学の公教的教説——すなわち、悟性は経験を飛び越えてはならぬ、さもなくば認識能力は妄想以外の何ものをも産まない理論的〔空論的〕な理性となり終わるという教説〔daß der Verstand die Erfahrung nicht überfliegen dürfe, sonst werde das Erkenntnisvermögen theoretische Vernunft, welche für sich nichts als Hirngespinste gebäre〕は、学問的な側面から思弁的思惟を断念すること〔dem spekulativen Denken zu entsagen〕を正当化してしまったのである。

この〔カントの〕大衆受けする教説は、近世の教育学において、直接的な必要性にしか関心を持たない時代の要求もあって、歓声を以て迎えられた。即ち認識にとって経験こそが第一のものであるように、公私の生活上の技能にとっても、理論的見識は却って有害で、総じて演習や実践的教養の方が大事であり、それこそ有益だというのである。

——このように学問と常識とが手を携えて、形而上学の没落を惹き起こすべく働きかけたがために〔Indem so die Wissenschaft und der gemeine Menschenverstand sich in die Hände arbeiteten, den Untergang der Metaphysik zu bewirken〕、あれこれ飾り立ててはいるが、一番大事な本尊はない寺院のように、形而上学を持たない教養ある国民〔ein gebildetes Volk ohne Metaphysik〕

が現われるといった、なんとも奇妙な光景が出現したのである。（同前、南郷、悠季共訳）

「形而上学が学的問題から消え去ろうとしている」とのヘーゲルの〔Ⅰ〕の慨嘆は、次の〔Ⅱ〕の「カント哲学は、形而上学の没落に努力した」との皮肉的文言で極まってくるのである。読者諸氏はこのヘーゲルの嘆きの文言をどうとるのであろうか。「形而上学なんてものは、どうでもよいから消え去っただけである」とか、「カントはそこまで阿呆でも馬鹿でもない、というより大学者なのだ!?」と、世の識者同様の見解を持つのであろうか。だが、である。以上の文言の内実を大哲学者ヘーゲルは、後に『哲学史』で、次のようにしっかりと理由を付して説くのである。

〔Ⅲ〕

アリストテレスは現実の宇宙の全領域と全側面に入りこみ、それらの豊かさと多様さとを概念として把捉した。だからこそ哲学的諸学の大半は、それらの区別と端緒とを彼に負っているわけである。学問はこのように特定の概念の一連の知性規定となってばらばらに分散するのであるが、それでもアリストテレス哲学はもっとも深い思弁的諸概念〔die tiefsten spekulativen Begriffe〕を含んでいる。彼ほど包括的で思弁的な人物はいない。

だが、彼の哲学を一般的に見てみると、体系化されていく全体としては見えずに、つまりそこでの秩序もつながりも概念に属しているような全体としては見えず、むしろ諸部分は経験的に取りあげられ、同列に置き並べられているように見える。だからこそ各部分はそれぞれ特定の概念として認識されるに留まり、統一的なつながりある運動とはなっていない。
　このようにアリストテレスの体系は〔本質レベルでの概念が〕その諸部分にまで展開されたものとは見えず、かえって諸部分はばらばらに並列しているように見えるのであるが、それでもなおそれらの諸部分は本質的に思弁的な哲学の統体性〔eine Totalität wesentlich spekulativer Philosophie〕を成しているのである。

（ヘーゲル『哲学史』南郷、悠季共訳、以下同様）

　たしかにこのヘーゲルの概嘆の文言は、諸氏には難解そのものであろうと思う。何故(ナニユエ)難解かをいえば、（これは何回も説いたように）次の理由がきちんと存在するからである。すなわち、マルクス、エンゲルス両者をも含めてヘーゲル時代以降の誰しもがヘーゲル哲学の根本概念たる絶対精神から始まる絶対理念及び絶対概念の根本的かつ過程的構造を理論的に（論理的体系レベルで）理解をする努力をなしてこなかったからである。しかも、である。加えてであろうことか、若さのあまりヘーゲルを棄て去っただけに、その報いとして幼い能力のままに老いを迎えたエンゲルスの説いたとされる「絶対精神的なるものは熱病やみの幻覚」といった言葉が、現在に至るまで格言レベルで信じられてしまっているのである。
　さて、哲学、論理学がヘーゲルによってようやくに学的端緒につけたばかりであると述べてきたが、この最大の理由は、この両者の学を完成させるための途上の学的構造が完成できていないからである。

その最大の原因は、形而上学、思弁、体系の構造かつ、過程的構造を誰もが分かろうとしなかったがために、これらが学的レベルの意義すなわち概念化できていないが故である（とは誰もがヘーゲルの文言を理解できていない）、のが正しい解答となろう。

哲学、論理学に関わっては以上のごとき様相であることを説きながら、とくに哲学、論理学に関して、これらの学問は完成どころか、歴史的にすらほとんど端緒についたばかりであると説いてきた。だが、それでもここで、もう少し論理レベルでの理由を説いておくべきであろう。この両学問が未完成の最大の理由は、この両者を「学問」として完成させるもっとも必須の学的構造が幾つか完成できていないから、に尽きる。その必須の学的構造とは、説いたように学的言語の概念化である。ヘーゲルはそのことについて、幾度となく弟子たちに説きたかったはずである。実例を挙げておくならば、一つには「学問は体系化されなければならない」、二つには「概念の労苦〔die Anstrengung des Begriffs〕をもっと払うべきだ」（『精神現象学 序論』）である。そして、『哲学史』においては、アリストテレスに関わって、「形而上学」「思弁」「体系化」を学的レベルの概念にすべきことを、しっかりと述べているのである。

哲学の体系といったものを我々はアリストテレスに求めてはならない〔Ein System der Philosophie haben wir nicht im Aristoteles zu suchen.〕。……アリストテレスは全体の中の特殊な諸部分について演繹的に導きだすように進むのではない。むしろ彼は経験から始めるように見える。そこで彼は筋を通そうとしながら経験について語るのである。彼のやり方はしばしば通常の

〔帰納的〕推理のようではあるが、にもかかわらずこのやり方の特徴は、徹頭徹尾、極めて思弁的である、という点にある〔Seine Manier ist oft die des gewöhnlichen Räsonnements; dabei ist dieses Eigentümliche, daß er bei diesem Verfahren doch auch durchaus aufs Tiefste spekulativ ist.〕。

（『哲学史』前出）

だが、ヘーゲル以外の哲学者と称している御仁の誰一人として、このヘーゲルの指摘についてすこぶる無関心であったし、エンゲルスに至っては、「過去のものはある程度必要だが、現在では弁証法の学びの方がより大事であるのだ」との妄言レベルで一刀両断しているくらいであるのだから。

実際、エンゲルスは次のように説いている。

さて、ひとたび我々が、あのように問題を哲学に課することは、ただ人類が全体としてその進みゆく発展において果たすことのできることを一個の哲学者に果たせよと課題することにほかならない、ということを洞察するやいなや、――そして我々を助けてこの洞察を得させたものは、結局、ヘーゲルその人にほかならなかったのであるが、――ただちにまた、我々は在来の意味での哲学も、すべてその終末を告げるということを洞察する。そこで人は、このような道によってもまたいずれの個人にとっても到達しえないような「絶対的真理」などは放っておいて、そのかわりに実証的諸科学の道により、またこれら諸科学の成果を弁証法的思惟で総括する道によって、人の到達しうる相対的な真理を狩り求める。

哲学一般は、ヘーゲルとともに終結する。というのは、一方では、彼が、哲学の全発展を、彼の体系のなかに、大仕掛けに総括しているからであり、他方では、彼が、たとえ無意識的にであるにもせよ、その体系のこのような迷宮から、世界の現実的で実証的な認識に至る道を我々にさし示しているからである。（『フォイエルバッハ論』出　隆、藤川　覚共訳、大月書店）

以上、ヘーゲルの提言こそが学問の完成への過程たる第一歩であるべきなのに、誰もがこのことに無知蒙昧であるかの様相の現在である。端的には、哲学もさることながら、それ以上に論理学に関わっては、アリストテレス以降なんらの進歩もないまま現在に至っているという有様なのである。

## (2) 弁証法及び認識論も、唯物論レベルでは未だ完成途上である

以上はさておき、これが「弁証法」や「認識論」であるならば、完成に近い書物の幾冊かを提示できよう。たとえば「弁証法」であれば、まずフリードリッヒ・エンゲルスの手になる『反デューリング論』（正式名称としてはオイゲン・デューリング氏の学問の変革、*Herrn Eugen Dührings Umwälzung der Wissenschaft*）であるし、これに同じくエンゲルスの手になる『フォイエルバッハ論』（*Ludwig Feuerbach und der Ausgang der klassischen deutschen Philosophie*）と『自然の弁証法』（*Dialektik der Natur*）を加えて

おいてよい。そして、エンゲルスに深く学んでこの三冊を見事に総括し、そこを統括して説いた書物が三浦つとむの手になる『弁証法はどういう科学か』（講談社）の中の三法則である。

だが、以上のこれらは弁証法としては未だ完成とはいえないまでも、三冊合わせれば「法則レベルの入門書としてはまさに完璧である」。だが、である。これはアリストテレスやヘーゲルの弁証法の実態ではなく、自然界を唯物論的に、つまり公式化法則化した以上のものではないだけに、学的世界へ出立したい人の入門用以外には役に立つことはほとんどないといってよい。

「認識論」であれば、まずはヘーゲル『精神現象学』（*Phänomenologie des Geistes*）が存在している。そしてまた、哲学の学問としての完成へ向けての示唆に富むものとしては、『精神現象学』の「序論」なる素晴らしい小論があり、これは文字通りの「序論」なるレベルなのではけっしてなく、この「序論」の中身の骨子たる実態の大半は、大論文として展開さるべきものといってもよい秀逸なものである。

ここの内実を唯物論レベルで読み解くことができれば、これは見事なまでの学問完成へ向けての唯物論的認識論となるものであり（マルクス、エンゲルスは『ドイツ・イデオロギー』（*Die deutsche Ideologie*）などでこの書物をコテンパンにくさしてはいるものの）、淋しいことに他はここに続くものが三浦つとむの手になる認識の本質ではなく、使用方法を説いた『認識と言語の理論Ⅰ』（勁草書房）くらいといってもよいであろう。だが三浦つとむは、ここに関しての定義は以下のようなものである。ここをしっかりと読めば、未だに三浦つとむすらが、認識論に関しては完成途上であるのは明白であろう。

認識論とはどういう科学であるべきかを考えてみよう。これは人間の認識のあり方を具体的に解明する個別科学として展開されてしかるべきものである。ところで、弁証法という科学も、やはり認識の一つのあり方であるから、これも認識論の中で問題にされなければならない。弁証法が認識の一形態である以上、認識論の一部は弁証法にさかなければならない。だがそれと同時に、認識そのものは弁証法的な性質を持っているから、認識論は全面的にこの弁証法的な性質を問題にしなければならない。

（「弁証法とは何か」『レーニンから疑え』所収、芳賀書店）

ここで挨拶の冒頭に説いた「論理学」なる学問も未だに完成していない……についての、「論理学」に関わる三浦つとむの見解は以下である。

論理学とはどういう科学であろうか。いうまでもなく事物の論理構造を解明する一つの個別科学である。論理学においては事物が論理的範疇として捉えられ、展開されていくのであるから、具体的な認識の発展を捉えていく認識論とは内容的にも別のものである。ただ、具体的な認識のあり方の一部に範疇とよばれる認識が存在し、認識論の一部に範疇論が入ってくると同時に、認識そのものの展開が論理的な性質を持っていて論理学の対象となるという意味で、二つの側面から論理学の問題が認識論の中に入りこんでくる。

（同前）

## （3）弁証法は何故完成できていないのか

といったところで認識論から少し戻って、では、弁証法が何故に完成できていないのかの解答は、端的にはエンゲルス自身の時代性に関わっての頭脳活動の故でもある。彼は、マルクスの無二の友人であっただけに、実に素晴らしい実力の持ち主であったことは間違いのない事実である。だが、その大秀才のエンゲルスにも、どうにも超えられない頭脳活動の大きな壁が存在していたのである。それは、「社会科学的分野に関わっての時代性による学的能力の不足である」と、私ごときが偉そうに書くべきではないのだが、これは事実そのものであるだけに、なんとも仕方がない。

話はとぶが、これはエンゲルスだけの問題ではない。かの大哲学者ヘーゲルですら、そうであるのだから……。この事柄に関しての何故かは、私の過去の著作、とくに『全集』第二巻『新・弁証法・認識論への道』の第二部、及び『武道哲学講義』第一巻を参照してほしい。

さて、エンゲルスの社会科学的・精神科学的な学的能力不足は、彼個人の故ではなく、『全集』第二巻、『武道哲学講義』第一巻に説いたように、彼の育った時代性の故に！　であり、ヘーゲルとてその自らが育ってきた時代性を乗り越えることは、当然ながら不可能だったのである。これが（これとて！）後世（=後の時代）畏るべし！　なのである。といったところで、以下の引用文を諸氏が読んでみれば、エンゲルスはまさしく、社会科学の学域には足を踏みいれていないことが簡単に分かるはずである。

----

経験的自然科学は極めて多量の実証的な認識素材を集積したために、どうしても、この素材

----

をあらゆる個々の研究領域で、体系的にかつその内面的連関にしたがって整理することが、全く拒みがたいほどになっている。同様に、個々の認識領域を相互に正しい連関にもたらすことも、拒みがたくなっている。しかしながら、これとともに自然科学は理論的領域に入りこんでゆく。そうなると、ここでは経験主義の方法は役に立たない。ここでは理論的思惟だけが役立ちうる。……

あらゆる時代の理論的思惟は、したがって吾々の時代のそれも、一つの歴史的産物であって、時代が異なるとともに極めて異なる形式をとり、従ってまた極めて異なった内容をとるものなのである。思惟の科学は、それ故に、あらゆる他の科学と同様に、一つの歴史的科学であり、人間の思惟の歴史的発展の科学である。そしてこのことは、思惟を経験的領域に実際に適用するにあたっても重要なことである。……そして弁証法にいたっては、今日までに、やっとアリストテレスとヘーゲルという二人の思想家によって幾分詳しく研究されたにとどまっている。しかるに、まさに弁証法こそは今日の自然科学にとってもっとも重要な思惟形式なのである。何故なら、それだけが、自然において行われている進化過程、全般的な連関、一方の研究領域から他方の研究領域への移行などに対応する形式を提供するものであり、したがってまたそれらに対する説明方法を提供するものであるから。しかし第二に、人間の思惟の歴史的発展をよく知り、外的世界の一般的諸連関について種々の異なった時代にあらわれた諸見解をよく知ることは、それが自然科学そのものの樹立すべき諸理論に一つの規準を与えるという理由から考えても、理論的自然科学にとって必要なことである。

（『反デューリング論』『マルクス＝エンゲルス選集』第十四巻所収、マルクス＝レーニン主義研究所編、大月書店）

引用した冒頭の文字に注目してほしい。「経験的自然科学は云々」とあるが、これには二つの重要なことを読みとることが大事である。一つは、このエンゲルスの時代までのいわゆる自然科学なるものは、単なる経験主義オンリーであったということである。つまりそれは体系性はおろか論理性がほとんどない！　ということである。もう一つの、エンゲルスが「社会科学」に弁証法としての足を踏みいれていないのは、以上で諸氏にも読みとれていったはずである。なぜなら、上記の文章にあるのは、端的には自然科学に関わる提言と、そのために役立つ歴史的思惟を科学化せよという内容でしかないからである。

## （4）学問形成を示唆するエンゲルスの文言とは

だが、である。それでも以上のエンゲルスの文章に存在する実質には、対象を究明して学問化するための示唆がまともに説いてあることも、諸氏には読みとれたはずである。

少し説くならば、エンゲルスの時代までの自然科学というものの実態は、少しの論理性もない、ただただ経験を集めまくっているだけである（それを資料という名の倉庫に入れてしまっている）から、それらを誰かが論理レベル（理論レベル）で整理しなければならないということであり、その整理のための実力をつけるべきであるが、そのためには、「人間の思惟の歴史的発展の科学」の学びが必要であるとしている。そしてその思惟の科学こそが弁証法だと説くのである。そして加えるに、その弁証法なるものすら、歴史上たった二人の人物、すなわちアリストテレスとヘーゲルだけが詳しく研究したのみである！　と見事に指摘はできている！　のである。

それだけに、弁証法こそが最重要研究課題であり、これこそが今日の経験主義的自然科学にとっては、重要な思惟形成であるとする。そして彼エンゲルスは、その経験主義的自然科学の思惟形成としての弁証法は、エンゲルス自身の学的私見として、以下の二つの文言を提出していく。

①「弁証法とは、自然、人間社会、および思惟の一般的な運動＝発展法則に関する科学〔Die Dialektik ist aber weiter nichts als die Wissenschaft von den allgemeinen Bewegungs—und Entwicklungsgesetzen der Natur, der Menschengesellschaft und des Denkens.〕」

（『反デューリング論』、〔　〕内の原語は引用者による挿入、以下同）

つまり「弁証法は、運動の、——外部の世界の運動でもあり、人間の思惟の運動でもあるところの一つの運動の——一般的法則に関する学〔Damit reduzierte sich die Dialektik auf die Wissenschaft von den allgemeinen Gesetzen der Bewegung, sowohl der äußern Welt wie des menschlichen Denkens〕」

（『フォイエルバッハ論』）

⑪「したがって自然および人間社会の歴史からこそ、弁証法の諸法則は抽出されるのである。これらの法則は、まさにこれら二つの局面での歴史的発展ならびに思考そのものの最も一般的な法則にほかならない。しかもそれらは大体において次の三つの法則に帰着する。

量から質への転化、またその逆の転化の法則〔das Gesetz des Umschlagens von Quantität in Qualität und umgekehrt〕、

対立物の相互浸透の法則〔das Gesetz von der Durchdringung der Gegensätze〕、

否定の否定の法則〔das Gesetz von der Negation der Negation〕。

これら三法則はすべて、ヘーゲルによって彼の観念論的な流儀にしたがって単なる思考法則として展開されている。すなわち第一の法則は『論理学』の第一部、存在論の中にあり、第二の法則は彼の『論理学』のとりわけ最も重要な第二部、本質論の全体を占めており、最後に第三の法則は全体系構築のための根本法則としての役割を演じている。」

（エンゲルス『自然の弁証法1』菅原　仰訳、大月書店）

## 第二節　弁証法の生成発展の内実を構造レベルで理解する

### （1）弁証法を学問として完成させるには、どのような理解が必要か

このフリードリッヒ・エンゲルスの二冊の「弁証法」、それに加えて三浦つとむの弁証法の三冊を基本書として挙げてよいが、これらの書物をもってしても、なお弁証法を学的レベルで完成させえなかったもの、つまり欠けているものが何であるのかを、次に問題にすべきであろう。

それはエンゲルス自身が説いている（提言している）文言を読めば分かることである。すなわち、『反デューリング論』では「弁証法とは自然、人間社会、および思惟の一般的な運動＝発展法則に関する科学」、つまり『フォイエルバッハ論』でも「弁証法は、運動の、――外部の世界の運動でもあり、人間の思惟の運動でもあるところの一つの運動の――一般的法則に関する学」としながらも、『自然の弁証法』ではその弁証法に関わって「弁証法の諸法則は……」としているからである。それだけにこの二つのことのつながりが、通常の諸氏にはどうにも見えてはこないからである。そして、このつながりに関しては、エンゲルス、三浦つとむの二人とも特段の説明はしていない、といってよいくらいだからである。

これが、二人の弁証法が未完成だと私が大きく説く所以でもある。

ただ、エンゲルスはしっかりとその学問完成への提言（示唆）はしていると説いておいた。ということで、ここでエンゲルスの二つの弁証法の定義なるものをふまえて、この区別と連関すなわち、つながり方の過程的構造を分かりやすく説くべきであろう。ここに関しては古代ギリシャで誕生した弁証の方法＝弁証の術（ディアレクティケー）は、どのようにして、「自然・社会・精神の一般的な運動に関する科学」へとなっていったのか、を説くことが一般論的なレベルでの解答となるであろう。少し説いてみよう。

## （2）古代ギリシャの弁証の方法とは

たしかに当初は、弁証法というのは、「弁論すなわち議論・討論・論争を通じて相手の論の欠陥を暴きだし、自分の論の正しさの証をたてること、すなわち、弁じて証明することだった」といってよい。でも、この理解では本当の弁証法の原形＝姿態は分からずじまいとなってしまう。この原形の端緒（である）を成した人物はソクラテスであることは確実だといってよいのではあるが、ここをいわゆる弁証法の原形である「弁証の方法＝弁証の術（ディアレクティケー）」と名実ともに成しえた人物すなわち、人類初として弁証法の創出方法ではなく、自らの人格レベルの頭脳活動的弁証法の創出方法を可能としたのがプラトンなのである。

とはいうものの、このプラトンの説くディアレクティケーの実態は現在まで、つまり、我々研究会がそこをヘーゲル哲学史を用いてまともに説くまでは、ほとんどの人に知られてはいなかったのである。

それだけにここで、プラトンのディアレクティケーなるものについて少々説いておくべきであろう。

プラトンの説くディアレクティケーは、端的には「日常生活を合宿形態とし、そこでの生活のほとんどを議論・討論すなわち論争そのものの学的なものとして数年間を過ごすことであった」、のである。これがいわゆるディアレクティケーの内実であり実態だったのだ、と弁証法を学びとりたい諸氏は分かるべきなのである。このプラトンの弁証の方法＝弁証の術のことを称してヘーゲル曰く、「滅ぼしあった対立物の統一である」〔die Vereinigung der Gegensätze, die sich vernichtet haben〕とするのである。たしかに弁証法の端緒レベルとして、古代ギリシャの哲学者とされるプラトンあたりまでは、そういってよいと思う。

以上に関わって分かってほしいことは、「弁証の方法＝弁証の術」とのこの文言は当時の弁証法といわれる事実の現象形態そのものであって、これは絶対に現代における弁証法なるものの実態や内実ではない、ということである。もっと説けば、たしかに、結果としては弁論あり討論あり、論争ありとなってはいっただけに、この歴史的過程の構造をまともにかつ真剣に諸氏は視てとる（学習していく）必要があるのである。まとも、かつ、真剣に視てとるべきそれは一体「何」であろうか。

端的には、現代の我々が考える（思惟する）弁証はおろか、討論や論争という高度なレベルのものなど、ほとんどなかったのだ、何もないところから出立して、現在説かれているいわゆる弁証法とされるものの討論などへと、長い年月をかけてようやく到達していったのだ、ということを！　である。

結論から説くならば、この弁証法の定義？　として識者が説く文言は、弁証法の古代ギリシャにおける「結果としての弁証法なるものの出現してくる現象形態」ではあっても、「弁証法というものの始元としての現象形態」などでは全くない、ということだからである。

では古代ギリシャにおいてのこの現象形態である「弁論すなわち議論・討論・論争を通じて相手の論の欠陥を暴きだし、自分の論の正しさの証をたてること、すなわち、弁じて証明すること」の実態・実体は、理論的には一体「何」であったのかが問われるべきであろう。

それは、一言で説けば、学問（というより論理体系レベルのもの）の創出できる論理的な実力形成への頭脳の形成かつ頭脳活動の進歩していく方法であった、ということである。だからプラトン曰く、「弁証法は諸学問のための冠石である、君もそう思わないかね」という深い深い心からのため息とともにの、この言葉、すなわち感覚レベルの提言であったのであり、ヘーゲルが『哲学史』で学的に説いている「滅ぼしあった対立物の統一」であったのである。

もっと説くならば、そもそも弁証法というものは、昔々は世界中のどこにも存在しなかったのである。すなわち、昔々には弁証法なるものは、そのカケラ一つとてなかったからである。いってみれば、弁証法なるものは「無から有」として誕生させられたのである。これは他の学問とて同様である。

たとえばこれは哲学とて同様である。哲学なるものも、昔はカケラの一つとてなかった。そのカケラの一つが僅かに誕生できたのが、古代ギリシャの大政治家であり大学者であったパルメニデスとゼノンという二大偉人の手によって、であった。諸氏は、有名な、あまりにも有名な「ゼノンの詭弁（キベン）」という言葉くらいは知っているはずである。弁証法なるものの誕生の大本は、そのゼノンと彼の師であるパルメニデスのすさまじい、やがて哲学となっていく彼らの学問力のお蔭なのである。

私は、「ゼノンの詭弁」なる文言には、気分が悪くなるくらいの嫌悪感がある。これは学問的レベル、弁証法的レベル、論理学的レベル、認識論レベルのどれからも「詭弁である」などと、いわゆる詭弁を弄すべきではない。学的には正しくは、「ゼノンの絶対矛盾」と正当に訂正すべきである。もっと説けば、カントの二律背反とは、まさしくゼノンの亜流、二番煎じそのものだからである。それだけに、この「ゼノンの詭弁」なる言葉は、ゼノンの提示した問題を理論的すなわち弁証法的に説く実力がなかった学者(と称する御仁)がくやしまぎれに言い放った迷言だと諸氏は思ってよい。

理由は簡単である。ヘーゲル曰く「カントの二律背反は彼の独創ではない。これはゼノンがとっくに成し遂げていたことの復元である」との内容の文言を、『哲学史』で次のようにはっきり述べているように! だからである。

---

以上がゼノンの弁証法である。彼は、空間と時間についての我々の観念が持っているところの諸規定をつかんで、それを意識するようになり、その中にある矛盾を示してみせたのである。カントの二律背反は、ゼノンがここで行ったこと以上の何ものでもない〔Kants Antinomien sind nichts weiter, als was Zenon hier schon getan hat.〕。

(『哲学史』南鄕、悠季共訳)

---

以上説いてきたように、まだまだこの頃は哲学なるものも、弁証法なるものも、原姿形としても、単なるカケラの一片にすぎないことを諸氏は分かっておくべきである。この二大偉人たるパルメニデスと

ゼノンの哲学的なカケラの一片が本物の学問になるのには、すなわち哲学というものの形式や姿態を把持できるためには、もっともっと多くの月日を、すなわち、アリストテレスという一大巨人がプラトンから自立できて、独自の学問の姿形を表現するまでの歳月を必要としたのである。

それはどうしてかというと、哲学として形成されるべき事物・事象であっても、それがカケラであってはどうにもならないものだからである。自動車の部品なるものを幾つ作ったにしても、その自動車の設計図なしにはどうにもなるわけがないからである。すなわち、カケラというものはいくら集めてもカケラでしかなく、集めたカケラがなんとか形らしくなるには、必要なものが欠けていたし、まして、そのおぼろげな形がしっかりとした姿形といえる程のものになるには、月日だけでなく、「あるもの」・「あること」の誕生がどうしても必要だったからである。

その「あるもの」・「あること」とは「何」だったであろうか。その一つが、いわゆる本物の「弁証法」の誕生だったのであり、他は「形而上学」なるものの誕生だったのである。すなわちアリストテレスの学的誕生は、即、古代弁証法の完成とともに、なのである。ここを弁証法の用語で説けば、アリストテレスの学問は彼の古代弁証法の完成と直接にである。つまり、アリストテレスの学的誕生とアリストテレスの弁証法完成とは、直接的同一性として成されたことである、と説いてよい。

だが、である。このアリストテレスの学問そして弁証法は見事な完成をみたものの、残念なことにヨーロッパにおいては長い年月、日の目を見ることはなかったのである。

## （3）中世における弁証法の学び方の失敗

それは何故か、アラビアの世界においてしっかりと生き続け、かつ大きく支えられて熟成していったのである。それから長い長い年月が流れ、ヨーロッパにおいてその実態も忘れ去られてしまった中世期に、偶然にも（?）スコラ哲学の学派の手によって、大きく日の目を見ることになっていくのである。その偉業を成しえた人物こそ、かのスコラ哲学の最後の巨頭であるといってよいトマス・アクィナスその人であった。

ここに、「読者への挨拶」でも紹介した波多野精一『西洋哲学史要』から、スコラ哲学についての解説を引用しておこう（波多野は、先述したように草創期の東京帝国大学にてケーベル博士に師事し、哲学史の研究を行った。波多野自身が述べていることだが、本書はとりわけヘーゲル学派の一人クーノ・フィッシャーの影響が大きい）。

> アリストテレースの最初西欧に知られたるや論理学の寧ろ肝要ならぬ部分しかもそれすらラテンの翻訳によりてなりき。十二世紀に至りて論理学の全部は伝わり、十三世紀に至りては形而上学、物理学、心理学等は初めはアラビア語及びヘブライ語よりのラテン語の重訳によりて知らるるに至りぬ。是れより先きアラビアの学者は熱心にアリストテレースの原書の研究に従事せり。其の主なるは東方に於てはアヴィツェンナ（Avicenna 九七八－一〇三六）、西方に於てはアヴェロエス（Averroes 一一二六－一一九八）なり。殊に後者は其の浩瀚なる註釈書に由り

てアリストテレースの学説の闡明に貢献したる甚大なり。是等の学者の著書はユダヤ人の手を経て西欧に伝われり。

アリストテレースは初めは歓迎せられざるのみか一二一〇には彼の物理学書、一二一五には形而上学書は教会に由って詛われ読むを禁ぜられたる程なりしが、一二五四には既にパリ大学に於ける彼に関する講義は黙許せられ、次いで彼の著書の研究は奨励せられ、終に彼は「恵みに関する事に於てバプテスマのヨハネがある如く自然に関する事に於てキリストの先駆者」として尊重せらるるに至りぬ。彼の待遇に於て是の如き激変を生ぜしには其の理由あり。

スコラ哲学はもと理性と信仰との一致という確信より発せし者なるが十二世紀の末葉よりして是の確信次第に弛み初め、神力によりての出来事と自然の出来事とを区別する者のみならで、哲学的（自然的）真理と宗教的真理とを区別し、哲学及び宗教の一方に於て真理なる事も必ずしも他に於て然らざるを主張する者すら現わるるに至りぬ。一言を以てせば、自然はますます神より遠ざかりてむしろ彼に反対するの傾向を呈するに至りぬ。

スコラ哲学の破滅を来すべき、是の如き傾向を食い止めんが為めには教会は神と自然とは互に一致する者なるを示さざるべからず。即ち神を以て自然の根元とも目的ともなす自然哲学を有せざるべからず。是の如き神学的自然哲学はアリストテレースの提供する所なり。是れ教会が彼を採用するに至りし所以なり。かくて以前は単に信仰と理性との一致を示すに止りし教会の学問は今や理性に代うるにアリストテレースの哲学を以てするに至りて自由思想発生の道を杜絶するに好箇の武器を得たり。アリストテレースは道理上の唯一の権威として正統異端の判別の唯一の標準をなすに至りぬ。

（『西洋哲学史要』）

ここには、当初、アラビアから入ってきたアリストテレスの学問は、ローマ教会によって発禁処分とされたが、それが後には、「自然に関する事に於てキリストの先駆者」としてアリストテレスを尊重し、その学問が奨励されるに至ったとある。そしてその激変した理由が簡潔に記されている。すなわち、中世半ば過ぎからは、自然界の究明が進むにつれて、従来の教会の学問ではこの世のすべてを説ききれなくなってくる、このままではローマ教会によるヨーロッパ世界の統治が揺らいでしまうことになる。

そうした危機的状況を迎えるに至って、アラビア由来のアリストテレスの学問を〝神学〟として採り入れることによって、「自由思想発生の道を杜絶する好箇の武器」としてアリストテレスの学問を用いることにした、ということである。あくまでも、ローマ教会の権威を保ち、ヨーロッパ世界の統治を存続していくために、アリストテレスの学問をいわば創り変えながら用いていくこととなったのである。古代ギリシャの弁証の方法も、当時のヨーロッパ世界におけるあくまでも国家統治のために、神学という形にしつつ学ばれ、用いられていくこととなったのである。

だが、この古代ギリシャの弁証法なるものは、その後の中世において悲しいことに神学校なるものの人々の手によって簡単な「問答集」レベルで定式化、公式化され、それを修得すれば、一人前の学識経験者とされることになり、いわば神学的学問形成者への問答集として大成されていったのである。しかしこれは見事な失敗であった。何故、古代ギリシャにおいて大成功への提言とプラトンにいわせた弁証法の過程的構造への学びが、中世においては大失敗したのであろうか。何故、かの有名なデカルトにすら、「あんなものは役立たず」といわせたのであろうか。そして結果的に「デカルトは、では大学者となれたのでしょうか」との疑問については、「残念ながら」と私の著作にしっかりと説いてある。

簡単に説くなら、中世までの大失敗は、これは学問レベルとしてではなく、宗教学の一体系としての問答集に堕してしまったからである。解答が初めから分かっている問答集（いうなれば、現代の大学入試みたいなもの！）だったからである。だから大秀才だったデカルトは「あんなバカみたいなもの！」と頭から軽蔑して棄て去ったのは、彼にしてみれば当然のことだったのである。でも彼は大きく間違っていたのである。理由は、彼が教会の学校で弁証法と思って学んだものは、古代ギリシャのアリストテレスまでの弁証法の実態を持つものではなく、それの完成を見るまでには（プラトン）有効であったが、アリストテレスの弁証法の出現を見た後は、有体には枯れた形式すなわち問答集という、実態のない現象形態にすぎないものとなっていったからである。

## （4）古代ギリシャ以来の弁証法の内実を学ぶとはどういうことか

再度結論から説けば、「弁証法云々」とは、古代ギリシャ当時の弁証法の結果としての形態なのであり、現在のものとは大きく違うのだ、ということである。現象形態をいくら学んでも、実態構造・過程を学ばなければなんの役にも立たないのは、数ある武道の中でもとくに武道空手を考えれば、簡単に分かることである。武道空手の現象形態をいくら練習しても、武道空手そのものは絶対に身につかないことくらいは、私の著作で、弁証法も武道空手と同じであると、くどい程に何回も説いてきていることである。だから討論が大切なのではなく、討論できるだけの実力、一般教養としての実力、現在で説けば大学入試センター試験で簡単に七割くらいは解ける実力の養成こそが、まずは大事なのである。すなわち、喩えれば武道空手の黒帯の実力を把持する技を創出した上で対手と闘うのが、いわゆる弁証法確立の基本としての討論であり、論争なのだと分かってほしい、との文言だったのである。

以上、少しばかり古代ギリシャで誕生した、学問を創出する実力養成のための弁証法（弁証の方法）は中世以降、神学校出のデカルトなどによって単なる記憶的解答力のテストレベルの問題へと大きく堕落させられていったのだと説いたが、しかしやがて、それがその実際の弁証の方法を把持している実力の実態を古代ギリシャに学ぶことによって自分の学問力にしたのが、大哲学者カントであった。

デカルトと違ってカントが学問的弁証の方法を身につけることが可能となったのは、彼カントが後世のヘーゲルと同じように、古代ギリシャの世界に大きく学んで「ゼノンの絶対矛盾」の実力を己がものとなしえたからであるというべきである。彼は実際、そのことに長い年月をかけていったのであるから。

彼の一大著作である『純粋理性批判』（*Kritik der reinen Vernunft*）で説いている、いわゆる「二律背反」の理論的措定がそうである。たしかにこの「二律背反」なるものは、ヘーゲルによって「ゼノンのモノマネみたい」との大いなるケチをつけられてはいるが、でもそのヘーゲル自身はというと、このカントの「二律背反」の構造にしっかりと学んでいったからこその、絶対精神の過程的構造をモノしえたのだと私には分かるのである。このことに関しては世の中の学者先生方は三浦つとむをも含めて、あまりというか、ほとんど説こうとはしていない（説く実力がない）、というのが、私の見解である。

だが、である。カントと同じように、では失礼というものである。ヘーゲルはカント以上に、古代ギリシャの学的形態を学びきっている、といってよい。その結果が、カントの弁証法はゼノンの実力を単に学びとれたというレベルでしかなかったが故に、ゼノンの模倣レベルである二律背反を、観念論的に説くだけで終わることになったのである。ここで観念論的と説くのは、なにもカントが観念論の立場だったから……という理由だけではない。たしかに彼は観念論者である。だからそれ故にこそ二律背反なる一般式をモノしえたといってよい。この理由は、この二律背反の実際はゼノンの絶対矛盾と大きく違って、それこそ実体を伴うことのない、全くの観念の問題を、問題視して解いているからである。すなわち、「時間」と「空間」について、である。これこそが観念論の最たること！　だからである。

何故かは単純である。「時間」も「空間」も、人間が観念の世界の現実として実体ではなく観念を実体化して創出したものだからである。『学城』第二号「巻頭言」に説いたように、時間とは人間が創出したものであり、空間とて同じくである。だから、時間も空間も、実体として見せることはできないのである。ヘーゲルは、このカントの観念論を超えるべく、実体論として説くべく絶対精神の自己運動の第一に自然界の諸々を置き、ここを学問化すべく自然哲学にとりかかっていくのである。

かくしてヘーゲルは、アリストテレスと同様に本物の弁証法を理論的に駆使できる実力をつけていくことが可能となったのであった。このヘーゲルの学問的実力の中身、すなわち実態を、弁証法を駆使しての学問的実力！　であると見事に見抜いたエンゲルスの実力はたいしたものである。彼はヘーゲルの絶対精神の自己運動なるものの過程を一般化して、次の文言に仕上げたのである。曰く、

「弁証法は、運動の、――外部の世界の運動でもあり、人間の思惟の運動でもあるところの一つの運動の――一般的法則に関する学」

（『フォイエルバッハ論』）

であると捉えて、それを「弁証法とは、自然、人間社会、および思惟の一般的な運動＝発展法則に関する科学」（『反デューリング論』）である、とも定義したのである。

## （5）弁証法の発展過程から視てとれる弁証法の構造とは

ここで読者諸氏がはっきり分からなければならないことは、エンゲルスといえども、精神のではなく、「思惟の運動」とはっきり説いているのだ！　という大事である。つまり彼エンゲルスは、弁証法は「自然・社会・精神の一般的な運動に関する科学」と捉えてはいないのである。ここを論理的ではないものの、事実レベルでしっかり説いたのは、三浦つとむである。曰く、

「唯物弁証法はひとつの科学である。自然・社会・精神の一般的な運動と発展に関する科学である。」
（『弁証法・いかに学ぶべきか』季節社）

そしてこの事実レベルで説いてある文言を、武道を通して自然科学、社会科学、精神科学としての概念化は私が成しえたものであり、この時代のエンゲルスには、まだそのようには捉えられていなかった。なぜならば、ここで精神とは思惟の実力の最高形態（観念的実体）であり、思惟とは対象を見事に論理的に考え続けられる実力のことだからである。

ところが、以上の弁証法の定義を「弁証法とは、世界の一般的な運動法則である」との定義を持ちだすまではよいのだが、もしその人が、弁証法すら構造（過程的構造）が存在するのだという簡単な現実を忘れてしまい、または、「世界を構成しているのは自然・社会・精神」なのだ、をコロッと忘却してしまうことなどがあっては、あまりにも無鉄砲かつ乱暴な実力だといわざるをえない。それだけに読者諸氏には、次のことをしっかりと理解できるように努力してほしいものである。

①「弁証法は、弁論すなわち議論・討論・論争を通じて相手の論の欠陥を暴きだし、自分の論の正しさの証をたてること、すなわち、弁じて証明すること」においても、
②「弁証法は自然・社会・精神の一般的な運動に関する科学」においても、
③「弁証法は世界の一般的な運動法則」においても、この①②③の内実（論理）は「同じことを論じ

ている」のだ、ということである。

①の文言の「議論」は、これは当然に自然・社会を大問題として議論していく過程を経て、論理能力を築きあげ、かつ蓄えして世界観を創出していったのであり、

②は我々の弁証法である。すなわちエンゲルスがヘーゲルの著作に導かれて、「弁証法は運動の、――外部の世界の運動でもあり、人間の思惟の運動でもあるところの一つの運動の――一般的法則に関する学」（『フォイエルバッハ論』）と「弁証法とは、自然、人間社会、および思惟の一般的な運動＝発展法則に関する科学」（『反デューリング論』）としたのであり、ここをまとめて三浦つとむが定式化した③を、弁証法の歴史的な過程性、つまり発展的構造論として我々が学び、かつそれらを本物の自然に求めて具体化し、そこから本物の社会へ求めてさらに具体化（重層化）し、加えてさらに精神の世界（学問レベルの世界）により複雑化した、というより、より輻湊（フクソウ）化した弁証法を求めて具現化していく中で、学的レベルとしての弁証法を我々の実力と化してきたからこそ、我々の重層的・輻湊的弁証法だったから説くことが可能となった「生命の歴史」を措定できたのだ、ということである。

本章を終えるにあたり、次の偉大とされるべき四方への心からなる学恩を認めておくべきであろう。まずゼノンである。この方は、弁証法の始まりとも説くべき「絶対矛盾」という難問を創出しただけに、弁証法の始祖というべき人である。

次は、プラトンである。この方は、それまでの頭脳活動の修練がなかった時代に、弁証法修練の方法（滅ぼしあう対立物の統一）を確立した歴史上「初」というべき人である。

三番目は、アリストテレスである。この方は、森羅万象的なあらゆる現象的な事実を、「学問の事始め」となる一般性として説く努力をなした、最初の人物である。

最後は、ヘーゲルである。この方は、二千年以上も愛知の哲学として存在してきた学問を、愛や知から解き放って、学問の体系化を初めて説いた人である。

# 第二章　哲学を本物の学問として完成させるために

## （1）ヘーゲルは学問形成へ向けていかなる歩みをすべきであったか

さて、ここでもしかしたら、それにしても『精神現象学 序論』とは何か、を問われるかもしれないので一言しておきたい。この小論だけでなく『精神現象学』の本当の題名は、「精神現象論」であって、けっして「学問」すなわちWissenschaftとはなっていない。とともに、序論も同じく、「精神現象論序論」である。念のため、原題を付記しておくと*Phänomenologie des Geistes*である。ついでに述べておくが、この『精神現象学』を、原題通りに「精神現象論」として日本語に訳しているのは、私の知るかぎり、『大論理学』（*Wissenschaft der Logik*）の訳者である武市健人一人であると思う。

それだけに、他の精神現象学という文字を使っている学者先生は、そのドイツ語の実力が、いかなるレベルかを問われても仕方があるまい。とはいうものの、この武市先生にしても、Wissenschaftをあろうことか、哲学と意訳している箇所があるといったレベルではあるのだが……。

さて、それにしてもこのヘーゲルの『序論』なる小論は、読めば読む程に「学問形成への道標」となる素晴らしい論文であると私には思える。その理由は、学問形成の道標そのものが、内容の実態となっている見事といってよい小論だからである。なおここで、再度の「ついで」を述べておくべきであろう。それは、以下のことである。ヘーゲル自身は、哲学完成へ向けて、観念論者であるだけに満を持してというより、自信満々といった心持ちで『精神現象学 序論』の後に、『大論理学』の完成へと出立したのであろうが（おそらく当時のヘーゲルも、もしかしたら、自らの早合点（早トチリ）にうすうす気がついていたのであろうが）、ヘーゲルは、正当となるべき学的研鑽から説くならば、いきなりこの『大論理学』への執筆へと向かうべきではなかったと私は思うのである。注を付すならば、この『大論理学』に「大」をつけているのは日本くらいではないのか、と思う。原書には「大」はないのだから。

　では、ヘーゲルは何をなすべきであったか。これは、当のヘーゲルがそこの失敗に鑑みて次になしたであろう著作『エンチュクロペディー』（*Enzyklopädie der philosophischen Wissenschaften im Grundrisse*）、これをまず、『精神現象学 序論』の次に、執筆すべきだったことである。なぜならばこれこそが、この『エンチュクロペディー』こそが、題名にあるように学問としての哲学の学的構造論の大前提たる予備学となってよいものだからである。すなわち、哲学としての学問なるものは、最低『エンチュクロペディー』レベルの構造論を、つまり学的構造論の柱の基礎となる土台をまず確立してから執筆すべきだったからである。本来ならば、この『エンチュクロペディー』的構造論の基礎的土台の展開があってこそ（とはいっても大きく社会哲学が欠けてはいる）、いわゆる『大論理学』の実態的構築が可能だったからである。

　それだけに、私はこの『大論理学』は学問的には若きヘーゲルの早まった情熱の故の一大失敗作だと今でも思っている。もしヘーゲルが『エンチュクロペディー』の後に『大論理学』を執筆したとするならば、もっと見事な論理の一般論レベルではなくて、論理の構造を内に含んだ論理学構造的一般論が、構築可能な土台力を身につけることができたであろうと、私には思えて仕方がないからである。

だが残念なことに、ヘーゲルは逆の道を辿ってしまったという悲しさがある。それ故、『大論理学』の中身に大きく縛られて（規定されて）、『エンチュクロペディー』の中の『小論理学』も、見事とはなりえなかったといってよい。これについては重要なことなので、第三章でもう少し説くことにする。

### （2）大哲人ヘーゲル急逝の「無念」を想う

それでも私は、かの大哲人ヘーゲルは人類史上初めて本物の理論的な学問体系を創ろうとした人物である、と評価している。だが、彼はその至高な精神を抱いて努力を為したにもかかわらず、その体系が成る前に急逝してしまっている。もっとも、当時の原書などを見ると、死の直前まで体系化へ向けての努力をしていたのは確かなのだが、それにしてもあまりにも未完の状態で逝ってしまったのである。

それ故おそらくは、彼ヘーゲルが願望していたはずの『哲学原論』、悪くても『哲学概論』の執筆は遂に成らなかったのである。ここに関しては、あまり触れられてはいないようである。「何をおかしなことを!?」と思う諸氏にきっぱりと説いておく。

大哲学者として一、二を争う程の学者たるヘーゲルには、精神現象学、論理学、精神哲学、自然哲学、歴史哲学などの哲学の分科学たる諸哲学論は存在していても、奇妙なことに肝心要たる『哲学原論』ないし『哲学概論』なる書名の出版物はない！　ことで分かるべきであろう。現代の亜流哲学者には、諸々のその題名の書があるにもかかわらず、である。たとえば、デカルト『哲学原理』、ヤスパース『哲学とは何か』、西田幾多郎『哲學概論』、務臺理作『哲學概論』、田邊 元『哲學通論』等々である。

これはどうしてなのであろうか、との大疑問が湧き起こって当然なのでは……と私は思うのである。それだけに、ヘーゲルにしてみればここが、逝去にあたってなんとも「残念無念」であったであろうと、私自身も無念しきりなのである。さてそこは別にして、その『哲学原論』レベルの著作の成らなかった最大の理由は、彼の執筆（出版）の順序の故である、とは私の論理的推測である。すなわち先程述べたように、本来なら『精神現象学 序論』（本体たる『精神現象学』ではない）の後に、ただちに自然科学（自然哲学）、社会科学（社会哲学）を包含した形での『エンチュクロペディー』レベルの内容の執筆にとりかかるべきだったにもかかわらず、なんとも残念なことに彼の頭脳活動は『大論理学』の執筆へとなっていったからである。少し具体的に述べれば以下である。

まずヘーゲルは三十七歳の時に『精神現象学』を公刊し、また四十代で『大論理学』そして『エンチュクロペディー』を公刊している。私は、学問構築の過程としては、この『大論理学』の出版はあまりにも早すぎるものであり、まずは『エンチュクロペディー』を出すべきであったと、つとに説いている。まず後年、ヘーゲル自身そこを大きく反省したのか、これらの三書はいずれも大改訂を試みている。『エンチュクロペディー』については、初版を出したその十年後に、第二版を出版している。

この著作の目次を比較してみるだけでも、諸氏は初版からの大幅な増補改訂がなされていることに驚くことになるであろう。こうした『エンチュクロペディー』の大改訂ぶりを見るにつけても、ヘーゲルの学問形成へ向けての営々たる努力の跡が見られるだけに、おそらくヘーゲルはそこをふまえての『精神現象学』なり『大論理学』なりの大改訂を企てていたものと思われる。しかし、それらの改訂は死の直前になされ始めるも、あまりにも中途半端に終わってしまったのである。

### (3) ヘーゲルの哲学に欠けているものとは何か

それはともかくとして、『エンチュクロペディー』を見れば分かる通り、『エンチュクロペディー』の目次として、自然哲学(自然科学)と精神哲学(精神科学)は存在するものの、一番学問にとって肝心な社会哲学、すなわち社会科学が存在しえていない。たしかに、別書として社会哲学の土台となるべき『歴史哲学』(*Vorlesungen über die Philosophie der Geschichte*)なるものは刊行されているけれども、これは「社会科学」の、つまり「社会哲学」のデッサン、端的には素稿にすぎないものである。理由は簡単である。社会の構造を抜きにした、単に歴史を辿るだけの、社会哲学(社会科学)なるものが、ありえてよいわけもないし、それが学問としての内実に耐えるものになるわけでもない。その通りに、ヘーゲルの『歴史哲学』には、それ相当の欠陥が実存するというべきである。

もっと述べれば、何故に社会哲学の不足が、ヘーゲルの哲学という大学問に欠陥を与えるのか、の答は簡単である。これは端的には論理学の構造論の問題であるが、自然哲学(自然科学)と、精神哲学(精神科学)の構造論のみでは、ヘーゲル哲学の構造論の論理不足というより論理に大きく欠けたるものが生じるのは当然だからである。なぜならば、哲学とは精神哲学、社会哲学、自然哲学の論理構造を基盤にして学一般として完成されるべきものであり、加えてそもそも、論理学は学一般の論理的体系としての学創出形態そのものだからである。

ということは、ヘーゲルが実践した自然哲学と精神哲学の論理構造のみでは、学一般に重要なもう一つの柱である社会哲学の論理構造が見事に欠けているだけに、学一般を形成するための学問すなわち論理学の構造としては、三大柱を二大柱で支えるのみであるという欠陥が、そこに存在するからである。これがヘーゲルの時代性的欠陥ということである。

これもまさしく、これまた後世（後の時代）畏るべしなのである。

## （4）ヘーゲルの流れを汲むエンゲルスの弁証法に欠けているものとは何か

ここまで来れば、またしっかりと分かってもらえたことがあるはずである。すなわち、エンゲルスの弁証法なるものは、経験的自然科学を基にした弁証法が原点となっているだけに、そこに大きく社会科学の弁証法、かつ精神科学の弁証法が欠けていくことになっているからである。故に、いかにエンゲルスが「弁証法とは、自然、人間社会、および思惟の一般的な運動＝発展法則に関する科学」であると見事に大きく説いたところで、それはあくまでも、彼エンゲルスにとっては、これから果たすべき一大目標であったのだ、ということが、ここで読者諸氏にも分かってもらえるであろうか。

# 第三章　学問とはいわば世界地図を描くことである

## 第一節　学問とは、論理としての世界地図を描ききることである

### （1）学者への道は「学問とは何か」の一般図たる世界地図をもって出立すべきである

大抵の学者が、学問というレベルで何かをなそうと志した時に、あるいはなし始めて途中で成果を出そうとした時に、困惑するのは一体「何」がまずもって問われるべきことなのか、である。これは、学問とは何かの像を描くことが全くないままに、あるいは自分の心の片隅に巣くっている自分なりの思弁レベルでしかない幼稚な学問的像のままに、学問なる実態を目指すとどうなるのか、の問題でもある。

哲学講義なるものは、当初はたしかに単純に、真の哲学の理解には学問レベルの論理形成が不可欠であるとの思いから、学的哲学への理解が深まるようにやさしく説いてみたく、学的哲学の土台たる学問としての弁証法・認識論の基礎的把握をと、始めたことではある。だが、である。結論からすれば学問

の確立を己が人生の最高かつ最大の目標との大志を抱いた場合、諸氏は何はさておいても、事実的な研鑽は一時的にさしおいてまでも、大決断を下さなければならないことがある、と説くべきであろう。それは一体「何」か、といった類いの問いは、本来ならば愚問であろう。これは学問レベルの研鑽すなわち、己が専門を学問として確立したい人にとってはあまりにも常識的なことであり、それだけにこれは、まさに学問への道に出立せんとする人は、その出立時に当然のこととして必然的に把持できていなければならないはずのことであるのだから。

では、それを忘却ないし等閑視、あるいは無視して出立した場合にはどうなるのかとの疑問を、諸氏は持つはずである。答は簡単そのものである。これはもう、諸氏の誰であっても学問への道へ出立して十年近く経って、本当にそのものが必要だと思えるようになった時、つまり、部分部分の研鑽の功がなってきて、まさに学問としての体系化が成ろうとするその時点で、とてつもない大きな忘れものをしてきたことに気づかされて、呆然自失することになるだけのことだからである。

なぜなら、その時点でいまさら忘れものをしたといって引き返すことは、絶対に不可能なことだからである。これは、どうしても十年以前の自分に戻りたいといった程の困難さだからである。代替はきかないのかと問われそうである。これには形式ばかりならば、と答えられよう。形式ばかりとはいっても代替がきくのならば、なんとかなりそうではないか、とまた、反問されそうなので、分かりやすい例で答えておこう。これは時速三百キロで走ることを要求される高速道路を、パンクした場合に用いることになるテンパータイヤでの代替レベルにしかならないからである。この場合、高速道路はたしかに形ばかりには走れるが、しかしこれは高速道路ではノロノロ運転にも等しい時速八十キロ以下だし、第一、そんなのろい速度では危険そのものではないだけに、目的地に到達するまでに残りの人生はないというレベルである。すなわち、なんら目標は達成できないといってよいくらいなのである。

このように、学問研鑽の道はその道程への形式すらが危うくなってしまうのである。ここまで説くと、答は「何」なのだとの声があがりそうである。端的な答は、「その学問の出立時に学問の確立にとって必須的なるものは、哲学的意味における真の意味での〝世界観〟、より具体的には、弁証法を基盤においた世界観の把持である」。このように説くと、次のような反問（愚問）が出ることだろう。

「どうして世界観なのだ。世界観というのは、あの哲学の授業の時に教わったアレだろう、もしかして。でもあれは哲学だろう。世界観というのは、観念論とか唯物論とかいうものだろう。そんな観念論とか唯物論とかが、どうして学問の確立へ向けての出立時に必要なのか、さっぱり分からない。もしかして、この人は、学問の確立への出立を哲学への出立と錯覚しているのでは⁉　あるいは、我々が学問として哲学を学んでいるとでも誤解しているのでは⁉」と。

学問の確立への出立を決意するということは、その自分が専門としたい対象的事実に関わって、それと格闘しながら、つまり、その無限的対象として横たわっている事実の構造に分け入るべく格闘しながら、やがて視えてくる構造そのものの一般性・特殊性を論理として把握し続けていく中で、その論理を学問レベルとして、すなわち本質論をふまえた理論的体系として完成すべく出立する、ということである。

学問なるものは、それが一般論レベルであるにせよ、理論的な体系として措定（完成）できてこそ、ようやく、真の体系である本質論―構造論―現象論として完結へと至ることが可能となるものである。それだけに、以上の形式・構造が少なくとも一般論レベルでなされることが肝心となるものである。私事で説くならば、ここを成しえたのが武道の一般学たる『武道とは何か＝武道綱要』（三一書房）であった。しかしながら、この学問的体系化の基礎的土台が成った時には、専門を哲学と決意したものの、哲学なるものは、消滅してしまって、それは弁証法という学問へと生まれ変わったのだとの自分勝手な解釈、つまり、誤解しての学問としての弁証法への道を歩き始めてから、すでに四半世紀を経ていた。

だがこの時に私に幸いしたことは、学問への道の出立時には、偶然ながらもしっかりとした世界観たる唯物論を把持しえていたということである。この世界観たる唯物論の把持なしには、弁証法の学的完成は無論のこと、武道学の一般的措定もおそらく夢物語に終わったはずである。

ここで世界観としての唯物論について少しでも説いておくべきであろう。私がなぜここまで世界観としての唯物論にこだわってきているのか、をまず説いておくべきだから、である。それは端的には人類史上、学問も含めて、いわゆる真の唯物論的学者なるものは、未だ誕生できていない事実があるからである。たとえ、現代において、いかなる学者であっても、宗教を認めていない、信仰を認めていない御仁は存在していない！　といってよいことで分かってほしい。

唯物論を信念として把持できているならば、まずカントの「二律背反」の「実体たる時間と空間」に大いなる疑問を抱くはずである。だが、そこに疑問を持った人を私は寡聞にして知らない！　のである。具体的には、時間が実在する、とする人は人類が暦を創造したという真実を完璧なまでに失念している。

唯物論の立場なら、また宇宙＝森羅万象に空間などというものがないことくらい、分かってもよいものである。にもかかわらず、カントの二律背反の実態をわけも分からないままに簡単に信じきっていて、どうして唯物論者といえるのであろうか。といったところで論を進めよう。

この学問の形式的完成がたとえ一般論レベルだけでの完成にせよ、本質論を説くからには、その過程的構造に立ちいる、つまり対象を過程の重層的複合体として捉えなければならず、そうなれば、当然にそのものの起源である、元の元たる対象の問題、それらの原基形態たる以上の原基形態としての、思惟と存在の問題に否応なしにぶつかることになる。この両者、思惟と存在の問題すなわち、観念（認識）と実態の問題は学問史上、とくに哲学史上二千年にも及んでの大論争だったのだ、と理解してかかることがまず大事である。ここは簡単には、我々が生活している森羅万象たるこの世界は、観念たる認識が創造したものか、それとも永遠性たる物の生成発展の中で観念たる認識すなわち精神（思惟）が物の機能の一つとして生まれたのか、という大命題なのである。

したがって、昔々から本物の学問を志した人は、必ずこの世界観の問題に自ら関わって、それなりの苦闘とともに自らの世界観たる唯物論か観念論の立場を把持、かつ堅持してきたのである。端的には大哲学者ヘーゲルは観念論の立場を堅持しきったからこその、あの学問の形成が成ったのであり、近くを挙げれば、ドイツ国法学のケルゼンにしろ、精神医学のフロイトにしろ、である。もちろん、彼らケルゼンやフロイトが把持した世界観が彼らの学問の体系の中に見事に花開くことのなかった事実は世間周知のことではあるが、これはなんら世界観そのものの罪なのではなく、彼らが世界観を二流のレベルでしか把持できなかったからにほかならない。それだけにその世界観なしには、彼らははたして二流になれたかすら怪しく、いずれにしても、一流といわず二流といわず、世界観のまともなる把持なしには逆立ちしても、一流はおろか二流レベルでも学問レベルでの自分の専門の確立などありえないものである。

もっとも、超電導研究（昔なら素粒子研究であろうか）、バイオ・メカ研究のレベルでは、これまたどんなに逆立ちしても世界観の把持の必然性はほとんどないも同然であるともいえる。なぜならこれらは、少しも学的研究などではなく、せいぜい技術的研究でありながら、彼らが勝手にこの技術的研究を、大学教官という肩書で自分をだましだましして、学的研究と思いこんでいたいだけなのだから。それが証拠に、彼らの誰一人とて「学問とは何か」はおろか、自らの専門たる学問として把持していなければならないはずの、物理学とは何か、生物学とは何かについて、一般論レベルからすら、その体系的認識を把持しえていない、つまり、それ故当然ながら、本質論・構造論・現象論を説くだけの実力を持っていない、という現実があるからである。

たとえば、法学の大家として何十年にもわたって学界に君臨し続けた東京帝国大学のある銀時計卒業者が、有斐閣の「法律学全集」のトップにその名を連ねながら、十年かかってようやくその学問レベルの一般論を体系的書としてモノしたものの、その内容たるや「法とは何か」を文字的レベルで（つまり、二百年もの昔のヘーゲルの「法の哲学」レベルで）すら、なんら説ききることができず、遂に自らの法学体系を理論として説くことができなかった、という悲しい現実は、その分野では周知のことである。現在でも、自然法と実定法なる言葉が、法学概論とやらに残っている始末であるだけでなく、法と法律の学的区分けすらできないのであるし、あるいは世界有数の学者といわれたある物理学者が、岩波新書で上巻を出版したのみで、下巻は遂に説くことができず、遂に未完として恥を晒したとされる過去の状態を見ただけでも、学問の確立がいかに大難関かの一端を、誰しもが垣間見てとれるというものである。

　これらは、これこそまさに自らの若さがあるうちに、つまり学問への道の出立時に思想の高みをふまえるべく、その最高位たる「世界観とは何ぞや」を把握することなしに出発してしまった、すなわちなんら、「学問とは何か」を世界観をふまえて自らに学ぶことのなかった、それ故世界観すら把持できないままに、単なるモノ研究、単なる文献アサリを学的研究として学問への道へ出立できるかの錯覚を起こしたままに出立してしまったが故に、何十年にもわたる研究の至る箇所・箇所で、迷路という迷路にさまようだけの亡霊的な現実を持ってしまったのだ、といってよいのである。

　だが、そのように説いてみせたとしても、彼らには怒るだけの気力はもう残ってはいないといってよい。しかし、だからといって学問への道の出立は、単純に世界観を把持できればよいという甘いレベルではない。そればかりか、ましてや学問の途中で世界観を転換するなど、あってはならないことは、名著たる『哲学以前』をモノした天才的哲学者で東京大学教授でもあった、かの出 隆の晩年における悲劇で十分の証明となる。結論づければ、世界観を把持できない大学教官など存在してよいわけがないのに、彼らが現実に学問の巨塔そのもので、学生の前で教育し続けているのが悲しい現実なのである。

　では、ということで、そもそも学問を目指す人と、研究を目指す人の一番の大きな違いは何か、であろう。学問の形成をなすこと、すなわち学問体系を創るとは、分かりやすくは、この現実の世界歴史レベルで説くならば、「学的世界地図」を立体性的に鳥瞰図的に創ろうとして出立する、すなわち地球の全国家を一体性としての歴史性を把持した、つまり時代時代の中心となっていた国家の時代的発展が頭脳の中の目に視えるべく学問的地球図の創出を目指して（志して）出立することである。

それに対して研究とは、いわば自分が無我夢中で歩き回って辿った（辿ってしまった）道を、いわば学的地図だと見做してしまうことである。つまり研究というのは、最初にも途中にも大志がなく、かつきちんとした論理的な目的性はない。何か知らないけれど行っているうちに世紀の大発見の一つや二つを発見してしまったとかの、行っているうちに新しいＤＮＡなり万能細胞なりの使い道が、あるいは新しい元素が見つかった……というような出来事レベルのことである。

このように、研究とは、歩くことのできた（歩き回ることが可能だった）ところを、それなりの自己流の地図になしていくだけのことである。だから、研究の途上では今の自分がどこにいるのか、どこをどう歩いているのか、今、剣の山みたいな恐怖の箇所を歩いているのか、深い霧の谷間を這うレベルで歩いているのか、あるいはどこをどう歩いたらどうなるのか全然分からないままに、思わず振り返ってみたらそこには、迷路がくねくねとしているだけで、歩き回ったはずの道すらが分からなくなってしまっている、という悲しい人生である。

## （2）まずは歴史上描かれた学的世界地図を学ばなければならない

しかしながら、学問とは志を立てて、先に説いた歴史的な学問としての世界地図を描くのだという大きな意志があって出立することであるだけに、自分が学問としての世界地図をしっかりと描けるためには、どう生きていかなければならないか、という学問としての人生の設計図を創出することから、まずは始めなければならない。小学生レベルで説いてみるならば、学的出立を為したいならば、まず世界が現実に存在しているということが、分かっていなければならない。そしてこの世界がどうなっているのかということを、世界地図とともに、地球儀をしっかり見ることによって、アバウトにでも世界はどのようなものかを、まず知ってから出立しなければならない。

ということは、誰がその現実の世界とする地図を描いたのかを歴史的に勉強して、それぞれの人物の業績たる内容を書物を通してきちんと知ることから、次第に識ることを行わなければならないということである。ここで識るとは知るレベルを通して、そこを理屈を通して知っていくことであり、もっと論理的な理解を含んだ意味である。そうやって視てみると、必ずどこの誰かがなんらかの世界地図をそれなりに描いてきているのを識ることになる。たとえば、学問レベルで説けば、プラトンとかアリストテレスとか、トマス・アクィナスとかカントとか、ヘーゲルとか、である。これが弁証法レベルであるなら、パルメニデスとかゼノンとか、プラトンとかを出発点としてのアリストテレス、ここからトマス・アクィナス、カント、ヘーゲル、マルクス、エンゲルス、ディーツゲンとか、である。

したがって出立にあたってもっとも大事なことは、自らの専門的分野の論理レベルの世界地図を描いた人の書物を、まずは自分のもの（実力）にすることをもって、始めることが肝心なのである。すなわち、それらの歴史的にあった一般的な実在のその時点での歴史的・理論的な地図を、つまりその時代の人の一般的な歴史的・論理的実態をきちんと識ることから始めるべきなのである。これは、学問への道を歩く時には、まずアバウトなりとも、そのような論理的な一般論を把持して出立しなければならない、ということの一つの大切な修学形式の中身であり、実態である。ここで一般論とは、簡単に喩えてみれば、それまでのなんらかの世界を覆っての学的な全体的地図のことである。

しかし、世界中の学者で、このような学的な世界地図をもって始めた人は、ほとんどいないといってよい。つまり五指に満たないといってもよい。だから、できあがった彼ら数名の学的な世界地図をすんなり視てみると、ある人は「世界は自らが視てとったものすべてである」とか、ある人は「世界は一つにまとまっている」とか、「世界は一つから全体へと拡がったものだ」などという、古代ギリシャの大哲学者パルメニデスやゼノンの見解に行き着いて終わりになってしまうことにもなろう。

だが、それらの学的な世界地図の作成者のすべては歴史的には曲がりなりにも、それなりに正当性を把持しているものであり、彼らの時代性としてはよくもここまでできあがったものだと、感嘆するべき内実がそこには存在している。たとえば、プラトンは古代ギリシャ国家の存立の実態、たとえば青少年の国家的教育についての見事な古代ギリシャレベルでの学的世界地図を描く努力をしているし、アリストテレスは自らの描いた学的世界地図に従って、アレクサンドロスに世界制覇への道へ出立させているし、中世期のトマス・アクィナスに至っては、古代ローマによって滅ぼされてしまった古代ギリシャの学問分野を、「アラビアの世界からの大哲学者アリストテレスの凱旋」というレベルでの『神学大全』なるものを説くことによって、そこに見事に宗教を学問として論じる形で宗教学から人間学、すなわち、本物の学問の橋渡しをしている、つまり学問を実質的に復活させているといった具合に、である。

さて、そういった流れを受けたカント、ヘーゲルの学的世界地図を経ることによって、ようやくにして近代弁証法の実態を視ることができるようになったのであるが、この二人は自らの弁証法のそれなりの完成を見ただけに、その弁証法の実力によって他の人と大きく違った、自分なりの見事な学的世界地図を描くことができていたことを忘れてはならない。古代ギリシャの学問に深く学ぶことによって弁証法を復活させたとして大哲学者とされるカントは、学的世界地図の一般性を二重の意味において提示することになっていくのである。二重のうちの一つは、『純粋理性批判』として提出した「二律背反の法則」に加えての「物自体論」の提出である。他の一つは、『啓蒙とは何か』をモノしただけに、ヘーゲルが修学することになっていく「論理学」「教育学」「学問として出現しうる将来のあらゆる形而上学のための序説」を提出できたことである。加えて「世界公民的見地における一般史の構想」についてなどの、学的教養に関わる学的世界地図である。

ここで少し、カントの学説を歴史上の学者が大きく誤解していることを記しておくべきであろう。それは、ヘーゲルすらが当初は大きく誤解してしまった程の現実である。やがて、ヘーゲルはこのことに気づいて、訂正を図ることになっていくのであるが……。このカントの凄みを受け継ぎ、さらに世界歴史性を把持した学的世界地図を提出してきたのが、最後の大哲学者たるヘーゲルである。

ここで「最後の」という意味は、ヘーゲル以後には一人とて学問としての哲学を提示できるレベルの学者は出ていないからである。可能性としてはマルクスであったろうが、二十代末にして哲学を放棄してしまっただけに、どうしようもなかったことである。少なくとも哲学の修学が学問レベルに到達するには、三十数年の月日を要するだけに、二十代末の放棄では、それまでの学者の世界地図の一端すら理解不可能だったはずだからである。マルクスに加えて、ヘーゲルの弟子たるシュヴェーグラーも、その著『西洋哲学史』に見られるように、大きな過ちをおかしているからである。

さてカントは古代ギリシャのゼノンにしっかりと学んでの学的登場であるが、大ヘーゲルはそのカントを超えての古代ギリシャへの修学により、すなわちカント以上に古代ギリシャの学問を自分の実力と化す努力をなした上で、カントのすべての教養的世界地図を学問レベルでの世界地図となすべく、孤軍奮闘しての体系性の提示を図っていったことである。

そうすると、「そんなことをよく説けるものだ、少しおかしいのではないか！」と思うのが、個別研究者である。なぜなら、個別研究者は、歩かないと本物の地図としての地理地形は分かることができないはずだ、古人が歩いたところだけが地図としての地理地形だと思っているからである。つまり、地図としての地理地形すなわち道というのは、本当は未知の世界を歩くための出立点なるものだと分からずに、歩いたところだけが地理地形（道）になるのであり、それだけでしかないのだと信じきっているからなのである。これこそが実存主義的哲学者の欠点、つまり妄想の一つである。

## 第二節　ヘーゲルは絶対精神の自己運動として学的世界地図を描こうとしていた

### （1）歴史上、アリストテレスをふまえたヘーゲルのみが学的世界地図（体系的地図）を描く努力をなす

学問というものは、説いたように世界地図レベルで描いてみると分かり始めるのであり、それを見事にやりきる努力をなしたのが大哲学者ヘーゲルである。ヘーゲルは、真実の学問の地図を描いてみせようと努力をなした、歴史上三偉人の一人といってよい。

一番目にそれをなす努力を積み重ねていったのが、古代ギリシャで『形而上学』（もっともアリストテレス自身は、このようなタイトルをつけたわけではなく、この書の中で、自分の目指すものを「第一哲学」〔ἡ πρώτη φιλοσοφία〕であると表現しているのではあるが）をモノしようと努力した大哲学者であるアリストテレスであり、二番目は、おそらくほとんどの学者は認めたがらないであろう中世のスコラ哲学盛期の第一人者で『神学大全』（*Summa Theologiae*）をモノしたトマス・アクィナスである。だが、学的体系図として評価可能なのはヘーゲルのみなのである。では、ヘーゲルはどんな学的世界地図を描いてみせようとしたのであろうか。

学問としての世界に生きている人の中にはほとんど常識となっている通り、大ヘーゲルは、森羅万象

たる宇宙の生成発展そのものを体系性として語るに、いわゆる「絶対精神」という概念を創出し、学的世界地図をその絶対精神の自己運動の生成発展として描こうと何十年もの努力をなしていったのである。だが、である。その大いなる努力にもかかわらず、できあがったものはあまりにも簡単な地図であった。

それは一つには、学問としての哲学の時代性の故といえばたしかにその通りなのであるが、努力の実態的な失策としては、あまりにも早すぎた『大論理学』の創出をまず挙げるべきであろう。第二章でも説いたように、まだ『精神現象学』の序論を説いただけの学問的実力で、論理学の中枢を占めるべき概念を構造化するための学たる『大論理学』をモノしたとはなんとも不可解なこと！　と本当は説くべきなのである。この事実はまるで中学一年生が結婚生活を営むかのごとくのあせり！　であったと説くべきであろう。本来は、早くても「哲学的諸学綱要」との副題のある『エンチュクロペディー』の後にこそ『大論理学』の執筆（出版）がくるべきだったのであるが……。簡単にその欠陥を説けば、『エンチュクロペディー』抜きの『大論理学』によってヘーゲルの自然科学、精神科学への学びの深まりができなくなってしまった、どうにもまともにならなくなってしまったということである。端的にはヘーゲルの持つべき弁証法の構造が浅くなり、結果、彼の説く論理というものの深みが果たされなくなり、結果、体系化が不可能となってしまった、ということである。余談だが、ここで少し説いておくことがある。

それは、わが日本での出来事であるが、学的世界地図の入口で迷いに迷ってどうしようもなくなった著作が大秀才出　隆の『哲学以前』（前出）であり、学的世界地図を描けるためには、こんな学習を学生時代に最低限なさなければならないのだ、と説いた著作が、河合栄治郎の『学生に与う』（現代教養文庫）

である。これら二著作は、大学初級生のうちにしっかりと学習させなければならない程の大切な著書なのであるが、悲しむべきことに現代のいかなる大学においても全く教える教師はいないという現実がある。しかし歴史を省みるならば、昔の東京帝国大学のいわば予科ともいうべき、つまり第一高等学校や第三高等学校をはじめとする旧制高等学校などでは、それらをまともに教える先生が必ず存在していたものである。それこそが上級学校における本当の教育者だというべきものなのだから。

先にヘーゲルは、あまりにも急いで『大論理学』を発表してしまって、本物の学的世界地図を描き損なうことになってしまったと説いたが、だが、ヘーゲルはそのことを大きく反省することによって『エンチュクロペディー』を著わすことになっていくのである。すなわち、以上のようなことを一応きちんとした学的世界地図としてみせようと努力したところが、さすがヘーゲルだったといってよい。

ヘーゲルはそのための実践を、すなわちその学的世界地図がしっかり描けるための学習というものを、高等学校の校長として、生徒に教えながら、再度ならず挑戦していったのである。この書物はたしかに大分難しい文章の羅列であるけれども、おそらくこれも翻訳者に難点があったのだと思う。ヘーゲルが説いた文章なので、わざと難しく訳してあるのではないか……とも思うのである。なぜならこの中身は、その頃のドイツの高校生に対しての授業なのだから、そしてその授業を高校生がしっかりと受けていたはずのものだから、そんなに難しい中身であるわけがないと思えるからである。

## (2) ヘーゲルの学的世界地図とは絶対精神の自己運動を描いたものであった

では、ヘーゲルのいう学的世界地図とは、一体どういうものなのかを言語表現として説くならば、絶対精神の世界歴史としての自己運動であり、絶対精神の自己運動としての世界歴史である。ここを簡単にヘーゲル流に説けば、この宇宙には絶対精神というものが誕生してどこかに存在している。だがしかし、その絶対精神はまだ幼いためにそのままでは、自分がどのようなものなのかを知(識)ることがないので、自らがいかなるものかを知り、かつ、識るために、自らがそのための世界歴史的な転成としての運動を行うことになっていく、ということである。

そして絶対精神は、そのためにまずは自らを人間誕生以前たる大自然へと転成していくのである。そうするうちに、自己たる絶対精神は大自然としての自らを知り、かつ、識っていき、その大自然としての成長を経ることによって次は社会へと転成し、そこからまた精神へと転成することによって、ようやく己れ自身の実体を知り、かつ、識ることができ、そこで、それまでの自然から社会、社会から精神への全過程を総合していくうちに、統合が可能となり、これで大転成して己れが世界歴史(宇宙の歴史)を知り、かつ、識ることになった、つまり本当に成長しきっての絶対精神としての完成形態となる、となすのである。

これをマンガにすれば、絶対精神の顔というものがまず軽く描かれる。それはお化けの顔でもいいし、神や仏の顔でもいいし、鬼の顔でもいいし、悪魔の顔でもいいし、はたまた天使の顔でもいいのだけれど、そうすると何か絶対精神というものの顔だけではなく、身体がどうしても必要となろう。

そうすると、ではその絶対精神が、一体「何」を考えていたのかが、問われなければならないことになろう。その絶対精神はというと、「私は絶対精神として、何百億年という人生を、つまり人生ならぬ絶対精神生を生きてきたのであるが、ここで絶対精神としての自分自身はどうやって生きてきたかということを、ここで振り返ってみるべきであろう」として、絶対精神自らが自らの自己運動、つまり自分の何百億年という来し方というものを語っていくのが、絶対精神の自己運動の中身をマンガチックに描いたものということになるのである。そうなると、絶対精神は、最初はつまり、そもそもの始まりはオギャーオギャーと生まれたわけだから、その生まれた場所が語られなければならない。では、そのオギャーオギャーと生まれた所はどこだったかというと、絶対精神が自らの自己運動としてオギャーと生まれた場所は、この宇宙そのもの、つまり自然的世界そのものであったというわけである。

ところがヘーゲルは当初、ここを振り返ることを失念して、というか思いあがってというか、絶対精神の心の奥のみを知り、かつ、識ってすべてが分かったとして説いたものが『大論理学』の初版（第一版）だったことである。それだけに、ヘーゲルはまもなくそこの大失敗を反省しなければならないことになる。自分の心はどんな「身体」の心だったのであろうか、と。さすがのヘーゲルもそれは分からない。あわてて、自身の身体を知り、かつ、識るべく努力したものが『エンチュクロペディー』だったということなのである。だから、反省してからのヘーゲルの学問的研鑽は、絶対精神は最初は自然として誕生したことを原点にすべきだったのだ、として、その自らの出生形態とその発展を振り返るために、自然そのものの研究を一生懸命にやったのであり、その集大成が『エンチュクロペディー』の中にある「自然哲学」というわけである。このようにヘーゲルは、当時の自然科学の中身を物理学から化学から生物学から全部研鑽していったのである。そして「これが、絶対精神が生まれたばかりの姿である」という形で、絶対精神の「自然哲学」化を説いているのである。

諸氏にここで少し、自然哲学という言葉を説明する必要があるであろう。この自然哲学とは現代風にいえば自然科学のことになる。前にも説いたように、アリストテレス以後、哲学は分科していって分科の学（分科学）すなわち科学となっていったのである。だが今度はその科学が細分されていく流れの中で科学の言葉自体が科学とは（分科学ではなく）総合科学的意味合いを次第に帯びていくことになるが、これは多分にヨーロッパにおける大学設立の分科によるものであろう。そしていつのまにか、誰もがそれらの哲学と科学の区別が学問的にも事実的にも、なくされていき、現在は自然哲学の名が自然科学（一般）となってきているのである。それ故自然哲学が哲学の分哲学であったように自然科学が自然の分科学の結合となったことである。だが、この流れはおそらくは、国家の当局そのものによって半ば強制化されてきた結果、大学当局すらが、自然哲学の概念、自然科学の概念の根本的相異というか、その概念の論理の高低に気づくこともなかっただろうし、思考することすらなかったのではないかと思う。

それはさておき、絶対精神が自分自身の、それこそまだ自分自身が自分自身としては学的研鑽をまともには行っていない、実体そのものでない時代の自分自身の身体であるそのもの、すなわち大自然の中身を、学問地図として描いてみせようとしたのが『エンチュクロペディー』の「自然哲学」の一分野たる中身というわけである。

このように実体を把持することが可能となった絶対精神は、次第次第に自分自身を少しずつ知り、かつ、識るようになっていくことになる。その自分を知り、かつ、識るようになっていくその絶対精神の自己運動の過程の中身が、本来であれば社会哲学となっていくことになるはずである。そしてこの場合、転成すべきは当然に人間社会そのものであるべきである。

また話はとぶが、だから、ヘーゲルを学んだエンゲルスは、弁証法について「自然、人間社会、および思惟の一般的な運動＝発展法則に関する科学」との概念化を行っていったわけである。当然のことに、この社会は「サル」のではなく人間の社会でなければならないものだからである。しかし、ヘーゲルの『エンチュクロペディー』では、そうなることはなかったのは周知のこと、である。

ヘーゲルの頭脳の中においては、一応は絶対精神が自然に転成して、そこでの運動を通して、つまり自己運動の過程を経ることによって、やがて自然そのものが、ほんの少しずつ、また少しずつ自我に目覚めていくようになって、社会、つまり人間的社会、つまり思惟的社会になっていく、すなわち学的に発展していくことになってはいるのである。だから絶対精神は自己運動＝自己転成の実体としてはまず、自然となり、そこから社会へと発展（転成）していった、その時点での絶対精神の状態は重層構造、つまり自然と社会とを統一化したレベルへと発展していった二重層の絶対精神ということになっていくものである。ここも、ふまえれば分かる通り（分からなければならないように）、これが直接に絶対精神の自己運動の一齣なのである。そしてそうこうするうちに、絶対精神は自然をその下部構造、すなわち自分の身体（実体）として成長発展させながら、かつその上部の社会としての自己運動との二重化をなしながら、すなわち、絶対精神は次第次第に「自然」と「社会」とのそれぞれを自らに巻きこみながら二重層の二重の運動性を自己の直接の一体性の運動そのものとして、そこから、かつ、そこをふまえて、その二重層の二重運動を直接的同一性となすことになってきた絶対精神としての自我が、自己をしっかりと創り直し、かつ成長し直していく、つまり、確立していくという本物の（大人になった）絶対精神の世界へと自己運動的に発展していくのである。

すなわち絶対精神の世界というものは、そこが成立していくことによって、学問の誕生となり、学問確立の世界になっていくのであり、文化確立、最高レベルでの文化確立の世界になっていく、これが絶対精神の過程的構造であり、これが説かれていくべきものが「精神哲学」の実態＝中身であるべき姿、すなわち生生発展の過程だったはず、なのである。

ところが面白いことに、ヘーゲルの場合は「自然哲学」と「精神哲学」はあっても、「社会哲学」はないのである。その理由を端的には、あの頃ヘーゲルの上には、恐ろしいカイゼル（カイザー）が見事に存在していたからである。つまり「説くこと（学問化すること）、あたわざるものあり」であった。でもそれを僅かになんとか説こうとしたものが、『法の哲学——自然法と国家学の要綱』（*Grundlinien der Philosophie des Rechts oder Naturrecht und Staatswissenschaft im Grundrisse*）であったのだ、と諸氏にははたして理解できるのであろうか。これが何故、社会哲学がないかの簡単な解答である。

## (3) ヘーゲルは観念論者であるが、彼の哲学は見事に唯物論的であった

〈a〉

長々と論じているように、ヘーゲルは世界歴史を絶対精神たる自己が自分自身の生成発展していく過程的運動として捉え、かつそれを学問的に描こうと、一心に頑張って、学問の世界に生き抜く人生を把持していたことを、諸氏にはまともに理解してほしいのである。そしてそればかりでなく、彼ヘーゲルの学問の根底に流れている、というより、彼の学問体系の構造をしっかりと支えていったものが、彼の修得した、という以上に見事に創出できた、かの初代大哲学者たるアリストテレスにしっかりと学び、そこをカントの学に規定されながらも発展させていったのがヘーゲル流の弁証法の学び、かつその発展であった。何故、ここであえてヘーゲル流の弁証法との言葉を用いているのかを、疑問に思う諸氏もいるはずである。それはまことに正しい疑問であるといってよい。なぜならば、諸氏がよく知っているはずの、かつ、よく使用しているはずの弁証法と、ヘーゲル流の弁証法とはその構造が、その過程が大きく異なっているからである。ここに関しては、どうしても説いておく必要があるだろう。

諸氏がよく使用している科学的弁証法なるものは、端的には『弁証法はどういう科学か』で学んだはずの弁証法である。この弁証法は、いわゆる科学としての弁証法、科学的弁証法である、とされているが、実態は科学というより法則としての弁証法、法則的弁証法である。この法則としての弁証法は、そもそも十九世紀に生きたフリードリッヒ・エンゲルスが、その時代の急激ないわゆる科学のというより、法則化に急だった自然研究の発展なるものに大きく触発された形で、ヘーゲル流の弁証法をいわば法則

化したいとの情熱によって、創出したものである。
もちろんこれは、エンゲルスが恣意的レベルで勝手気ままに法則化したわけではなく、きちんとヘーゲルの著作『大論理学』を中心に弁証法と思えるものの中身をよく研究することによって、彼なりに創出した法則であるだけに、法則としては実に見事なものに仕上がっている、といってもよい。しかしながら、たしかにヘーゲルの学問の実態性かつ構造性かつ過程性から創出されたものであっても、「理論や論理」と「法則」とは大きく異なることは、諸氏にも分かっている（分かっていなければならない）であろう。それだけに、そこをふまえて両者の違い、すなわちヘーゲルの弁証法とエンゲルスの弁証法は、大きくはどう異なっているのかを、まずは理解してかかるべきである。ところが、このことを誰もが理解しようとしない（説こうとしても理解できない）現実が、歴史的に連綿と続いてきているのである。
念のために説くならば、この科学的弁証法としての三法則を創出したエンゲルスには、その法則がヘーゲルの弁証法とは大きく違っていることはしっかりと分かっていたはずだが、このエンゲルスの三法則とヘーゲルの弁証法の違いが、では三浦つとむには分かっていたのかと問うならば、これは「どうにも怪しい」と思えてならないのである。どうしてそう思えるのかは、以下である。

〈b〉

三浦つとむは、「唯物弁証法はひとつの科学である。自然・社会・精神の一般的な運動と発展に関する科学である」と、『弁証法・いかに学ぶべきか』では説いていたものが、『弁証法はどういう科学か』では、「弁証法は運動に関する一般的な法則を扱う科学」と説き直している。そこに関わってのエンゲルスの文言は以下である。すなわち、「弁証法とは、自然、人間社会、および思惟の一般的な運動＝発展法則に関する科学」（『反デューリング論』）となっている。この二つの文言は似たように思えるものではあっても、大きく異なるものが存在していることくらいは分かってよいはずである。

なぜならば、三浦つとむは「弁証法は運動に関する法則を扱う」と説き直しているのに対して、エンゲルスは「弁証法とは、自然、人間社会、および思惟の一般的な運動＝発展法則に関する科学」とスケールも大きく違うからである。現代教育で育ってきた、すなわち受験教育主体のままで大学を卒業してきた諸氏には、「運動の一般的な」との文言のみでは、諸氏の頭脳では太陽系も地球も、うっかりすると無視されかねないばかりか、自然すらも運動から除かれてしまいかねないであろう。まして「一般的な運動＝発展法則」との言葉の意義などは、遠く頭の働きが月の世界へと飛んでいきかねない（冗談である）といってよいくらいである。ではどうして、エンゲルスと三浦つとむの二人の文言はこのように異なってしまっているのであろうか、が次の疑問となるはずである。この答は簡単である。

ヘーゲルの学問体系をまじめに研究したエンゲルスは、ヘーゲルの膨大な資料のいずれにも絶対精神の自己運動たる生成発展の法則性が下敷になって弁証法的に説かれていることを見逃さなかったのに対し、尊敬するエンゲルスを研究してそのエンゲルス弁証法のエッセンスを大きく学んだ三浦つとむには、どうにも、宇宙からなる大自然の発展性すなわち生成発展の歴史性が視てとれなかったのだと思う。

これがいわゆる学的一般教養（人類の歴史的文化遺産修得の学び）の不足という大欠陥なのであることを、諸氏はまじめに捉え返して、この歴史的文化を高等学校レベルの教科書の内容を実力化した一般教養が実力となる学びとして、学び始めているべきなのである。それはともかく、だがこのことで、世界中の人、とくに唯物論哲学を信仰する人にとって、大きな曲解が生じ始めることになっていく。それを端的に説けば、「弁証法とは三法則そのものである」との大曲解、大誤解が始まっていったからである。それ三浦つとむとて、全くここは同様であったのだといってよい。『弁証法はどういう科学か』の「まえがき」には、たしかに次にように書いてはある。

唯物論も弁証法も昔は哲学でした。しかし十九世紀になると、唯物論は科学的な世界観として科学の一部になり、弁証法は運動に関する一般的な法則を扱う科学に創り変えられました。哲学の遺産が科学として生かされ、哲学者ではなく科学者が弁証法を研究して自分の仕事に役立てることになりました。私も自分の社会科学の研究にこの弁証法を使ってみて、それがどんなにすばらしい武器であるかを実感することができました。これまでの学者が越えられなかった理論の壁を、弁証法を使って簡単に打ち破り、学問的に未知の分野に深く切りこんでいくことができたからこそ、多くの人たちにこのすばらしい武器のことを知ってもらいたい、これを使って成果をあげてほしいと願って、この本を書くことにしたのです。

しかし、以上にある大切な中身が、どういうわけか「目次」そのものに少しも出てこないのである。つまり「弁証法は運動に関する一般的な法則を扱う科学」とあることの説明が、目次にも本文中にも少しもなく、弁証法の説明は大きくエンゲルスの三法則に置き換えられて説かれているのである。繰り返すが『弁証法はどういう科学か』の目次を眺めれば分かるように、本書はとにかく弁証法の三法則を大きく説き続けていくことになる。まずは、その三法則に関わっての大目次だけを取りだしてみる。



ここには弁証法の三法則である「対立物の相互浸透」と「量質転化」と「否定の否定」の法則が並べて説いてあり、加えて突然に、「矛盾とはどういうものか」とあるだけである。

「何が疑問なのだろう」と思う諸氏もいるはずである。それは「まえがき」にある「弁証法は運動に関する一般的な法則を扱う科学に創り変えられました」という文言と、この三法則との関係がどうにも

（というより全く）説明不足であるということである。

それはともかくとして、この書物には科学的弁証法の必要性がしっかりと説いてある。

〈C〉

---

個別的な科学と、科学的な研究に必要な物事の見方考え方とは、関係はあっても別のことです。科学の書物を読んで科学を暗記しても、科学的な研究に必要な見方考え方を身につけたことにはなりません。

---

すなわち、科学的な研究に必要な見方考え方としては、弁証法が大きく役に立つのだという文言である。だが、これすらも本当は、少しというより大きく説明不足なのである。科学的な研究にはたしかに弁証法の実力は必要であるが、問題はそれだけではないからである。このヘーゲルの弁証法の学びには当然のこと、この科学的と称する弁証法すらも、その実力養成には大困難な修学の壁が立ちはだかっているということが、どこにも説かれていないのであり、そのことの方が大問題なのである。

では、その目次の中に説かれている文言をもっとよく見てみよう。弁証法を学ぶ意義は、以下のことを分かるためであるとして、いわゆる「相対的独立」なるものがしっかりと説かれていく。

これらの区別を固定して動かせないものと考えたのでは科学的な研究はできなくなるという教訓です。さらにこれらの事実を考え合わせると、**物事の区別はすべて一時的・相対的なもので、絶対的なものではなく、ある条件の下（もと）ではたがいに移行しあう**のではないか、ということに気がつきます。

ところが、以上の引用では弁証法とは別に、以下の引用にあるように「法則とは」の説明がきっちり説かれるのであるが、以上の相対的独立と以下の文言とのつながりがよく分からない、つまりなんとも説明不足なのである。すなわち、「相対的なもの↓ある条件ではたがいに移行しあう」というものと、以下の文言の関係がどうにも不明である。

**一定の領域で起るいろいろな現象はそこを貫く基本的な、普遍的な、必然的な関係の上に立っていることが明らかになります。**この関係を認識の中に掬いあげたものを**法則**とよんでいます。さらに、一つの領域の持つ法則的な性質とほかの領域の持つ法則的な性質とのつながりを調べてみると、それらを貫くヨリ普遍的な法則性を捉えることができます。こうして結局エネルギーの法則のような自然全体を貫く法則性の認識に到達することができるでしょう。

そしてさらに、次のような恐ろしい文言が並んでいくのである。諸氏は、以下の文言を以前に読んだ時に、なんらの疑問も感じとれなかったのであろうか。

**人間は、弁証法が何であるかを知らなくても認識自体は弁証法的な性格を持っており、弁証法を自覚しなくても弁証法的な考え方をしている**のです。科学の発展は、人間に弁証法を自覚させるようになり、物事を正しく認識するために、対象の弁証法的な性格に相応して自分の認識に意識的に弁証法的な性格を持たせるようになります。すなわち、個々のバラバラな認識の結果を弁証法の助けをかりて概括し連関づけ、またすでに知られている対象の一面とまだ知られていない他面との間に弁証法的な関係のあるであろうことを予想して、これを道標として未知の世界へふみこんでいくのです。これが弁証法の適用です。

以上の引用の中にある恐ろしい文言とは、「人間は……弁証法を自覚しなくても弁証法的な考え方をしている」と「科学の発展は、人間に弁証法を自覚させるようになり」という言葉である。これらは三法則の創始者たるエンゲルスに尋ねてみても「何か少し違うようだ」と答えるはずである。すなわち、本来ならばこの文言には、「大昔には」、という注釈がどうしても必要だからである。

もっと説くならば、この過程は古代ギリシャのソクラテスからプラトンの頭脳活動のレベルだからである。しかしながら現代の頭脳活動の成育では、少なくとも二十世紀からの現代のそれでは、自然、社会の究明はすべて、小学校から受験勉強＝知識中心の勉強を長い期間培うことによって、頭脳活動なるものは大きく非弁証法性を帯びてきているし、これからもますますそうなっていくだけ、だからである。すなわち、そうしなければ立派な学校へは入学できないからである。

だからこその本物の弁証法の学びなのだ、と諸氏は覚悟してかかるべきであるし、また、これらは単純に、三浦つとむ説くところの「これが弁証法の適用です」となってはならないのである。弁証法はそんなに簡単に学べるものではないだけに、適用するなどの実力は遠い遠い出来事になっている現在だからである。そしてそればかりではない。

弁証法は一言でいえば「対立物の統一に関する学問」であり、「物ごとの本質そのものにおける矛盾の研究」を中心におく……。

以上の、引用の文言で分かるように、先述の三浦つとむ説くところの「弁証法は運動に関する一般的な法則を扱う科学」との定義が、ここでは突然に弁証法は「対立物の統一に関する学問」となってくるばかりか、その両者に関わっての説明はほとんどないままに！ である。それだけに、鈍才であった私はここを分かるのに、実に二十年近い歳月を必要としたものである。そしてまたそれだけでなく、次の文言の理解には、諸氏はもっともっとの実力養成を必要とするであろう。

## 物理や化学の法則的な性格が互いにつながり合っているように、弁証法が扱う法則的な性格

**も互いにつながり合っており**、自然の法則的な性格のつながりを発見するのが自然科学の発展であるように、弁証法で扱う法則的な性格のつながりを発見して単純なものから複雑なものへと進むのは弁証法の発展です。

すなわち以上の引用の文言で「物理や化学の法則的な性格が互いにつながり合っている」とあるが、一流大学の学生の誰に問うても、これは答えられるはずもない文言であるといってよい。光の法則と力学の法則とが、どう同じ性格であり、かつそれがどうつながるのかを、現代の大学教授の一体誰が説明しきれるのだろうか、である。ともかく、『弁証法はどういう科学か』をまじめに読めば読む程に、弁証法の実態がなんともややこしくなってくるのである。

〈d〉

簡単には、以上の説明は、これらの科学的弁証法（の法則）とヘーゲルの弁証法とは大きく違うことを説くためのプロローグそのものであった。つまり、科学的弁証法の三法則なるものは、ヘーゲルの弁証法そのものの構造では全くない！　のであり、ヘーゲルの弁証法というものは、けっして法則レベルのものではないからである。といったところで、肝心のヘーゲルの弁証法について説いていくことにしたい。ここに関しては、彼ヘーゲルは、自分の最初の著作である『精神現象学 序論』において、弁証法に関わって次のように説いていることを、ぜひとも諸氏には覚えておいてほしいものである。

命題は、真なるものが何であるかを表現しなければならないが、本質的にそれは主体である。主体として、それ〔真なるもの〕は弁証法的な運動、すなわち自己自身を生み出し、導いていき、そして自己へ還帰していく過程にほかならない〔Der Satz soll ausdrücken, was das Wahre ist, aber wesentlich ist es Subjekt; als dieses ist es nur die dialektische Bewegung, dieser sich selbst erzeugende, fortleitende und in sich zurückgehende Gang.〕。従来の認識においては、この内面性を表明するという側面は、証明が行っていることである。しかし、弁証法が証明とは区別されるようになってからというもの、事実上、哲学的証明といった概念はなくなってしまったのである〔Nachdem aber die Dialektik vom Beweise getrennt worden, ist in der Tat der Begriff des philosophischen Beweisens verloren gegangen.〕。……

こうした側面から見れば、思弁的な述語を概念や本質としてではなく、命題の形式に従って捉えてしまう慣習からくる障害も、哲学を論述する仕方次第で、それは大きくもなりうるし、小さくもなりうるものである。論述に際しては、思弁的なものの本性として洞察されたところを忠実に守り、弁証法的形式を堅持し、概念であると把握される限りのもの以外は一切採り入れないようにしなければならない〔Die Darstellung muß, der Einsicht in die Natur des Spekulativen getreu, die dialektische Form behalten und nichts hereinnehmen, als in so fern es begriffen wird und der Begriff ist.〕。

（ヘーゲル『精神現象学 序論』南郷、悠季共訳）

さて、以上の『精神現象学 序論』の、まずは弁証法に関わってくる文言を読んだ諸氏は、どのような感想を持つことになったであろうか。もっと説けば、どのような具体性を把持した像が頭脳の中に形成されたであろうか。少し漫談調で諸氏に問いかけるならば、以下の文言となろう。このヘーゲルの文言を読んだ諸氏の頭脳には、どのような精神（認識）がどのような具体性での象形（カタチ）として現われてきているのであろうか、である。精神現象学とは、簡単には、諸氏の頭脳活動としての精神はどのような象形として現われてきているのかを、弁証法的に捉え歴史性を把持する形式でかつ体系性を把持する形式で説かれているものである。だから、ヘーゲルはまずそこを、以上に引用した文言のように説き始めるのである。すなわち「命題は、真なるものが何であるかを表現しなければならない」と。ここは精神の現象に関して説くならば、命題は精神なのであるから、その精神の真なるものが何であるかを表現しなければならない、ということになろう。だが……とヘーゲルは続けて説いていく。真なるものは、本質的に主体であるとし、主体として、真なるものは、「弁証法的な運動、すなわち自己自身を生み出し、導いていき、そして自己へ還帰していく過程にほかならない」と。

ここを分かりやすく説き直すならば、以下のようなことになる。精神なるものは本質的には主体である、精神なるものが主体である以上、それは弁証法的な運動すなわち精神自身を生み出し、導いていき、そして自己に還帰していく過程にほかならない、となる。

〈e〉

以上が『精神現象学 序論』の実態すなわち中身である。たしかに著作の題名は『精神現象学 序論』とはあっても、この序論は、精神の現象するまでの学者がなさなければならないこととしての問題点をヘーゲルが指摘している「小論」である。つまり精神の現われ方を問題にするものであり、精神の現われる形式を問題にするのであり、精神の現われた形象を問題にしているのだ、と諸氏はしっかり理解できなければならないのである。別言するならば、ヘーゲルは精神の現象形態を説いているのではなく、その弁証法的な運動（としての形態）を問うことこそが学問なのだ、と説いていくのである。その弁証法的な運動（の形態）とは、すなわち自己自身を生み出し、導いていき、そして自己へ帰っていく過程（的構造形態）にほかならないのである。

ここから諸氏が分からなければならないことは、弁証法とは、運動（＝生成発展）そのものであり、その運動（の形態＝過程的構造）とは、自分自身を生み出し、導いていき、そして自己へ帰っていく過程的構造であるのである、と。一言で説くならば、「弁証法（的運動）とは生成発展そのものを説くことにこそある！」とヘーゲルは説くのである。ここの実態（内実）を諸氏はしっかりと理解できていくであろうか。

だから『精神現象学』の中身を一言で説くなら、精神の生成発展の過程的構造すなわち精神の誕生から育っていった歴史的過程をふまえて、絶対精神にまでに完熟・完成へと向かいながら成長する流れ（過程）を体系性として運動として、すなわち生成発展性として論じている、ことに尽きるのである。

だが、この弁証法的な運動（としての形態）を説くには、実は大変なことだと、次のようにヘーゲルは述べていくのである。「なぜなら、現在までの哲学なるものは、その論述する仕方（すなわち体系性、生成発展としての歴史性を無視した論述方法）に責任があるだけに、なかなかに哲学なるものが理解されない、つまり、哲学の理解に対するある障害、すなわち命題の形式に従って（のみ、単純に）考えてしまう習慣からくる障害のために理解されなかったのだ」と。

だからそれだけに、ヘーゲルは哲学の叙述においては、弁証法的形式を堅持し、（そこから）把持された概念であるかぎりのもの以外は、一切採り入れないようにしなければならないと説くのである。すなわち、弁証法的な（ものとしての）生成発展の運動の形式・形態を堅持してかかることが大切である、とするのである。では何をもって弁証法的な運動として論じていくのかの中身は、「思弁的なものの本性として洞察されたものを！」である。そしてこの思弁的なものの本性とは、古代ギリシャから現在までの自然・社会の生成発展の実態を思弁した（すなわち絶対精神の自己運動として認識した）、つまり絶対精神のその本質、一般を把持したものを、しっかりと弁証法的な運動として論じていくことである、とするのである。

ではなぜ、ヘーゲルにおいては、観念論（的哲学）者であるのに、つまり観念の原基形態であり、かつ観念の完成形態でもある絶対精神の自己運動といいながら、その自己運動の当初たる、すなわち一番目の自然なるものが出現してきて、というより絶対精神の転化がまずは自然そのものとして始まりとなっていくばかりか、そこから次には人間社会が出現して自己運動の二番目は人間社会へと転化することになってきて、そして最後には絶対精神が自らの精神なるものを本物の絶対精神として成長して出現してくる、すなわち絶対精神が自然に転化して育ち、そこから社会に転化して大きく重層的に育ち、この社会として育った絶対精神がより重層化した絶対精神へと生まれ変わって大成する……というような唯物論的なことになるのか、である。端的には、まず実体あるものが出現してから精神という観念体となるものが出てきたのか、という大いなる疑問が出てくるはずである。

別言するならば、なぜ当初の、観念体そのものである絶対精神というものを設定し、それが弁証法的運動をしていく、すなわち絶対精神の自己運動と設定しながら（ここは当然のことである。なにしろ観念論者なのであるから）、それにもかかわらず、絶対精神の自己運動つまり生成発展という自己運動が観念としてのではなく、いきなり実体としての物体化となる、すなわち絶対精神の自己運動がまず自然に化体していくという運動になるのか、つまり自然という（観念ではない）実体そのものになっていくのかということが、次に諸氏には大問題として浮上してくることであろう。

これのヘーゲル自身の解答としては、以下であるべきである。すなわち『大論理学』第一版の欠陥を慌てて『エンチュクロペディー』で補うことになった結果だ、と。にもかかわらず、真の欠陥の直しはこれではならず、約二十年後の『大論理学』の第二版となっていったのだ、と。諸氏には到底理解できないだろうが、これこそがいわゆる世界観の問題、すなわち観念論と唯物論の問題なのである。この点に関しては、たしかに観念論者のヘーゲルがなぜ……と、昔々の私も相当に苦しんだことである。

〈f〉

以上説いてきていることは、やさしくと心掛けているつもりではあるが、それでもやはり諸氏には耐えがたい程の困難さであろうと思う。その通りに、たしかに現在の私には難解ではないものの、その私が簡単にここまでの高みに到達することができたわけではないのは当然のことである。では、その私はどうやってここの大岩壁を打ち破り、その高みによじ登るルートを辿ることができたのかについては、過去の著作に幾度となく説いてきているが、それらに、もう一つだけ加えておくべきことが、実は存在するのである。

それは昔々、もう何十年も以前のことである。その頃の私は、時折、吉本隆明宅を訪れていたのである（これが一つには三浦つとむの不興を買う理由ともなったのであるが……）。とある日、吉本隆明と雑談している途中で、突然訪れたある有名な評論家が会話に加わったことがある。そこでヘーゲルの学の内容が論じられることになっていき、吉本隆明が語った言葉で私はオヤッと思ったことである。

それは私が彼吉本隆明に直接に聞いたことにより、すなわちそのことによって私がしっかりとヘーゲルの中身を分かる端緒になっていった、次の文言である。吉本隆明曰く、「ヘーゲルは、学問の世界と実体の世界とを二つ描いて、両方の図式の対がいわば重なり合うレベルで一致した時に、本当の学問の成立であるとしたのだ」と。

この言葉を耳にした時点での私にとっては、この文言の凄さを捉えきれずに「はぁ……こんな考え方も世の中にあるのだなぁ」と単純に思っただけのことであった。すなわち吉本隆明のその文言に、その時にはなんらの特別な感慨はなかったものの、こんな考え方をする人物が本当に存在しているのだというだけのことであった。それで当時流行していた実存主義哲学の中に、こんなことを説く人がいるのを思いだしたことである。その人とは、廣松 渉という当時名古屋大学助教授で哲学者（著書の一つに『新哲学入門』岩波書店がある）とされた人物である。その実存主義者の一人と同じ文言レベルで語られたことが、面白いことに（どういうわけか）私がヘーゲルレベルの絶対精神の自己運動をしっかりと理解できていく端緒になったのである。

どういう意味なのかを端的に説いておくならば、私はこの吉本隆明の文言から、本当にあきれたことに吉本隆明の意図とは全く異なって、ヘーゲルの学問の実態を、まもなく以下のように捉えてかかるようになっていったからなのである。それは、「ヘーゲル哲学の内実（実態）とは、観念論の手の中というより観念論という概念的実体（世界）の中に唯物論的実体を全体的に実体レベルでそのまま採り入れてしまっていったということなのだ。それも唯物論をなんらの不可思議もないものとして、自家薬籠中の物としてしまっていったのだ、ヘーゲルは」と、上記の吉本隆明の文言を私は勝手に理解していくようになっていったからである。

それまでの私には、ヘーゲルの絶対精神の自己運動という中身（実態）なるものが、あまりにも漠然としてというか、茫洋としているというか、というより、三浦つとむなどの言葉を大きく誤解するレベルで学問的には叩き潰すべきものというものでしかなかっただけに、この吉本隆明の文言は「つまりは唯物論を手中に収めてしまっているのだ、ヘーゲルは。つまりはそういうことなのか」という学的理解へのヒントを、私に大きく与えてくれたものだったからである。

ではヒントは一体「何」なのかを、ここでもう少し語るべきであろう。すなわち、端的には先に説いたように、ヘーゲルは観念論者でありながら、彼の哲学は、いうなれば唯物論的哲学の実態を大きく内に含むものであった、ということである。もっと説くならば、この地球としての全世界の唯物論的発展形態を、観念論的に捉え返した、ヘーゲルの絶対精神の自己運動の構造体としての実態が見え始めてきた、ということなのである。だからこそ、エンゲルスによって「ヘーゲル哲学は観念論的に逆立ちした唯物論である」と説かれているのだ、とここで理解できたのである。

どういうことかを説けば、歴史に名を遺す程の観念論哲学者というものは、たとえばデカルトでもフィヒテでも、シェリングでも、その他ほとんど全員といってよいくらいそうなのであるが、自分の観念を主体として自然、社会、精神をきっちり説くことになる。つまり対象とするものすべてに対して、自分の主体的精神からそれらを観てかつ視て、とることになるものである。

であるから当然ながら、対象的自然性がそのままの対象にはならない、すなわち精神を対象的自然性にオーバーラップさせないことには、その自然なるものを説けないことに、自身の頭脳が観念化してしまっている。であるから本物の自然そのものは、そのものとしては説けないことになってしまっているのである。これでは社会も、当然ながらそのままには説けるはずもないことになっていくのである。故に社会を説くには、歴史性を持った適当な観念的伝承性をもって社会的存在を説くしかなくなるのである。それで肝心の精神はというと、本物の唯物論としての自然、社会が分からないだけに説けるはずがない。当然のことながら精神は、自然そして社会を経てこそ、人類の最高の認識が精神へと昇化したものである。それだけに、自然・社会を大きく内に含む精神が学問として説けるわけもないだけに、そのような人は、精神を説く時にはせめてもの古代ギリシャの哲学なるものに存在している〝愛〟という言葉を用いて説くことになるのである。

簡単には、「知への愛」とか「人間への愛」とか、「人類への愛」とか説くことになるのである。だからこそ唯物論的実体を内に含むことが、『エンチュクロペディー』を著述できたが故に、可能だったヘーゲルはそこを見事に皮肉ってみせたのである。「学問は愛だと説いていればよいものなのか⁉　シェリングさん！」と。ヘーゲルはそこのところを次のように説いている。

真理が存在するような真の姿形は、学問的な体系以外にはありえない。フィロソフィーを学問という形式へと近づけること、知への愛という名から脱却させることができて、現実的な知識たらしめること、この仕事に寄与することが、私の目指すところである〔Die wahre Gestalt, in welcher die Wahrheit existiert, kann allein das wissenschaftliche System derselben sein. Daran mitzuarbeiten, daß die Philosophie der Form der Wissenschaft näher komme, —dem Ziele, ihren Namen der Liebe zum Wissen ablegen zu können und wirkliches Wissen zu sein, —ist es, was ich mir vorgesetzt.〕。

（『精神現象学　序論』南郷、悠季共訳）

たしかに古代ギリシャでも、哲学という意味は簡単には知識を物知り的に駆使するのではなく、深く愛すること、すなわち思いから考えへと深みを増すように思弁することであり、すなわちそれ故「愛の知学」であるとされていったものである。フィロソフィアとはそういう意味であるのは、現代では常識そのものである。

世間話的にもう一度説くならば、学問も、元々はソフィア、知識つまり知って識ることだったのであるから。それが知識だけではあまりにも単純すぎて単なる物知りレベルで味気ないから、知識を深く愛するとしようとして、いわゆるフィロソフィアになったのであるから。これは中学一年の社会科の教科書レベルだから、諸氏も当然に知っているであろう。だから本当の学問の起こりである哲学の実体ないし実態すなわち構造的実体というものは、絶対にフィロソフィアではないのだ、と分かることが肝心である。本当は学識を修得する「ソフィア」のことである。そしてここは、本物の学者は本当はソフィストであるべきであると皮肉レベルで説き直すべきであろう。

しかし本当の学者のことを、彼らは知識のみを追い求めている（受験生のような輩である）知識偏重主義者であるとして軽蔑する別の学派が誕生することになって、その一派はソフィアのみのソフィストと違う愛の学、フィロソフィアだとするようになって、これが哲学の原語とされていっただけのことである。つまり、自分たちは精神を忘れている彼らとは違うので、彼らを軽蔑してソフィストと呼び、愛を知る自分たちはフィロソフォスとして存在感を示していったのである。

ここを分かりやすく二十一世紀の社会に喩えれば、現代の世界中のノーベル賞をもらった研究者たちは、いわゆるみじめなソフィスト、それもあまりにもみじめなソフィストなのだ、と皮肉をいってもよいのである。すなわち彼らは研究している微細な対象だけを識る努力をなし、それ以外はほとんど常識レベル以下でしか知ろうとはしないのであるから。彼らは学問レベルでのその知識を愛してはいないのであるのだから。どういうことかを説けば、学問とはその時代における最高の文化レベルの知識を集大成してそれを論理的に体系化すべく努力していく構造を把持しているものなのであるから、微細な知見のみを必死に追い求めるいわゆる研究生活などは、技術屋でしかないと分かるべきだからである。

### （4）ヘーゲルは絶対精神が辿った自然・社会・精神を学問化しようと努めたのである

さて、それはともかくとして、だからヘーゲルはどうしたのかを説くと（講談調で説くならば）、つまり、学問は愛ではないとして、では一体「何」を求めていったのか、である。簡単には、愛知的学の集大成などではなく、学の論理としての体系を求めていったのである。分かりやすく説くならば、ヘーゲルは絶対精神という凄いものが実は存在しているのだとし、かつ、その凄い絶対精神なるものはこの宇宙＝森羅万象という世界の中で二重構造の精神的運動＝活動をしているのだと、考えるようになっていったのである。それで、最初の運動はというと、それは本物の世界、実体としての世界、すなわちみんなが知っている通りの、世界の生成発展としての歴史を辿ろうとしたわけである。すなわち、現世界の誕生から現在までの自然の歴史そのものである……と。だからヘーゲルは、そういう全世界の構造性の生成発展を、絶対精神の自己運動としての、それも絶対精神の実体の歴史として、自然、社会、精神というものを設定した、つまり修学して歴史性を並べていったのである。そして、ヘーゲルは次のように考えるようになったのだ、と思う。

大事なことは、それはあくまでも絶対精神の、意志のない自然としての生成発展であり、魂のない発展であり、実体の発展である。したがってもっと大事なことは、絶対精神がそうやってただ無意識のうちに辿った、自然、社会、精神というものを、まず見事に措定していこうとして、まずはそれを自然の歴史として、哲学として説いていくことになるのである。

次に、その絶対精神の自己運動としての自然なるものは、やがて人間の心として、精神として目覚めていくことになる。人間としての心に目覚めたならば、我々が人間だという誇りを持つならば、我々人間は精神だというプライドを持つならば、そこを学問レベルで説き直してこそ、本当の人間の精神の先祖たる絶対精神の自己運動となるのである。だから絶対精神の自己運動として辿った自然、社会、精神を、学問として辿っていくのが、我々人間の学者の務めであろう、として行ったのが、絶対精神の学問化としての自己運動であり、自然、社会、精神の学問化、つまり自然界を学問化し、社会界を学問化し、精神界を学問化して、とそれを行っていったのがヘーゲルの絶対精神の学問化である。

だから自然の、つまり絶対精神の物体としての動きの、その運動として確立したこの王国、つまり現実のキングダムは、これは無意識のうちになされた、絶対精神が意識しないでやってしまった勝手な王国だから、それを精神の王国として、つまり学問の王国として、自然、社会、精神を辿りぬいて、今のキングダムがどういうキングダムかということを、学問として現わそうとしたのが、ヘーゲル説くところの実体王国（自然そのもの）に対しての「影の王国」の実態なのである。

だから、学問として体系化するには、国家が、国家としての体系を把持しているように、つまり世界歴史がいわゆる国家としての世界の体系的な生成発展史を持っているように、学問もそれをなぞって成立したものだから、世界歴史は人類の世界の発展の歴史を辿ったもの、学問は、人類がこうやって築きあげてきたキングダム、本当の王国を学問の王国として定立したもの、つまり学問の中に存在すべき論理体系は現実の国家学の実体系を模した認識の体系である、ということになる。以上が、ヘーゲルの説きたかったこと、説こうとして説きえなかったことであり、私の文言で説けば以上の意味である。

これが本書「終の編」において、学問という概念の重層的体系的発展として記した文言「哲学とは学問としての国家体系である。より正確には、学問としての哲学の体系とは実体世界の国家体系を論じる国家学に対しての、いわば観念的世界における学術国家としての体系学であり、端的には学、国家学である」の中身である。これが本当の学問であり、絶対精神の自己運動とはそういう二重構造のことを称するのである。ヘーゲル自身がそういうふうに説いているというわけではないが、ヘーゲルの文言を弁証法的に捉えるならば、ヘーゲルはそういうことを説きたかったのだな、と分かるであろう。

その証明が『改訳 哲学史』上巻（武市健人訳、岩波書店）に記されている、ハイデルベルク大学での「就任演説」の中の次の文言の実態的中身である、と諸氏は分からなければならない。

まず第一に、諸君が何よりも学問に対する信頼と自分自身に対する信頼とをもつことを切望してやまない。真理の勇気、精神の力に対する信念が哲学の第一条件である。人間は精神であるから、最高者にふさわしく自分自身を尊敬してよいし、また尊敬すべきである。人間の精神の偉大さと力とについては、いくら大きく考えても、すぎるということはないのである。またこの信念をもってすれば、人間に自分を開かないほどに冷淡なもの、頑固なものはないだろう。最初は隠され、閉されている宇宙の本質も、認識の勇気に抗し得る何らの力ももたない。この勇気の前には、その宇宙の本質は必ず自らを開き、その富と深底とを、その人の眼前に現わして、享受に委ねるにちがいない。

## (5) ヘーゲルの絶対精神の自己運動を「宇宙の自然的・歴史的自己運動」と視做せば唯物論的展開となる

さて「ヘーゲル哲学は、観念論的に逆立ちした唯物論だとエンゲルスが説くのはどういうことか」という疑問が生じるであろう。

直接の解答はともかくとして、私自身の見解として、端的には、ヘーゲルは本当の内実は本物の唯物論者以上に唯物論的だ、といってもよい人物なのである。何故かを述べれば、彼が絶対精神の中身（内実）として説いている実態は、すべてといってよい程に唯物論的な展開の形式そのものだからである。

しかしヘーゲルは、文言上では宇宙＝森羅万象のすべては、絶対精神の自己運動そのものとしてその実態を説いてしまっているだけに、形式上も実態上も全く観念論そのものと断言してもよいわけである。理由は、唯物論の世界には、絶対精神などというタワケたものは、当然ながら存在してはいないから、である。だが、である。たしかにヘーゲルは宇宙を絶対精神の自己運動として説いているだけに、その実態はどういうことなのか、との反問がここでしっかりとあるはずである。

そこで、まずは次のエンゲルスの手になる文言を読んでほしい。

ヘーゲルは簡単に脇にかたづけておくわけにはいかなかった。反って反対に、我々この派のものは、先に我々の述べたヘーゲルの革命的な側面に、すなわちその弁証法的な側面に、すなわちその弁証法的方法に、結びついた。しかしこの方法は、そのヘーゲルの形式そのままでは使用に耐えなかった。ヘーゲルにあってはその弁証法は概念の自己発展なのである。

その絶対概念は、ただに永遠よりこの方——どこにか知らないが——存在しているばかりでなく、それはまた現存している全世界の本来の生きた霊魂(たましい)なのである。すなわちそれによると、この絶対概念は、そのあらゆる前段階——彼の『論理学』の中で詳細に論述されているところの、そして絶対概念それ自らの内に含まれているところの、そのあらゆる前段階——を通じて、自己自身にまで発展する。しかる後この絶対概念は、自己を「外化」して自己を「自然」に転化する。そしてこの自然では、絶対概念は、自己を意識することなく、自然必然性の姿をとっているが、やがて新たな自己発展をして、遂に人間において再び自己意識に達する。この自己意識はいまやここに歴史の中に再び自らを粗材から創りだして、遂に再び完全に、あの絶対概念は、ヘーゲル哲学において、自己自身に立ち返るのである。

だから、ヘーゲルにあっては、自然および歴史の中に現われ歩む弁証法的発展は、すなわち、あらゆるジグザグな運動や一時的の後退などを通じてなされるところの、低いものから高いものへと進んでいく因果的関連は、永遠よりこの方どこにかしらないが、しかしとにかくいずれの思惟する人間の頭脳からも独立に、行われているところの概念の自己運動の模写版たるにすぎないのである。このような観念学(イデオロギー)的な顚倒は取り除かれなければならなかった。そこで我々は、現実の事物をあのように絶対概念のあれこれの段階の模像と解するかわりに、逆に、我々の頭脳の中の概念を、再び唯物論的に、現実の事物の模像として把握した。

これによって弁証法は、運動の、――外部の世界の運動でもあり、人間の思惟の運動でもあるところの一つの運動の――一般的法則に関する学にまで還元されたのである、――この二つの系列の法則、それは実質的には同一であるが、しかし現われにおいては、すくなくとも次の点で違っている。すなわち、一方においてこの法則は人間の頭脳によって意識的に使用されうるが、同時に他方においてこれは、自然において、のみならず今までのところ大部分人類の歴史においても、意識されない仕方で、外的必然性の形をとって、見かけの上では偶然的な物事の無際限な連鎖の真っ只中を貫いて、行われている。さてしかし、これによって概念弁証法そのものは、現実的世界の弁証法的運動の意識された反映に過ぎないことになった、そしてこれともに、ヘーゲルの弁証法は逆立ちにさせられた、あるいはむしろ、頭で立っていたのが再び足で立つようにされた。

（『フォイエルバッハ論』）

このエンゲルスの文言をまともに読めば誰にも分かるように、ヘーゲルは実際には、精神そのものが自然としての物体へと転生し、その物体の自己運動の生成発展として説いている。つまりヘーゲルは絶対精神なるものを宇宙の自然的・弁証法的な自己運動、自然的・弁証法的な太陽系の自己運動、自然的・弁証法的な地球の自己運動、自然的・弁証法的な生命体の自己運動として説いていこうとしているのである。すなわち説いている中身（実態）はそういうことであるのに、文字そのものが絶対精神（この『フォイエルバッハ論』では「絶対概念」となっている）と認めてあるだけに、世界観から説けば観念論的展開だ、ということになるのである。

それ故、唯物論の立場からしっかりとヘーゲル哲学の構造をなす実態を視てとることができれば、これは、すなわちヘーゲルはただひたすら観念論として説いているのではなくて、観念論の衣をかぶせて説いているだけであるともいってよい程の中身なのである。つまり事実に関わって説いている実態は、まことに事実的であるといってよいものである。なぜなら実際に説いているその中身は物理学の研究の成果、化学の研究の成果、生物学の研究の成果、認識学の研究の成果であって、これは実際にあったといってよいもの、のことである。

しかしそれを、「観念論だ」としてまずは衣をかぶせた上で眺めてしまうから、ヘーゲルの説いている実際たる実態的な事実の中身が視えないことになる。またそれだけに、若きヘーゲル学徒としてヘーゲルに学んだマルクスとエンゲルスの実力、すなわちヘーゲルの構造に立ち入れる頭脳は凄いものであったと我々は分かるべきである。「では、エンゲルスの説くように、ヘーゲルの主柱たる絶対精神は熱病やみの幻覚といったレベルでの間違いなのか」という質問があるであろうが、これはそのような幻覚レベルの間違いである、と簡単にいえるものではない。理由は「絶対精神」という言葉を我々唯物論の立場から学問レベルで「宇宙＝森羅万象＝万物」だとすんなり解すれば、その通りだからである。

すなわちこの世界は宇宙の自己運動そのものなのだから、である。それだけは絶対に間違いはない。唯物論の立場からすると、そういうことになる。このように、唯物論の立場からすれば、全くもって、正しい宇宙の自己運動であるものなのに、マルクス、エンゲルスの系統以外の誰もが、ヘーゲルの絶対精神を宇宙の自己運動、つまり生成発展として説かない、だけのことである。

## (6) ヘーゲルの「絶対精神」を観念論と唯物論から論じる

ここで少し、ヘーゲルの日本語の訳語について、プロローグ的であっても少しばかりは説いておくべきであろう。それはヘーゲルの絶対精神が発展していくにつれて、それの実態に合わせるように用いられていく「概念（絶対概念）」、「理念（絶対理念）」なる用語について、である。

ここについては三浦つとむは『弁証法はどういう科学か』のミリオン・ブックスとしての初版本では以下のように「絶対概念」として『フォイエルバッハ論』の訳者と同じ訳語を用いていた。

ヘーゲルは自然科学の立場である、個々の人間の精神に対する自然の先行を認めました。しかしその自然の背後に、更にそれを生みだす精神として「絶対概念」の存在を主張する点で、彼は観念論の立場をとったのです。この「絶対概念」は永遠の昔から――どこにか分からないが――存在しており、全世界の本来の生きた霊魂ともいうべきもので、「絶対概念」が自然を生みだして、概念そのものは自然の中では自然必然性の形をとり、やがて人間にまで発展して、人間の精神となり、人間精神の発展の中で遂にまた「絶対概念」の形にまで逆戻りする、と説明しました。「絶対概念」→自然→人間→精神→「絶対概念」という概念の自己発展が弁証法である、と説明しました。従って、ヘーゲルにあっては、弁証法そのものが自然および社会に存在し、思惟の弁証法はその形をかえたものである、と考えられていたのです。」

(『弁証法はどういう科学か』一九五五年、初版)

だが、「ミリオン・ブックス」が「現代新書」に衣がえした時点では、どういうわけか、「絶対概念」が「絶対理念」と変えられるのである。

ヘーゲルは自然科学の立場である、個々の人間の精神に対する自然の先行を認めました。しかしその自然の背後に、さらにそれを生みだす精神として「絶対理念」の存在を主張する点で、彼は観念論の立場をとったのです。この「絶対理念」は永遠の昔から――どこにか分からないが――存在しており、全世界の本来の生きた霊魂ともいうべきもので、「絶対理念」が自らの在り方を変えて自然となり、自然として発展していきますが、やがて人間にまで発展すると、人間の精神として再び精神的な存在に立ちかえり、人間精神の発展の中で遂にまた「絶対理念」にまで逆戻りするというのです。この、「絶対理念」↓自然↓人間↓精神↓「絶対理念」という精神の自己発展が弁証法である、というのです。したがって、ヘーゲルにあっては、弁証法そのものが自然および社会に客観的に存在し、思惟の弁証法はその形を変えたものである、と考えられていたのでした。

（『弁証法はどういう科学か』一九六八年、新版）

そして面白いことに、『唯物弁証法の成立と歪曲』（勁草書房版）では、次に引用するように絶対理念を元へ戻して再度「絶対概念」となるのである。

弁証法は一般的な発展法則をとりあげるものだと受けとっている読者なら、この諸要素を見てなにか特殊な問題までならんでいるように感じるかもしれない。それにはそれだけの理由があった。エンゲルスは、「これまでの一切の哲学のうちで……なお独立して存続するもの」すなわち哲学の遺産として扱われるヘーゲル弁証法を、その性格から「思惟とその諸法則との理論（Lehre）」とよび、これに対して唯物弁証法のほうを「自然・人間社会および思惟の一般的な運動・発展法則に関する科学（Wissenschaft）」とよんでいる。ヘーゲルにあっては自然も人間社会も絶対概念の在り方と解釈されているのだから、これらを貫く法則も思惟法則でしかないわけである。

ここで問題にしたいのは、次の三点である。

一点目は、「ミリオン・ブックス」版では絶対概念と訳してある言葉が、「現代新書」版では何故にか絶対理念との訳になっていることである。

二点目は「ミリオン・ブックス」版では「絶対概念」が自然を生みだすとあるが、「現代新書」版では「絶対理念」が自らのあり方を変えて自然となり、としてその中身が大きく異なることを分かってかかる必要がある。そして三点目は、「絶対理念」が「絶対概念」に戻っているのは何故か、である。

たしかに、ドイツ語では同じ文字を用いることもないではなかろうが、日本語訳では同じ意味には絶対にならないし、またそれだけに同じ意味として用いてはいけないのである。三浦つとむは、自らが説く程にはヘーゲルに直接には学ばれてはいなかったようなのである。端的には、日本語訳でヘーゲルを学ばれたようである（そうとしか思えないのである）。というのは、エンゲルスが『フォイエルバッハ論』で用いている「絶対概念」「絶対理念」という文字はヘーゲルではほとんど見あたらない（とくに「絶対概念」という語は、ほとんど若い時代にしか用いていない）からである。

事実レベルで論じることになるが、Subjekt は日本語では主体とも主観ともなりうるだけに、ここをどちらの日本語に訳すべきかは、これはまことに訳者の論理能力すなわち頭脳の働きが学的レベル、つまり体系性を把持した能力となっているかどうかの一大事なのである。このSubjektのことと同じように、ヘーゲルのいわゆる「絶対精神」なるものは、ヘーゲルにあっては、我々唯物論者にとっての一般的「物」体あるいは「物」一般と表現される、そのものの言語表現なるものである。エンゲルスも三浦つとむもここを分かる努力を少しもしなかったのだ、と断言してよい。このことに関しては、先に引用した『フォイエルバッハ論』の記述(本節(5)参照)からも明らかである。

この『フォイエルバッハ論』での記述については、少し注釈を必要としよう。というのは、ここでの日本語訳は「絶対概念」となっているが、これは少しというより、大きく過程性と構造性が違っている(間違っている)からである。簡単に説いておくが、エンゲルスや三浦つとむがなんと弁じようが、「絶対精神」と「絶対理念」と「絶対概念」は、それこそ、意味はもちろんのこと、論理性たる「概念」すら絶対に同じものではないからである。漢字主体である日本語では文字が異なるには異なる程の違いが存在するものと分かることが大事である。だがしかし、である。ヘーゲル用語はそんなレベルでは全くない！　のである。それこそ、世界中の学者という学者が、困惑してきた「いわく」付きの大難事だからである。まずは、ということで、日本語の「辞書」を繙いてみよう。

『岩波 国語辞典』第四版

「精神」①人間の心。非物質的・知的な働きをすると見た場合の心。②生命や宇宙の根源と考えられる、形而上の存在。③一般に、物事の根本の意義。

「概念」　同類のものに対していだく意味内容。㋑同類のもののそれぞれについての表象から共通部分をぬき出して得た表象。㋺対象について、内容がはっきり決められ、適用範囲も明確な、語の意味。㋩俗に、複雑なものに対する大まかな認識内容のこと。
「理念」　ものの原型として考えられる、不変の完全な存在。イデー。イデア。

『例解新国語辞典』第二版（三省堂）林　四郎他編
「精神」　①人間の心。たましい。②ものごとをやりとげようとする気持ち。③根本的な考えかたや感じかた。④ものごとの根本。いちばんたいせつな考えかた。
「概念」　①一匹一匹のイヌからその共通した特徴をとりだして、「イヌ」とはどういう動物か、と考えるような、一つの類として頭にえがく考え。②年寄りといえば「がんこもの」、若者といえば「未熟もの」ときめてかかるような固定した考え。③実際とは別に、頭のなかにつくっている考え。
「理念」　それがどうあるべきかという、ものごとの根本になる考え。イデア。

さて、エンゲルスはヘーゲルのことを好意的に『フォイエルバッハ論』で「逆立ちした弁証法」と述べているが、事はそう簡単ではない。わざわざ辞書を二冊まで引用して説くことにしたのは、それ故である。まずはヘーゲルの学説は、説くようにあくまで観念論そのものである。理由は世界観たる観念、すなわち絶対精神そのものから始まるから観念論である。いくら唯物論的なことを説いても、観念主体から説いたら、これはまさしく観念論なのである。それだけに大事なことは、観念論に大きく関わる事柄はすべて、物一般を説ききってからそこを再措定的に説き直すことによってこそ、唯物論の立場に立ったことになり、ここからこそ観念的な事物を説くことが始まる（許される）のだと説く過程性を把持しないままならば、これは折衷だろうがなんだろうが、すなわちすべてを観念論と唯物論の区別と連関を説ききった後に説くのでなければ、唯物論的立場からなる学的論理とはならない。

　ではヘーゲルの説かんとした絶対精神とは、一体「何」か、である。「ヘーゲルは、絶対精神という観念を学的レベルで措定して展開したわけではないと思うが……」という質問があるだろうが、それはその通りである、といってよい。この時代にはこれしか方法はないからである。

　ここで少し説くが、ヘーゲルは絶対概念ではなく、絶対精神の自己運動として説くのであり、ましてやエンゲルスの説くような「概念弁証法なるものの運動」が、ヘーゲルの論理過程にあるわけもないのである。なぜならば、精神の中の認識の運動、とくに学的認識の形成過程に関わるものが、ある時点において概念として論理的に形成されていくのであり、いかなるヘーゲルの観念論でも絶対精神そのものが直接的に概念弁証法となるものではないくらい、エンゲルスは当然として三浦つとむにだって分かってよかったはずのことである。

　といったところで、いわゆる世界観たる観念論の優れた点は「何」であろうか、を諸氏はまず、己が胸に聞いてみることが大事である。このことは『なんごうつぐまさが説く看護学科・心理学科学生への〝夢〟講義』で何回にもわたって説いてきているが、再度簡単に説いておこう。

唯物論に対しての観念論の優位性は、唯物論者と自称している人物には、なかなか分かりにくいものである。もちろんこれは本物の唯物論者にとっても、であるが……。ここの理由は以前に『〝夢〟講義』に説いたことを思いだしてほしい。そうすれば、なんなく理解できることである。簡単には、唯物論なる立場は、観念的な事物（ものやこと）を否定することから始まるものだし、そうでなければ始まらないものだからである。では、それは何事なのかを説く前に、少し質問を出してみよう。

諸氏は、「学問と技術」の区別をはっきり説けるであろうか。ここで学問が難しければ、「科学と技術」で、でもよいと思う。ここに関しては、過去に武谷三男の大名言があるので、それを少し紹介したい、と始めたいところだが、彼武谷三男の文章では、「なんのことやら……」というレベルで説いている迷文なので、諸氏の頭脳のレベルではなんとも難しい文章が並んでいるだけ、になってしまうであろう。

すなわち、武谷三男が一体「何」を説きたかったのかの意味（意義とその論理）を分かること自体が大変なのである。その理由は、この時代の技術論に関わっての多くの学者と称する人々の見解に対しての論争レベルでの反論だから、である。そこでここは私の著述より、三浦つとむの名文で理解してもらうことにしたい。武谷三男の原文を読みたい諸氏は、『弁証法の諸問題』（理論社）を参照されるとよい。執筆者は本人である。といったところで、三浦つとむの文言である。

武谷三男氏は答える「科学は認識であり、技術は適用である。認識は対象の人間の頭脳における反映であるが、適用は客観的な事実の中に構成されてゆくものである。この区別が理解できない人は、適用という実在を主観化する観念論に外ならない。」
（「唯物論における『ミーチン＝唯研的偏向』の克服」『この直言を敢てする』所収、学風書院）

諸氏には、私がなぜわざわざ関係がありそうもない三浦つとむの引用する武谷三男の言葉を孫引きしたのか、さっぱり分からないはずである。理由は、唯物論に対しての観念論の優位性に関わる。どういうことかを説いていこう。

そもそも観念論という学問は、人間の認識の発展形態たる精神の上位を成す「観念」なるものから、宇宙のすべて（森羅万象）を説いていくものである。これに対して唯物論は、まず観念なるものを排除する形で、対象たる森羅万象（宇宙）をきちんと見、かつ、視、そして観てとるべく努力していった中世の学問的世界を想起すれば可、である。では以後はどうなるであろうか。観念を排除してかかっていった唯物論者は、当然ながら、観念がなるべく入りこまない努力、すなわち、エンゲルスがしきりに説いているように、思いや思いこみを排除する長い年月としての過程を努力して把持していくことになっていく。それ故当然のことに、頭脳活動としての認識の実力にそれらを排除する力が見事なまでに発展していき、遂にはそのことがカンやコツレベルまでにも技化していくことになってしまう。

ここから直線的に結論を出してしまえば、唯物論者は、なんとも恐ろしいことに対象を反映する実力、対象とする専門分野の事実やその変化を見てとる実力が、問いかける頭脳活動を無視してまでも着実についてくることになり、そして、その思考を無視可能な実力の故をもって専門分野に関わる業績があがればあがる程に、観念に関わっての実力が見事なまでにダメとなっていく量質転化を起こすことになるのである。だから、これらの研究的学者は、博士論文すら、思考の部分すなわち論理的に道筋を思い描く実力をロマンとか小説とか物語というふうに解釈して、ともかく排除しにかかることになり、遂には統計的数値の羅列であれば、「OK」とし、論理的文章の展開には、それはロマン（物語）であるとして、「NO」と大声をあげるだけの悲惨な頭脳の実力へと成り下がるのである。

これを専門バカ（数字バカ）と世間は揶揄するのである。つまり、専門分野に関わっての数的な知見のみが増えていって、それ以外の事物に関する思考的・思惟的実力が消えていくのである。そこをふまえて、エンゲルスが説くのである。「だから、自然に関わっての膨大な知見は弁証法的概括をまぬがれないところまできてしまった」のだと。それだけに、エンゲルスは弁証法の学びが人事だ、として弁証法の三法則なるものを、大きく措定して提出することに精魂こめることにもなっていったのである。この結果が、未完に終わってしまった『自然の弁証法』なる著述の実際の目的だったのである。

だが、である。ここでエンゲルスを唯物論的事実の迷路に追いこんだものは、一体「何」だったのであろうか。諸氏には、それが分かるであろうか。端的な結論を述べておけば、それはエンゲルスの「唯物論魂」そのものの故、である。ここを解説することは至難の業なので、少し道をはずして、では、唯物論を阿呆呼ばわりできてきた、その観念論の得意なことは「何」か、である。

そもそもと説くまでもなく、観念論は森羅万象を、まず観念から、すなわち自らの頭脳活動として宿った認識を基にして（それなりに）、説きにかかるものである。レーニンにいわせれば、ヘーゲルの「絶対精神」は「天」であるとして、唯物論からすればその「天」なるものを、以下のように「棄てる」べしとするのである。諸氏のために『弁証法はどういう科学か』からその部分を引用しておく。

---

全世界の法則的なつながり

世界のつながりかたについて、ヘーゲルは、次のように主張しました。

「媒介と同時に直接性を含んでいないないものは、天にも、自然にも、精神にも、どこにも存在しない」（ヘーゲル『大論理学』）

これに対して、唯物論の立場から批判が与えられています。

「(1)天―自然―精神。天を棄てよ―唯物論。

(2)すべてのものは媒介されている＝媒介され、結合され、移行によって結合されている。天を棄てよ、―全世界（過程）の合法則的連結」（レーニン『哲学ノート』）

---

レーニンにいわせれば、観念論なるものは、まず「天」から説くことであり、ヘーゲルにいわせれば、絶対精神から森羅万象を説くとの世界の常識となったものである。すなわち、唯物論が、まずもって反映してくる外界、すなわち客観的世界たる客体から説くことになるのに対し、観念論は主体たる己れの

観念たる自己の主体的認識から対象を説くもの、ということである。

さて、である。出発点としての学派の研鑽途上の成果の違いは一体「何」であろうか、を問うてみよう。途上の結論からは、唯物論の成果は、対象的事実、すなわち客体として存在する森羅万象的事実という事実に見事なまでに詳しくなっていく。つまり対象的事実に関わっての知識が、総括をどうしてもまぬがれない程に見事に増大してくることになる。

では、観念論の立場からはどうなるのか、を問うならば、途上の結論レベルでは対象に関わっての事実の増大もさることながら、すべての事実とされるものを観念から見てとる努力を重ねていくだけに、その観念に従った道筋を、思うから考えるへと為す実力がついてくることになろう。端的には、それらの具体的な事実（と、されるものや事実と思っているもの）に関わっては、何がなんでも自分の観念論的な出発点である観念の一種であるなんらかのもの（天・神・絶対精神）から道筋をつけなければならないことになる。それだけに、頭脳の働きが唯物論者と観念論者とでは見事なまでの異なった（違った方向への）実力増加となるものである。

そうである！　唯物論者は、事実という事実を（事実から事実へと）追い求める結果、次第に見えてきている事実からのみ見えていない事実を追い求め、遂には、見えていないけれども、本当は見えてきて然るべきだとする事実なるものを追い求めるだけの研究、学究生活となるのである。それ故、頭脳の働きは、先程説いたように、全体を観る（観てとる）実力が頭脳活動からは次第に消えていって、「はっ！」と我に返った時に、小さな砂粒ばかりが自分の学的（研究的）庭園に散らばっていて、そこに時として知らずに集めてきた小石、小岩（まがい）が点在しているの図となっていくのである。これは、大きく喩えれば、かつての殿様が愛用（？）した庭園たる後楽園とか、六義園とか、あるいは植物園や動物園の類いをもって、世界とかアジアとか日本国まがいに眺めているの図といってよいものである。

これに対して、観念論者は、自らが当初に求めて出立した宇宙とは何か、世界とは何かの一般性をそれなりの主体性を持った主観（観念）として出立するだけに、その自らの主体性ある世界地図（観）から、自らの知りえた事実を自らの筋を通しておおらかに大系として持ち続けながらの地図作製、すなわち、学的世界を世界観的に創立する努力を為し続けていくことになるのである。

ここまで説いてくると、「それがどうしたというのだ。何か意味や意義があるというのか、それらはまさしく、エンゲルスや三浦つとむの説く熱病やみの幻覚とやらになってしまったのではないか」と厳しい非難の声があるはずである。これに対しては、まず、「その通りである。それは間違いではない。それに対して反論は、まずはない」と答えるべきであろう、と思う。

だが、である。問題はそのことの意義にこそあるものなのである。

## （7）ヘーゲルを理解するには自然・社会・精神の一般教養が必要である

また、「エンゲルスはヘーゲルを理解する実力が足りなかったのかもしれない」という面白い考えを持つ人もいようが、エンゲルスはけっして実力が足りなかったからそうなったのではない。彼は浅くしか理解しようとしなかったのではなく、自分の立場からそう理解したかったのである。いうなれば、ヘーゲル観念論の中の、自分たちの唯物論や弁証法にとって大きく役立つ部分だけを見事に読みとることに急ぎすぎて、本物の学的実態をまともに浅く読みこむことしかしなかったというより、読みこんではまずかったのだ、ということでもある。

それはなぜかというと、エンゲルスもそれを受け継いだ三浦つとむも独学だったから、自分たちが学問一般を文化遺産として受け継ぐ長い学習年月を持てなかったのである。いや、持てなかった・持たなかったというより、持つ必要を認めることがなかった程の大秀才だった、といってもよい。つまり、必要性を感じなかっただけに、結果としての、時代が本当に必要としている自然、社会、精神の知識が十分ではなかったのである。御当人は、今でいう中学校のすべての教科書のレベルを論理的に学ぶという勉強をしてこなかったから、そういうことになったのである。すなわち、頭脳の構造が、自分のいわば大秀才的能力に必要なレベルで勝手に学んで育っただけに、大きく偏ったものになってしまうことになっただけのこと、である。これはエンゲルスも、ディーツゲンも、三浦つとむも同様に独学者であり、独学者たる人はそこが怖いところである。

話は少しとぶが、だから、いくら東京大学に入学できても、生物学を志す学者のタマゴたらんとする学生は、大学初級までにまじめに中学校の理科の教科書を社会科の教科書と併せて、もう一度勉強し直さないと、アタマが時代遅れのバカになってしまうことになる、といっているのである。少なくとも、中学校の教科書レベルの一般教養の実力を、学的論理能力として持つ努力をしていかなければ、本来的な研究者にはなっていけないし、ましてや学者にはなれないということなのだから。だから受験科目の偏っている私立大学へ行った人は、とくに気をつけて修学し直さないと危ないのである。国立大学へ行った人も、理科系は文科系の実力がない、文科系は理科系の実力がない、ではダメなのである。

なぜならば、学問を確立するために必須の基礎たる弁証法・認識論・論理学は自然、社会、精神の一般的な運動に関わる学問として必須の実態を把持するものであるから、すべての科目、すなわち自然科学、社会科学、精神科学（これは人文科学ではない）のすべてを一般的なりとも、まともに勉強しなければ、事物・事象の基本形態の論理（共通性、一般性）が分かるはずがないからである。

面白いことに、どうしてか（またまたであるが）偶然にも私はそれらをすべて行ってきたのである。私が学ぶことをしなかったのは、能力がないと当人が思ってしまった絵を描くことくらいである。だからどういうわけか作詞作曲までやってきているのである。これは小学校三年くらいの低レベルの中身ではある……。駄作であっても詩歌も作らなければならない、歌もきちんと歌えなければならない。つまり人間として社会生活が可能な一般教養を身につける努力を学生時代は当然のこと、いかなる専門分野に進んでも、専門以外に、常に時代の一般教養を学ぶことを怠った人、怠っている人は、そもそも学問を体系的に構成することは到底できないのである。これはたとえば、東大教授になった人でもである。

要するに、ヘーゲルを批判している（批判できていると思っている）のは、ほとんどがまともに一般的学力の中身（実態）を、古代ギリシャの学者の成果をはじめとして中世時代の学術の成果に論理的に学ぶ努力をしていない人である。つまり古代ギリシャや中世時代の学者の実力を養うことがなかった、すなわち一般教養の力がない人であり、それこそがまともな大学教育を受けていない人といってよいのである。それだけに現代の人がいくら有名大学を出たにしても、つまりキルケゴールにしても、サルトルにしても思想家としてはともかく、学者としてはレベルが低いのであり、それがまた、有名人であるのだから、なんともはや……ということである。ヘーゲル自身はこの「教養」について、どう考えていたのかを少し説いておこう。『精神現象学 序論』において、ヘーゲルは、次のように記している。

---

古代における研究の仕方は、近代におけるものと次のように異なっている。すなわち、前者（古代）は、自然的意識を本来的にしっかりと創りあげていくことであった〔jenes die eigentliche Durchbildung des natürlichen Bewußtseins war〕。自らの定在のあらゆる部分について、それぞれに自己を試していき、生起するものすべてについて哲学的に考え、徹底的に、実践によって捉えられた普遍性へと自己を創りあげていったのである。

（南郷、悠季共訳）

---

ヘーゲルは、古代ギリシャの学問の歴史を、「絶対精神の自己運動」の一つ、すなわち「絶対精神」の学問としての「自己運動」として総括（統括ではない）しながら説いているのであり、数百年もの年月の学的歴史をいわゆる「絶対精神」を「個人」の修学としての学問史として、このように説いているのだ、としっかり分かる必要がある。それではここで「自然的意識を本来的にしっかりと創りあげてい

く」とは一体、どういうことなのか、を少し説いておこう。

「絶対精神」というのは、まずは赤子のレベルで成長する流れで、自然に転化していくことになる。したがって、自然の「絶対精神」としての意識の成長を、しっかりと視てとりなさい。そして視てとっていく流れの中で、主観的精神たる自分自身が、自然として成長する「絶対精神」の意識というものを、自然に問いかけることによって、この自然の意識の成長過程を身につけていけば、自然の成長過程、つまり太陽系の誕生から発展、そして古代ギリシャ哲学の誕生からヘーゲル哲学の誕生までの流れが、一身の意識の流れとして形成される、これが「自然的意識を本来的にしっかりと創りあげていく」ことである、とヘーゲルは説いているのである。すなわち、「絶対精神」が自らを自然に転化してそれがヘーゲルの説く（観念している）終局的絶対精神にまでできた流れを、学問を志す人は自らの一身の上に学的形成過程として繰り返すべし、それが「自然的意識を本来的にしっかりと創りあげていくこと」であると、具体性で説いているのである。

ここを現代的に説けば、『医学の復権』（瀬江千史著、現代社）に説いてある「一般教養を見事に身につける中身」ということになろう。是非に熟読を願いたい。

## 第三節　哲学すなわち学問一般と科学との関係とはいかなるものか

### （1）ソフィアからフィロソフィアへの歴史的過程

哲学、学問、科学という言葉について、少し説いてみたい。

哲学とは何かを分かるためには、哲学の本当の歴史を尋ねて学び、かつ知り、そして識ることが大事である。だが、これは表の知識としての学びそのものであるだけに、これのみでは、単に知ることとそのものであり、これでは本当の理解としての「識る」とはけっしてならないのである。なぜならば、これは裏の学びを忘れているからである。ここで表の「知る」が、具体的には哲学の本当の歴史を学ぶことであると説いたが、では裏の歴史とは一体「何」であろうか、裏とはどういうことであろうか。

一言では、弁証法の歴史を学んで知って、その後に弁証法の実態を識ることである。弁証法の歴史とはたしかに弁証法誕生への歴史そのものであるが、これを知ることから識ることへの学的レベルアップを通しての、本物の学びを実践して弁証法の実力をつけることである。このようにして弁証法の実力をつけることができれば、学問研鑽の途上で実力を培うことができていく故、その人の学的人生が潰れることは、まずない。しかしながら、それを実践しなかった人は、みな潰れていったといえよう。

例を挙げれば、哲学者として名を遺しているデカルトも大秀才であったのに、その自身の若い頃の大秀才さが、当時のスコラ哲学の弁証法である「哲学的問答」の学びとしての弁証法を小馬鹿にして棄て去っただけに、潰れていったのである。同じくヘーゲルより大秀才だったシェリングも「また然り」であり、これはシェリングの『学問論』（勝田守一訳、岩波書店）を読むとそのことが分かってくるだけに、大秀才の末路があまりにも惨めである。そこには端的には哲学は学問愛であるとし、これと一体の弁証法は技である、としている。彼は、当時の大哲学者だっただけに、若いヘーゲルを小馬鹿にし、そのヘーゲルに対抗するためにくだらないことばかり実践し、それが結果として自分で越えることの不可能な大きな壁を築いていったばかりに、その壁自体が彼を追いつめていき、結局ヘーゲルに勝ったつもりのままで負けていって、惨めな人生を……となっていったのである。「才子才に溺れる」の諺の通りに。

肝心の「哲学、学問、科学」の言葉については、以下である。

高校生ともなれば知らない人はいないと思うが、戦闘的技術レベルの頭脳では不可能な文明文化というものを、自らの一身に集めて、世界を説くことになる人類最初の学問というものは、当初古代ギリシャにおいて誕生したことである。これは現在、哲学と翻訳されるものとして誕生したのである。

だが、である。古代ギリシャの当時にあっては、哲学とか学問などという大仰な学びの名称などは、存在するはずもなかったのである。理由は簡単である。なぜ、では哲学なのか、学問という言葉となっているのか、つまり、どうして、そういうことになったのかを端的には、これは明治時代の日本の学者が日本語として命名したものであって、いわゆるヘーゲルの説く学的「概念」としての名称ではけっしてなかったのである。ではということで、その哲学としての日本語の実態は「何物」であったのかを諸氏は知りたいはず、である。ここも端的には日本語としての哲学なるものの実態は古代ギリシャにおいては当然のこと、現代においてすら正当には同じ中身を意味しているのである。すなわち、それは現在も「ソフィア」という名で知られている言葉である。

これについては、本章第二節（3）でも少し触れたが、もう少し詳しく説いておくことにしよう。「ソフィア」とは、「知ることから識ることへ」の学的レベルアップの過程性を論理的には意味しているといってよい。「知る」とは当然のことながら、①まずは外界を見、聞きすることによって、つまり五感覚器官を用いての「知る」であり、そこから②その知ることをまともに思い、かつ、想い、そして考え通して認識の多重的発展たる「識る」となっていく頭脳の働きそのものである。

これらを一心不乱に成し遂げていって知から識へと多くの知を深めていった知識の大家のことを、つまり「知者」ないし「識者」としての修学をなした中身を、古代ギリシャのいわゆる有識者たちは「ソフィア」と概念づけしていくのである。それ故に、ソフィアという概念が誕生してからの、それからの長い時期の途上の学者は「ソフィスト」として世の尊敬レベルの憧れの対象として存在していったはずである。すなわち、昔々の旧制高等学校、とくに第一高等学校、第三高等学校などを経ての東京帝国大学出身者をはじめとする帝大出身者が、そうであったようにである。

だが、である。ここから現代の大秀才にも見事に通じる、ある「悪い」ことが起きることになっていくことになる。簡単には、「知」をひけらかし「識」をひけらかししていくうちに、それらを詐欺師的に用いる輩が多数出てくることになったのである。単純に知ったかぶり的人ではなく、本物の知識をもてあそんで、「意味」のないこと「意義」のないことに用いて、それが学問であり、学究であるかのように説いていく、あるいは、詐欺師的知識者をはじめとした多くの世の中の人を小馬鹿にする輩の誕生、すなわち知的大秀才、大天才の誕生となっていったのである。

そこから、いわゆるまじめに学究する人は、それらの知識をもてあそぶ輩と自分たちとを厳然と区別する行動に出ていくことになる。ここを端的には、自分は知識を愚にもつかぬことに用いる輩と違って、知識を真理の探究のために用いていくのだ、大事な知識を愛しているが故に、そのような知識だけの人と違って、知識を愛すること、すなわち学的研究を通して国家の真理探究に役立てていくのである、だから我々は知識人としてのソフィアではなく、知を愛する人、すなわち、フィロソフィアなのだと説いていくのである。再びここを説けば以下にもなろう。

いうなればこの時代におけるソフィアなるものは、つまるところ知識の集大成レベルであったのであり、なぜ学問ではないのかといえば、当時はいわゆる学問に相当する論理や理論など、あるはずもなかったからである。それは人類の時代を知れば当たり前である。古代ギリシャ当時は、ただ対象の現象をなんとか研究できる段階だけだったからである。そして対象を研究することによって、知識は増えていくのである。したがってこれらの人に当初、用いられていたソフィストという言葉は、まだまだ尊敬の念の多くこもっている言葉であった。

このように、自分たちが対象に挑んでいろいろな研究をして、いろいろな知識を獲得していくうちは尊敬されていたが、そのうちにそれを学んで、つまり自分自身が対象を研究しないで、自分の先生たちが知識者になっている、ソフィストになって尊敬されているのを見て、ただただそういう先生たちに学ぶのみで、つまり、ただただ習うことによってのみ、いろいろと言葉を弄していく人間が出てくるようになったから、「あの人たちは、ただ知識をもてあそんでいるだけだ、あんな人たちはバカみたいに知識をひけらかす輩だ」という形で、それらに対してのいわゆるアンチ知識者がソフィストを軽蔑すべく出てきて、「我々は知識者ではない。人生をかけて知を愛する者である」ということで、フィロソフィアすなわち愛知という言葉ができたのである。

つまりフィロソフィアとは愛知学くらいの意味である。この愛知学というものを日本語に訳したものが、哲学なる言葉であった。しかし本当に哲学というものがあったのではけっしてない。ただ人生をかけて「知を愛する」だけだったのである。だからシェリングまでが、「我々は愛知者でなければならない。学問は愛すべきものである」と、古代ギリシャの学者を捉えていったのであり、それに対してヘーゲルが、学問は愛するものではない、愛から離れて本物の学問に育成していくべきものであり、それには学問を体系化することが大事であり、そのために必要なことが概念の労苦である、として愛知を唱えるだけのシェリングを批判することになっていったのである。

すなわち、である。哲学というものは本来は、愛知という歴史的に誕生させられた概念レベルの言葉である。端的にも事実的にも学問を愛するということなのだから、わが日本国においても哲学というなんとも概念のない言葉の代わりに学問という概念を持ってくるべきだったのに、明治時代の翻訳者が

「哲学」という名前を「学問」の他に創ってしまったものだから、「哲学」と「学問」という言葉が、悲しいことにわけも分からないままに共存させられることになり、それがわけも分からないままに現在に至るも使い分けられている、という淋しくも哀れな歴史が存在しているのである。

## (2) 哲学とは個別科学のすべてを体系化すべく研鑽して創るものである

それ故、であるし、ところが、でもある。面白いことに、哲学というものを究明する人物が日本では誰一人としていなかったといってよいのである。いなかったからこそ日本では哲学という名前はあっても、概念としての哲学、概念レベルの哲学を修学する人間は誰一人としていなかった、といってよいのである。たとえば、アリストテレスのように、たとえば、トマス・アクィナスのように、たとえば、デカルトのように、たとえば、カントのように、そして本命たるヘーゲルのように、である。

だから東京大学でも当然のこと、日本における哲学のメッカたる京都大学でも、文学部の中に哲学科はあっても、悲しいことに哲学部なる独立した学部は存在していないのである。諸外国の幾らかの大学には哲学部、つまり学問部というものがある。ではなぜ、どうして日本にだけ存在していないのか。

日本には哲学一般たる学問全体を研究する志のある人はいなかったのだ、ということである。簡単には、学問を創出できる程の修学をなそうとした人物がいなかったということであろう。ここを少し説けば、諸氏すらも錯覚しているけれども、たとえば生物の世界を学問化する、物理の世界を学問化する、あるいは政治の世界を学問化する、経済を学問化する、芸術の世界を学問化する、医術の世界を学問化するということは、すなわち宇宙を含んだ地球全体を丸ごと学問化するということである。それだけに、他の個別学問とは、全く次元の違う修学をなすものである。

現代人では誰もそれを説いていないといってよいが、以上がどのくらい違うかは私の書物には説いてある。たとえば『武道講義 武道と認識の理論』、『なんごうつぐまさが説く看護学科・心理学科学生への〝夢〟講義』、『武道哲学講義』にも、である。少し引用しておこう。

---

さて「哲学とは何か」をやさしく説きたいのであるが、どう説いてみても大学の初級者には分からないとの思いがまず走ってしまう。というのは、学問史上、哲学とはを学的レベルで解(説)ききれた哲学者は、歴史上僅かというか数名だけというか、そのくらいなので、当然に現代に哲学を唱える人の中に、哲学者としての実力を把持している存在は零に等しい有様であるだけに、である。すなわちどのような現代哲学書の、どの一つにも、学問レベルで哲学を解(説)いたものはない。大学生の諸氏がどんなに歯ぎしりして努力しても無駄なわけは、そういう現実だからである。それだけになるべく分かってもらうレベルで説いていくことにしたい。

やさしく説けば、哲学というものは「人類の歴史をふまえて全世界(森羅万象〈シンラバンショウ〉)を自らの掌〈タナゴコロ〉に載せるべく理論的に体系化した学問のこと」である。すなわち、全世界=森羅万象を、自分の掌を指すがごとくの容易さで論理的かつ、体系的に説くべく創出した学問のことである。

---

「なんのことだか分からない」との反問がありそうである。

では、ということで次の言葉はどうであろうか。「哲学とは、全世界＝森羅万象の事実に関わる論理を自らの一身の実力すなわち自家薬籠中(ジカヤクロウチュウ)の物と化すことである」。

それも難しいな、と思うのなら、少し幼児レベルでの話で説くことにしよう。

人間にはすべて口があり、その口の中にはズラリと歯がはえている。

その歯は、「では一体なんのために存在しているのか」と問われれば、食物を嚙んで食べるためだとなる。「では、どの歯でその食物を嚙んで食べるのか」と問われたら、どう答えるかは以下であろう。「それは、どれという特別のことはなく、とにかく歯で、だと思う。とにかく全部か半分か知らないが、口の中の歯のどれかという区別もなく、ともかく歯で嚙んで食べるのだよな」となるであろう。何が問いたいのかと反問があろう。

端的には以下である。口の中の歯の働きをすべてひっくるめて、食物を食べる時の、その食物を嚙むこと、その一般性が哲学とは何か、の解答なのである。

そして、三十数本ある、歯のいろいろのそれぞれ、つまり、犬歯、臼歯などのそれぞれが、喩えるならば個別学問たる、物理学、生物学、政治学、経済学と考えてみてほしい。犬歯（たとえば物理学）一つで、食物（全世界）はきちんと嚙めないはずである。臼歯（たとえば政治学）一つで、きちんと食物（たとえば国家全体）を嚙めはしないであろう。しかも、三十数本の歯のそれぞれを仮に独立的に使っては、絶対に食物を食べるためにきちんと噛めることなどありえないものである。理由は簡単である。それらの歯は独立的に存在しているようでも、けっして独立的に存在できてはいないからである。全体の中の歯として食物を噛んで初めて、歯は歯の役目を見事に果たしきる（果たしきれる）ものだからである。

この喩えのように、個別の学問たる政治学、経済学、生物学、物理学、化学なども、個別的には、森羅万象たる世界を解明することは到底可能とはならないのである。なぜなら、全体の歯から歯を一本抜いて口の中から出したのと同じく、物理も生物も政治も経済も森羅万象の、つまり全世界のある特殊な性質に着目して、その性質だけを外に出してそれを中心にしてそれだけを研究したものだからである。食事をするには一本だけの歯では役に立たないように、個別の学問一つ一つでは、全世界はどうにも把握できないのである。

このように説くと、だったら個別の学問を全部集めたら役に立つのではないか、との反問もあるはずである。たしかに現代においては、個別の専門分野の学者を集めた学際協力とやらの集団があるにはあるといってよい。だがこれは役に立つのであろうか。否である。歯の例で考えてほしい。歯を全部集めたら、それできちんと噛めて、しっかり食べられるのかといえば到底駄目である。一本一本と別々にしてしまった歯はすべてを元へ集めたにしても、どうにも役に立つことはありえないのである。

だからこその、全学問を一身に集めて学一般となった学問が必須なのであり、これが哲学というものの実態であるだけに、すなわち、だから哲学なのだと理解できるべきなのである。端的には、これらをまずは総括し、そこからこれを統括して働かせ、かつ、働きとして一体化しえたものが哲学の働き、つまり「哲学とは何か」の真の解答なのである。それゆえ、真の哲学者への道とは、けっして単純に哲学として存在しているものを学ぶことでも、それを研究することでも全くなく、これはあくまでも、個別の学問のそれぞれの分野の個別性たる物理とか化学とか政治とか経済とか歴史とかの構造をしっかりと究明し、その個別性の構造の中に横たわる共通性の論理の一般化への過程を、ていねいに学びきって歩いていくことの中にこそ、哲学を学ぶ大道があり、哲学とは何かを知る術（スベ）があるのである。

だが、現実にはこのような歩みをなしえた人物は、歴史的にみてもせいぜいアリストテレス、トマス・アクィナス、カント、ヘーゲルくらいのものである。「本当なのか、それは？」と誰しもが疑いの眼（マナコ）を向けたくなるであろう。なにしろ、哲人とされているソクラテスもプラトンも、そしてデカルトやベーコンすら私は挙げていないのであるから。それにしてもなぜ少数の哲学者しか歩けなかったのか、との疑問もあるはずである。答の代わりに、次のことで分かるはずである。

まず、『アリストテレス全集』の目次を図書館で見てみることである。そして次に、ヘーゲルの『エンチュクロペディー』の目次だけでも見ることである。そうすれば、この目次をまじめに見なくても眺めただけでもびっくりするはずである。あまりにもの膨大さに、である。だが、あの程度のことができなければ「哲学への道」は到底歩けないのである。だが、残念なことに現代人は誰一人としてここを分かることはない。ヘーゲルのモノした『エンチュクロペディー』とは、原題を簡単に記すならば、「哲学のための諸々の学問の綱要」(*Enzyklopädie der philosophischen Wissenschaften im Grundrisse*) というしっかりとした書名である。端的には、哲学を究めるための諸々の学問のいわば構造論なのである。

この書物程度の実質を自分の実力として初めて、哲学は構築可能になるのである。だから、アリストテレス、トマス・アクィナス、カント、ヘーゲルくらいしか存在できていないのである。他の哲学者とされている人は、ここを逃げてしまったか、あまりにも簡単に哲学と称する書に学ぶのみで終わってしまって哲学構築への努力を怠けてしまったのだ、という淋しい歴史上の現実が二千年にもわたって続いていた、ということなのである。

(『南郷継正 武道哲学 著作・講義全集』第十一巻)

いわゆる政治の世界を政治学として創りあげる、経済の世界を経済学として創りあげるということと、哲学との違いというものは、感情的に分かるように中学生レベルで説くと、次のようになろう。

経済学、政治学、物理学、生物学、医学というものは、誰もが知っている喩えでいうと、富士の山だといってよい。この富士山はよく見えている、よく見える人にとっては登らなくても見、聞きだけで大体分かるものである。たしかに登ってみればより良く分かるが、つまり、政治学の世界にしても経済学の世界にしても、そのようなもの、そのようなことであり、誰にでも簡単に、それなりに学問化することは可能（その人の努力次第）だということである。

ところがヒマラヤという幾層もの山岳のすべてに登るのは、ほとんど不可能であるように、哲学という山岳に登るのはそれ以上にほとんど不可能である。なぜならば、ヒマラヤの山岳のおおよそはともかく、眼で見てとれるものである。すなわち、眼では見えているだけに、困難とは思えても誰も不可能とは思わないはずである。だが、である。哲学つまり学問（哲学＝学問ととってよい）はまだ、人類史上、精神史上、誰一人として頭脳活動として視た人物は存在していない。これは確か、なのである。

なぜならば哲学という学問は、すべての個別科学たる、つまり政治学、経済学、物理学、生物学、医学……といったすべての科学を土台として、そこの上に築きあげられたものが学問一般すなわち哲学なのであるから、そこに至る道というものは、すべての学科をまともに網羅していなければならない。端的には精神科学、社会科学、自然科学のすべての学問を、である。

だから哲学の研究者ではなくて、哲学者になろうとした人間は、みんなその山岳を、すべての学科を修学して、よじ登るべく努力していったのである。これはプラトンにしても、アリストテレスにしても、当時の政治学に匹敵するものから経済学に匹敵するものまで、何から何まですべてやって、自分の学問を創ろうと努力したのである。そうやってできあがってきたものが、プラトンの『国家』をはじめとする彼の頭脳活動とされる諸書物であり、そこをなんとか一体的姿形化が可能となってきたのが、かのアリストテレスの大全集の中身そのものである。このアリストテレス後千五百年くらい経って、次はスコラ学派のトマス・アクィナスが、ようやくにしてなんとか創っていこうと努めてきた。

そしてその後五百年以上もの長い間、それを創出可能な人間が出てくることはなかった。何故、アリストテレスの約千五百年後、なのか、またその後のヘーゲルまで約五百年も、人材が出ることがなかったかというと、たとえば、物理学にしても生物学にしても医学にしても、哲学なる学問の完成のための資料としてはまだまだ中途半端な研究の成果しかなかった、すなわち、哲学（全学問的な研究を可能にし、その成果をもっての学一般たる哲学）を創出可能な程の、すなわち黄金の梟を飛び立たせる程の歴史的進歩がなかったからである。しかし、カントからフィヒテ、シェリング、ヘーゲルへと至る歴史の流れの中で、だんだんにそういう学問、つまり物理学も生物学も、ある程度まとまるような、まとめてもよいような、体系ができそうなところまで研究が大きく進んできたのであり、それがちょうどヘーゲルが誕生した頃だったのである。つまりカントの少し後である。

だからヘーゲルはそれらを全体として修学する時間をたっぷりかけることが可能となっていって、きちんとまとめたものが『エンチュクロペディー』つまり「哲学的諸学綱要」である。あれでようやく精神科学、自然科学の全体像を描けたことになる。だが、あれだけのものを見事に修学できても、学問一般の頂上へよじ登ることは可能とならなかったのである。

では、ヘーゲルはそのための「何」をなさなかったのかの解答は、諸氏にも分かっているはずである。

一言では社会科学の全体像である。この社会科学の全体像を抜きにしての修学、研究だけでは学問を体系化する端緒にただただつくのみだった、といってよいのである。

少し説明すれば、当初の精神科学たる『精神現象学』のみでは、頭脳活動たる人間の認識の発展の構造はなんとか説くことはできたにしても、人間の頭脳の発展は、まずは外界たる自然科学の研究によって進展し、そこから社会科学の雄たる国家学の発展、すなわち世界歴史的社会の国家としての発展の修学によって、より大きく進展することになるものだからである。

ヘーゲルは『エンチュクロペディー』によって自然の修学の基礎を固め直すところまではいったものの、社会科学としての国家学の修学は、僅かに『法の哲学』たる浅いものとして終わってしまい、すなわち、ようやく哲学の道をよじ登る実力を培う社会科学（社会哲学）でもって、これから哲学すなわち学問一般を創る学的実力がようやく可能になってきたところで、ヘーゲルは無念の死となってしまったのだ、ともいってよいのである。享年六十二歳であった。

# 第二編　哲学・論理学・弁証学・認識学を論じる

# 第一章　学問と弁証法と哲学を説く

## 第一節　学問レベルで弁証法の実力をつけるために

### (1) 学問と弁証法と哲学の区別と連関

諸氏が学問の確立を目指すのであれば、端的には自分の専門分野の学問を歴史に遺る必読書、すなわち学的古典として遺す人物たらんとするのであれば、まず出立にあたってどうしても分かっていなければならないことがある。それは、学問とは自分の専門分野を網羅できる理論的な体系を創りあげることだ、ということである。学的理論体系というものは、一般的には姿や形が決まっているのであり、それについては私が、自らの著作で縷々説いてきているだけに、まずはそこを参照しながら、現在の自分の実力のままでよいから、自分の専門とする分野の体系を自己流なりとも創りあげてみることである。

そしてその体系を創りあげるための準備学力としては、日常生活においてすらも、互いの会話に十分注意を払うことである。たとえば、単に会話をする際にも常に体系性を持つようにして話す努力をなさなければならない。そのような努力を日常的に重ねていくことによって、十年近くなると、どうにかアタマの働きが論理性を把持できていくことが可能になる。なぜかといえば、いかなる場合も頭脳活動の大きな中枢を占めるべき理論というものは、最低限度の体系性を持っているようにしなければならない。だから日常的会話をなす場合も、今はその頭脳体系の中身のどこを理論として話しているのか、ということを分かって会話する努力を重ねることが必要である。何を話すにしても全体像からなる体系を持つべく努めるべきなのであるから、全体像からその部分をまともに話すように心がけなければならない。

ここを具体的に説くなら、たとえばカントを説くのであれば、学問全体の発展の流れからカントの学力を説くとか、弁証法の全体系の中からカントの果たしたことを説くとか、哲学の歴史の全体系性の中からカントが人類の学的認識のどのレベルだったかを説くというように、大体、三つの説き方がある。

ここで学問全体の流れから説く、弁証法の体系から説く、哲学の体系から説くと説いたが、これは一体どういうことであろうか。学問全体の流れから説くというのは、その学的実質なるものは本質論・構造論・現象論のどれに当たるかを説くということである。現象論は、分かりやすくいえば具体論であり、具体から現象一般へとなる。つまり現象論というのは象（カタチ）（姿形）として現われているものを理論化したものであり、具体論というのは目の前にあるあり方そのものを論理化したものである。学問というものは、まずここから創出されていく、すなわち、まずは現象（形態）をふまえて形成されるものが学問体系の出立点なのである。これは、アリストテレスの全学問がここに相当すると分かってほしい。

しかし哲学の歴史性や弁証法の歴史性、つまり哲学の体系や弁証法の体系というのは、学問の体系とは大きくわけが違うといわなければならない。結論から説くならば弁証法は（その弁証法の成立させられた歴史というものを表に出して説けば）、誰も説こうとしないが、裏は哲学の歴史になるのである。

表にある哲学の歴史の中身は何かといえば、それは哲学形成過程の歴史である。だから哲学形成の歴史と弁証法形成の歴史というものは、直接的、つまり表裏一体的、直接的同一性なのである。しかし、誰もがそれを分かろうとしない。では弁証法と哲学は、学問というものとはどう違うのか、である。学問というものはオーバーなことをいえば哲学がなくてもできるし、弁証法がなくてもできるものである。すなわち学問としての形態すなわち学的体系性、端的には、理論的体系をとっていればよいのである。ただし、である。弁証法のない学問は、成立可能であるが、これは成立させれば、信屈聱牙（キックツゴウガ）的論理であり、成立できた理論はほとんど役に立てられない、つまり生成発展性がまずないのである。

しかし、である。哲学というものは大きく違うといってよい。哲学の歴史というものは、端的には人類の文化的認識の生成発展の歴史なのである。つまり、哲学というものは結果として創出されたものなのであって、哲学の歴史を創ろうとして哲学の創出を完結できた人は一人もいない、といってよい。これは古代ギリシャからの哲学の歴史を辿り返してみれば分かるように、哲学なるものの発端、それはあくまでもプラトンが、弁証法を学問の土台として創り、そこを通して、すなわち弁証法的な考え方を土台にして、つまり簡単には集団的な合宿体制での大問答を通して、自分たち国家の指導者の実力をつけようとして行ってきたものであり、これが弁証法の歴史の大きな一齣なのであり、そのようなことを通してできあがってきたのが、いわゆる哲学として現代に伝わっているものの原点だったのである。

これを諸氏が分かるのは非常に難しいのだけれど、たとえば学問を体系づけるということを我々の知っている分かりやすい例で説けば、国家の中の行政の組織である。官僚たちの霞が関の体系性である。一方、哲学の方はそうではなくて、国家としての体系性である。つまり国家をいかに動かすか、国家はどうすればきちんとした国家として成立できるのか、これが哲学の一般性の中身である。すなわち哲学というのは学問をどうやって体系的に完成させ、完成した学問をいかに動かすか、学問というものをどうやって安定させるか、の中枢となるものである。そしてその哲学の中枢が弁証法であり、論理学であり、かつ認識論である。それはしかし、今の私だから説けることである。

以上の内実に関して、ヘーゲルまでは誰も一言も説きえなかった、すなわちこうしたことは、歴史上誰も説いていないのである。なぜかといえば、アリストテレス亡き後は、そこを僅かに説こうとしているのが、トマス・アクィナスただ一人だからである。アリストテレスの学問は、その後オリエントの覇者となったイスラム帝国において、そのように用いられていったのである。そこを識り、教会の教義として転用すべく修学したスコラ学派の学者が、アリストテレス学のローマへの凱旋を実施し、長い期間をかけての研究の成果が、『神学大全』なる大著だと分かるべきである。だが、現代において（というより、ヘーゲル以降の学者は）その時代としての哲学を勉強する人間は、まず古代哲学を勉強するか、中世哲学を勉強するか、現代哲学を勉強するか、いずれにしろ哲学との名を冠して存在しているものを学ぶだけという悲しさである。それでは本当の哲学は分かるはずもない、のである。

## （2）学問体系構築と弁証法の関係

少し講義はずれるが、私が残念に思うことは、諸氏が私の著書を読む時に、本当に読みこんで理解しなければならないことを読まないで、単に書いてある字面だけを読んでしまうということである。だから弁証法というものと理論というものの区別がつかない。哲学と弁証法の区別がつかない、との結果になる。

哲学は、一言では学問の代名詞であるが、正確には少し違うのであり、それは先程も説いた通りである。それに対して弁証法というのは、あくまでも弁証法である。分かりやすくいえば、これは学的問答法、より正確には古代ギリシャにおいての弁証法の実態は、学問創出のための認識力を創出するための問答を実力化する方法であって、これは端的には対象と関わる問題を互いに討論しあいながらの年月を経ることによって実力がついていく、ということが表の理由である。そして、その実力がつくということの中身が、いうなれば弁証法の養成だ、ということである。

たとえば武道空手で考えれば次のようになる。武道空手には技がある。この武道空手の技というものがたとえば学問だとすれば、さらに武道一般の技というものがたとえば哲学だとすれば、弁証法というものはそれら武技ないし武術を支えて、見事にするものなのである。そしてその中身としては、武道空手の技や武道の技を対手と試合レベルで闘いつつ（問答しつつ）上達する、その上達の実質たる中身が弁証法なのである。つまり「その場突技」あるいは「組手」というものがある、あるいは「上達」というものがあるが、いずれにしてもある武技があった場合に、その武技を、武技の生成発展に従って、上達させていく、その上達させていくものが弁証法の内実であって、上達そのもの、あるいは武技そのものが弁証法ではないのと同様である。だから分かりやすく説けば、次のようになる。

国家というものを学問として構築したい、つまり国家論を国家学にしたいという場合に、国家の構造あるいは組成、体系性など、実在するそれら諸々は、けっして国家論ではない。それらを論理化して、理論的に体系化できてこそ初めて学問としての国家論となるということである。具体的には総理大臣がいた場合に、総理大臣とは何かということを理論構成することが理論であり、すなわち、それが学問へとなっていくのである。端的には総理大臣とは何か、組織のトップとは何か、組織を統括するものとはどういうことかということを、理論的体系的に説いていくことが国家学となっていくのである。そのようにして国家に関わるすべてに対して同じく論理的に説いていくことによって、すなわち、たとえば首相とは何か、大統領とは何か、ということを同じように説き、さらに国家に関わるすべてのことを、たとえば警察とは何か、あるいは軍隊とは何か、あるいは国家にとっての経済とは何か、あるいは学校とは何か、あるいは刑務所とは何か、ということをすべて、国家の最高権力者とは何かということと同じような筋道で説いていくのが理論であり、それを体系化したのが国家学、すなわち学問となるのである。

では弁証法というのは、どういうものかといえば、弁証法はその国家学の表面的なものには、すなわちそういった実態を論じることには、直接的にはなんら関係ないのである。弁証法が関係があるのは、その国家というものがいかなる生成発展をしてきたのかということであり、その生成発展の論理構造を分かるためにこその弁証法なのである。たとえば最高権力者とは何かということを説くには、最高権力者の実質、実態も歴史的に生成発展してきていることを分からなければならない。もっと分かりやすく説けば、原始共同体のトップであれば、鶴の一声でその共同体に属するもののすべてを従わせることができたのであるが、その牽引力、権威というものがいかなるものであったのかということを、現代の大統領や首相というものと同じレベルで、論理的に説いていかなければならないのである。端的には原始共同体のトップ、あるいは中世の王権保持者、あるいは日本で説けば織田信長や徳川家康を同じように説くことである。すなわちそれらを同じ学的論理構造で説いてこそ、初めて国家論になるのである。そしてそれらをすべて同じ論理構造で説ける実力を把持することができるために学ばなければならないものが、学的「弁証法」なのである。

### (3) 弁証法は学問を体系化するための実力である

だから弁証法というものは学問体系を創るための、学問を体系化するための、学問を体系的に説けるための、実力であり、技なのである。しかし、読者諸氏の大半はそれを分かろうとしないままに、弁証法を学んでおり、かつ学んだつもりになっている。

ここで諸氏が絶対に分かっていなければならない大事なことがある。それは、その弁証法というものは、しっかりとした姿や形ある弁証法として存在するものではけっしてないということである。ここはあくまでも古代ギリシャにおいてゼノンを初代として、ソクラテス、プラトン、アリストテレスらによって少しずつ形創られてきた、つまり構築されてきたものであり、結果としてのアリストテレスの古代弁証法として完成できてきたものなのである。それだけにその創られてきた流れ（過程的構造）を自分の実力にすることこそが、いわゆる弁証法の修学なのであり、その中身が結果としての哲学的問答法なのである。そのことを現代の学者の誰も分からないし、分かる努力をしていないのである。

このことを分かりやすい例で説けば、今は数学の計算にしても全部コンピュータにデータを入力すれば答を出してくれるわけだが、諸氏はそれが弁証法だと錯覚している。そうではなく、その今のコンピュータを創るまでの、人類の十万年百万年の歴史、すなわちコンピュータを創ることができるようになるためのテクニックの発展の技の歴史の内実、それが弁証法なのである。

計算でいえば、最初の段階では、あくまでも「足す」ことだけであり、次に「引く」が出てきて、次は掛ける、次は割る、というように順に算数として勉強していかなければならないのであり、それからようやくにして、数学に持っていく流れとなるのである。つまり数の計算たる算数が、やがて数がないものを考える、つまり代数になっていく流れなのであり、さらに代数と幾何が融合して解析学になっていくというプロセスがあるのと同様である。

これをコンピュータで説けば、いうなれば幾何学的な発想でコンピュータを創ったのが、アップルであり、それに対して数学的な、つまり数字的な発想でコンピュータを創ったのがマイクロソフトなのである。だから最初のコンピュータの使い手というのはアップルの幾何学的なもの、図式として表わされるものを創っていった。ところがそれだけではできがたいものがある。簡単な普通の帆船、ヨットやボートのようなものであれば、また建物であれば二階建て三階建てまでであれば、アップルのコンピュータで設計図を描き、図式化できるけれども、これが百階建てのビルになる、あるいは十万トンの旅客船になると、図が数で証明されなければ、数が図で説明されなければ、という二重構造の直接的同一性としてのコンピュータが要求されるようになっていくことになった。

そのためには、アップルの図式を数式に変換したものがマイクロソフトで出てきて、従来のマイクロソフトの欠点はウィンドウズで補っていく、ということになったのであるが、遂に、ウィンドウズの欠点というものは設計図が創れない、図式が創れないということだから、やはりマイクロソフトの数式的な実力を自分の中に採りこんだアップルがまた出てきて、……というのが現代のコンピュータの世界の流れである。このようにコンピュータの歴史で説けば、弁証法というのは、そのコンピュータを創る実力であって、けっしてコンピュータの実力ではない。ここが分からないとダメである。コンピュータはあくまでもコンピュータであって、コンピュータの組み立てというのは、いささかも弁証法的ではない。しかし、そこを弁証法的に捉え返すことこそが、人類の歴史なのである。

アップルを打倒し、数式的なコンピュータで世界を征服したマイクロソフトというのは、あれは研究者が何年何十年にもわたって、必死になって研究した成果が出ている。だから、あくまでも数百人数千人のコンピュータ技師の一生懸命の何十年にもわたる集積を集大成化することで、マイクロソフトができたのであるが、できてしまえば、それはもうそこでお仕舞いになる。そこには弁証法的発想がないのであるから。したがって、またマイクロソフトは打倒されてしまうのである。

そのような流れと同様に、学問の世界でもたとえば国家論というものを創ってみても、弁証法的実力というものがなければ、その国家論は、簡単に打倒されるレベルのものにしかならない。すなわち、「ほら！　お前の国家論にはこれがないではないか」、といわれるレベルの学問の体系になってしまう。

以上、学問の体系を創るというのはたしかに弁証法抜きでもできるけれども、その学問体系が歴史に名を遺せるような理論的な体系性を把持するために必要なものが、本当の弁証法の実力なのである。

### (4) 弁証法の実力は弁証法の歴史を一身に繰り返さなければつかない

それだけに弁証法の学習というものを、単なる量質転化とか相互浸透とか、対立物の統一とかというような国語学習レベルで、どれだけ学んでみても到底役には立たないことになろう。たとえば、算数の場合は、一足す一は二ということを頭の中で覚えたとしても、現実の世界、日常生活での家計のいわゆる足し算的借金などはできないように、あくまでも現実の材木一本にりんご一個を足してこれで二といってよいのか、本当に二になるのか、なるといったとしたら、どうなるのか（バカにされるのでは……）と考え続けることである。そういう実力が学的弁証法の実力なのである。だから『1たす1は2にならない』（三浦つとむ、明石書店）との本もあるけれども、本当は「一足す一は二にならないどころか、百にも千にもなりかねないことも多く存在する」が正解だと、昔々思ったことである。

そのように弁証法というものは、一を無限大に解釈できる実力、無限大を一に回帰させることができる実力であるといえる。分かりやすくいえばそういうことなのだが、それはこの宇宙における森羅万象を一つ、つまり単一なる「モノ」として証明できる実力であり、これがすなわち唯物論的弁証法なるものであるが、またその「モノ」を森羅万象であり、加えて、宇宙の百億年の歴史として証明できる、そのような実力が学的弁証法なのである。

その弁証法を学ぶにはどうしても、一つずつ一つずつの段階を着実に踏んでいく、つまり足し算をしっかり学習してから引き算の学習へ、そして掛け算の学習から割り算の学習へ、というレベルの基本的な弁証法の学びから行っていかなければならない。これがプラトンのいう問答法なのである。すなわち合宿生活をやって朝から晩まで、日常生活の中で雑巾がけ一つ、はたきのかけ方一つ、布団のたたみ方一つを、そうした問答レベルの弁証法でこなしていってこそ、ようやく弁証法がものになり、そこから学的実力に育っていく、ということなのである。プラトンが書いている中身はそういうことなのである。

諸氏はそれを分からなければならない。しかし三浦つとむ、滝村隆一を含めて、世界中の学者のほとんどは、そのような実践をしなかった、といってよい。だからこそ、弁証法が結局実力にならなかったし、大学の講座から消え失せることにもなっていったのである。

これに対して、そういうものだとはまず分からずに、以上に説いたそういう修学をしていったのが、カントとヘーゲルであり、エンゲルスだったのである。そしてそういうことが分からずに、そういう修学をしなかったのが、かのデカルトなのである。ということが、私の書物にはきちんと説いてあるのに、そこを諸氏はまともに読まずに自分が読みたい箇所だけ読んで、終わりにしてしまっている。

カントが、ゼノンの復活としての「二律背反」を論じることができたのは、古代ギリシャの学問というものを、つまりゼノンからソクラテス、プラトンまでを必死になって勉強したからこそ、なのである。ヘーゲルがあれだけの業績を遺すことができたのも、古代ギリシャの学問の生成発展を、すなわち古代ギリシャ時代のほとんどの哲学者、学者といわれる人の業績を一生懸命学習して、古代ギリシャの学問というものの全体像をアリストテレスの学問に回帰させた、つまり収斂させるべく、その実力を培ったからこそであり、それがヘーゲルが『精神現象学 序論』で説く「しかし弁証法ということが証明とは別のものとして取り出されてからは、哲学的証明などという概念は、実はもうなくなってしまったのである」の文言の実態こそが、ヘーゲルレベルにおける学的弁証法の実力なのだ、と分かるべきなのである。以上の訳は、中央公論社版の山本 信のものであるが、南郷、悠季共訳としては、以下である。「しかし弁証法が証明とは区別されるようになってからというもの、哲学的証明といった概念は、なくなってしまったのである」。

だから本当の弁証法の学問的な実力というものは、カントが実践したこと、ヘーゲルが実践したこともさることながら、まずはアリストテレスが実践したことを学習しなければ到底培えないのであり、それを学習せずしてカント、ヘーゲルのレベルには絶対に到達することはできないのである。つまり、我々が人間として育つためには、受精卵から母胎で十ヵ月育って、赤ん坊として生まれて、少しずつ成長していって学校に行って……というのと同じプロセスを、つまり「生命の歴史」を辿るのと同じようなプロセスをいかなる個人も辿らなければならないが、学的弁証法の実力養成も同じであり、弁証法の歴史をわが一身のものとして辿らないかぎりは、弁証法というのは単なる文字にしかならないのである。

このことに関しては、『武道哲学講義』第三巻（現代社）に収めてある『精神現象学 序論』（学の体系講義）を参照してほしい。この書には、「第一部『精神現象学 序論』を読めるためには」と「第二部『精神現象学 序論』を読む」が収めてある。たしかに、類書に比して詳しく説いたものではあるが、現在からすると、なんともシンプルな講義と思える。それ故、この『精神現象学 序論』については全頁を学問入門編として十分なる解説的講義として説くべきことであると現在の私は思う。つまり、この第三巻の内容ではヘーゲルを説くには「未だし！」である、ということであり、もし可能ならば、全頁の十分なる解説的講義として著述し、ヘーゲルの真の思いを諸氏に伝えたいと願っている。

## 第二節　弁証法の歴史を自ら辿っていくとはいかなることか

### (1) 弁証法は学問の土台であり骨組みである

何回も説くが、諸氏は弁証法の本をただまじめに読むだけだから駄目なのである。その本を読む暇があったら、自分の専門の武道空手なり、生物界なり、とヘーゲルが『哲学史』でしっかり説くように、プラトン的対話をすればよい。プラトン的滅ぼしあう問答をすればよいのである。それがプラトンが実際に何年もの間行ったことである。それの実態を二十年近くも努力して、自らの頭脳として一応集大成化できたのが、アリストテレスの哲学の中身なのである。

この学的弁証法を実力化しきるには、これからおそらくどんなに短かくても十年、二十年はかかると思ってよい。その頃になって初めて弁証法が学的レベルになってくるのであり、真の学的論文が書けるようになるのである。しかしその間、せめて大論文（原稿用紙二百枚）を本十冊分ぐらい書かなければ、実力はつかない。つまりそのくらい書かないと、学的論文は発展できないのである。

書き続けてこそ初めて（「書くことは即ち考えること」であるから）、つまり外的な世界である森羅万象そのものを事実として究明したものを、頭脳の中で観念的な事実の世界として成立させて、それを論理化して体系化して初めて、いうなれば学的論文が学問になり、学的弁証法が弁証学になるのである。この両者は直接的同一性なのであり、片方が欠けていれば、一応学的論文はできたとしても、すぐに崩れてしまうことになろう。それでは弁証法性が育たないからである。

たとえばということで、弁証法性がない建築というのは、分かりやすくいうと、とりあえず階を積み重ねることはできても風が吹けば倒れてしまうものである。なぜなら土台ができていないだけでなく、その階を支える鉄筋がきちんと入っていないからである。建物から鉄筋を取って、土台を取ったのでは、建物は崩れてしまう。その土台、鉄筋が入っているのが、弁証法の有効性というものになる。つまり弁証法というものは学問の土台でもあり鉄筋でもある。百階建てビルを建てる場合の、いうなれば土台や鉄筋すなわち実体的構造である。地震に耐えられる、強風に耐えられる、その構造としての土台や鉄筋の能力が、弁証法の威力なのである。それがなければ崩れてしまう、それだけのことである。

そのように学問体系が崩れないように、建物でいう土台や鉄筋の役割を果たすのが弁証法力であって、けっして弁証法そのものが、自分の専門とする学問そのものではありえない。弁証法だけでは学問にはならない。弁証法というのは、けっして表には出ないものである。大建築物のための鉄筋コンクリートの鉄筋なのであり、土台なのであるから、外から見ただけでは、全く分からない、見えないものである。

私の著作で説いているように、ヘーゲルの弁証法はいわば「背後霊」なのである。つまりヘーゲルの本をどんなにまともに読んでみても、彼の学的弁証法は全く見えてこない。だが、これは古代ギリシャの学問をアリストテレスまでしっかり学んだ人でなければそれが分からなかったのであり、多くの学者先生は、ヘーゲルの弁証法は目に見えるものと思っていたのである。それだけにヘーゲル自身も「私の弁証法はこれまでのと大きく異なる」としか説けなかったのである。

だからヘーゲルは「しかし弁証法が証明とは区別されるようになってからというもの、哲学的証明といった概念は、なくなってしまったのである」(『精神現象学 序論』南郷、悠季共訳)としか説けなかった、すなわち「私の弁証法はこれまでの弁証法とは違う」のだ、としか説けなかったのである。なにしろ弁証法は、鉄筋コンクリートのコンクリートではなく、鉄筋の方であったのだから。比喩的に人間で説けば、その人のバックボーン、つまり精神レベルなのであるのだから……。

### (2) 学問体系は学ぶものではなく、自ら創りあげるべきものである

学的弁証法の学びで大事なことは、古典や専門書を読むことではない。すなわち理論的な書を読みこむことが、学的弁証法の修学(実践)なのではない。書物を読まなくても、自分が対象と闘論的に格闘

していけば、それが学的弁証法の基本的学習となるのである。書物は自分が究明した自分の論説の正しさを知るために見るものであって、弁証法としては学ぶものではない。弁証法的事実は目の前にあるのであって、その事実を弁証法を学ぶとして見てとっていけばよいのである。但し創りあげたものが壊れないためには、本物の弁証法の修学が必要である。その弁証法というのは、古代ギリシャからの二千数百年の弁証法の歴史を修学しなければ絶対に学的弁証法にはならないのである。

「量質転化」とか「相互浸透」「否定の否定」や「対立物の統一」「矛盾」とかを『知る』などは弁証法の入門のレベルであり、算数の足し算引き算のレベルであるから、これでエンゲルスの弁証法が分かったと思うのでは、算数レベル、それもまだ掛け算はどこにもないレベルでしかない。ましてや『弁証法はどういう科学か』の弁証法では、虚数レベルなど出てくるはずもない基本であり、それをまともに分からなければならない。端的にはエンゲルスの弁証法は、足し算引き算レベルの弁証法でしかないのである。なぜならエンゲルスは、たしかに『自然の弁証法』という書物を著わしはしたが、自らの手で自然分野の研究は一度も実践していないからである。つまりエンゲルスは、当時の第一級の自然の研究者の研究業績を調べただけであり、自分自身では対象の研究としては何も実践していないに等しいからである。すなわち自然の研究すらも、自分で実践しなければ学的弁証法は駄目なのである。

もちろん他人の業績を学習するのは結構である。だが、である。歴史上のいかなる業績を見ても、それらのどこにも体系性は存在しないのであり、それは現代に生きる我々が創りあげるしかないのである。すなわち、我々がすべてを学問として完成させていかなければならない。だからヘーゲルの哲学も、本当は我々が創り直さなければならないのである。カントの二律背反とて同様に、である。カントもゼノンを勉強したのであれば（あるから）、本来は二律背反レベルでなく対立物の統一レベルで『純粋理性批判』は説くべきだった、とあえて述べておきたい。つまり「相反する二律の統一」と説くべきだったのであり、けっして二律の背反ではないのだから。もちろん当然ながらゼノンも「詭弁」などではなく、論理学的レベルで「絶対矛盾」として評価すべきなのである。

我々はこのように、歴史的な学問上の問題を取りあげていき、我々こそがすべてを論理化し、それらを学的に理論化し、体系化して学問を完成させなければならないのである。

### (3) 学問の使命とは何か

現在学問の歴史として説かれているものは、つまり我々が学校教育、とくに大学で教育される学問の歴史というものは、あくまでも表面的に表われているものの歴史であって、これは一言でいうと現象としての事実の歴史でしかない。けっして学問に値する歴史ではないのであって、人々が学問と思いたいものの歴史でしかない。だからたとえば現代において、ソクラテスは哲学者とされているけれども、あれは嘘というより虚構である。ただ哲学的問答の幼児レベルの知見というか準備運動になったのが、ソクラテスの対話であった。しかし対話とはいっても、ソクラテスは皮肉ばかり説いているレベルだから、本当の対話ではなかったというべきである。しかしソクラテスが断罪されてから、それがきっかけとなり、ソクラテスは「かく語りき、云々」というレベルでプラトンによって受け継がれた、という流れが書物の中に存在していくことになる。

では学問とは何か、学問の使命とは何かということになる。学問の使命というものを考える時に、事実を習得・修得するということ、つまり知識を見事に集めるということも大事であるけれども、また集めた知識を歴史的な体系性に置くことも大事だけれども、実はそれ以上にまだ大事なことがある。それは、それらの集めた事実を基にして、我々が持っていない歴史的な事実、つまり過去に埋もれた事実というものを掘り起こすという観念的作業である。これは、現実的には掘り起こせない太古的事実なるものを観念的な事実（真実）として掘り起こすことであり、観念の世界の出来事として事実を掘り出していくことなのである。その観念的に掘り起こした事実を現実にある事実とつなげて、一つの体系性に持っていくことによって、新発見をなしていくことが重要なのであり、これがもう一つの学問の使命なのである。

そういうことを私は何十年も昔から説いている。つまり、事実が残っていないから分からないと泣きごとをいうのではなく、体系的に考えていくとこのような事実を論理的に措定できると説けるようになるのが、学問の使命なのである。だからこそ大事なことは、学術誌『学城』を発刊する我々の務めとして、責任として、本当の学問の姿というものを示してみせるということと、加えて学問というものは、本当はこれ程役に立つのだということを証明してみせることがまた学的使命なのである。

## （4）学問を構築するには古代ギリシャからヘーゲルへの歴史を措定することである

そうするために役に立つのは、あくまでも学問の歴史的な流れを一身に背負った「学者」という観念的な人物を描いてみること、分かりやすくは、ゼノンとかパルメニデスとかの流れからヘーゲルまでの学問の流れを、一人の人物の業績として描ききってみることである。

たとえばこれは、このようにして現代の日本国家になりましたというものを、大和朝廷から説くようなもので、このようにして学問というものは体系性を持つようになりましたという形で、ある観念上の偉人の業績を創ってみせることである。誰もが信じないだろうが、実はそれをやってのけたのが、大哲人ヘーゲルである。つまりヘーゲルが実践した中身を、本当の一人の学者の業績として辿り返してみれば、これは絶対精神にまで行きつくことになるのである。ヘーゲルは学問の成立過程ということで、学問は人間精神の最高形態であるだけに、そこを絶対精神と化して述べたのであり、だから絶対精神が自然から精神へと発展しながらそうなしていくのだ、と説いているのである。

ここで、諸氏がまずここで分かるべきことがある。端的にはヘーゲルが書いた書物を、日本語に翻訳されたものから読んでしまったら、ヘーゲルを学的に理解することはまずできない、ということである。そこで、日本人に分かるように、ここをお伽噺として説いてみる。ヘーゲルにとって元々の絶対精神というものは、これはまずは赤ん坊のような存在であり、赤ん坊はどこで生まれたかは知らない、分からないけれど、となる。つまり当初の学者というのは、いつどこで誕生したかは知らない、分からないけれど、気がついてみたらヘーゲルという大学者になっていました、というものである。

こういうことは大ヘーゲルの時代を我々は知っている故に、なんとなく分かることは分かる、つまり可能である。では、中世のトマス・アクィナスの時代は分かるだろうかというと、これは分かるわけがない、すなわち学的資料はほとんどないのだから。ましてや古代ギリシャでは、である。それはゼノンを見てみれば簡単に分かる。どういうことかを説けば、あれはゼノンの書いた文章ではなく、後々の他人の書いたゼノン的文章である。「ソクラテスの弁明」なるものもそうである。後々の他人の書いたものであって、ソクラテスの文章では絶対にない。プラトンすらも自分が書いたのではないといってよいと思う。きちんと書くことが可能だったのはアリストテレスであり、それ以降の人である。何を説きたいのかは、分かるはず、である。だから限られた事実からでも、そこの論理構造をしっかりと確かめられる実力を持たなければならない。その実力を持つことが歴史に尋ねて、新しきことを識る、歴史の謎を解きほぐすということになるのであるが、当然ながらその解きほぐす歴史は現実レベルの事実としては残っていないのである。だから我々が学問レベルで論理的に、存在していたはずの事実を措定していくしかないのである。古代から考古学者がやっているようなことを、学問は現代的に存在しているわずかな欠片からすらもその時代を観念的事実として描きだし、その観念の世界の事実から論理的に、その世紀をよみがえらせるようにしていかなければならない。これが学問の使命なのである。

いずれにしてもそうしたことは、ではたとえばカントに学べばそれが分かるかといえば、そうではない。ただ単にカントの二律背反を学んでも何もできない。しかし、である。古代ギリシャからヘーゲルまでを歴史的に学んだ上で、カントの「二律背反」を学べば、まともに役に立つのである。当然ながら、馬鹿にされているカントの「物自体論」も役に立てられるであろう。当然これはヘーゲルまでを学んでいってこそ、初めて役に立てられる実力がつくのである。

講義は少しずれるが、悲しいことにヘーゲル以後、学問としての哲学を説く人間は一人もいなくなった、という現実がある。とはいえ、ここに関してはヘーゲル自身もまともには説いていないのであり、それだけにカントは当然、説く実力などは備わっていないし、トマス・アクィナスは時代性として、まだまだ大きく神学に重点がいっている。ついでながら、アリストテレスは古代ギリシャでは学的に成功することはなかったというべきであろう。なぜならスタゲイラ出身の彼はアテネの大貴族プラトンと違って、古代ギリシャの地では異端者だったからである。それだけにマケドニアの大王に乞われて、マケドニアに行き、王子アレクサンドロスに帝王教育をすることとなったという結果がある。

では、このアリストテレスの哲学はどうして、古代ギリシャ、古代ローマでは滅亡紛いになったのか、である。そしてそれが何故オリエントの帝国に伝わったのか、が問題にされてしかるべきである。

答は簡単なことである。一つはアレクサンドロスがインドまで侵略して、オリエントの大道を創ったからである。そしてペルシャを征服した偉大なるアレクサンドロスの師として知られたアリストテレスの哲学を、アラビアの王たちが採り入れて学んでいったのは当然だったといえよう。他の一つは、古代中国で秦の始皇帝が実施した焚書坑儒と同様のことを、ローマ皇帝が実施したからだと、とってよい。

# 第二章　哲学とは何か

## 第一節　哲学の原点たるフィロソフィア誕生の内実を説く

### (1) 哲学とは何かを分かるには、その原点から学ばなければならない

以上、学問と弁証法について説いてきたが、諸氏の大半がそれでもよく理解できないのは、「哲学とは何か」であろう。たしかに、哲学に関しては、私の著書で説いてきている。最初の頃は、哲学とは、学問としての世界を掌に載せること、である。次には、分かりやすい喩えとして、個別科学が一本一本の歯であるとすると、それらの歯が全部そろって物を噛む、そういう実力が哲学なのであると説いてきている。これについては本書第一編第三章で再度説いた通りである。

そこをふまえてこの講義では、哲学と学問体系と弁証法との区別と連関を説いてきた。端的には、元来「皆無」であったものが、人類の知的発展で学問となっていった弁証法と同じように、哲学という学問も、いうなれば無からの人類の知的発展、つまり無に近いものから生成し、発展してきたものとして

捉えなければならない。それに対して学問体系はそれがなくてもできると、哲学と学問体系とを区別して説いてきた。では、その学問体系と違う哲学というものは一体「何」なのかを、もう少し昔の著作に関わって説いてみたい。

先程の歯の例で説けば、それでは一体、「何」を食べるのかということを問題にしなければならない。簡単には食べ物を食べる力が哲学なのだから、哲学は一体「何」を食べるのか、を問わなければならない。それに対して個別科学は何を食べるのか、個別科学は、何を食べようとするのか、そして何を食べられなくて結果として何を食べるのか、という問題になる。ここを、まず分かることが大事である。

哲学というものは、いわゆる学問の王国における王様というものである。いってみれば、これが哲学である。つまり哲学は学問の王なのだけれども、これを学問の王というところから始めてしまうと嘘言になるのだから、恐ろしいことになる。それは国家とは何かというのを今の国家から考えてしまうと、本当の国家の実体及び実態が分からない、つまり答は嘘言になるのと同じである。政治とは何かを今の政治から考えたら嘘言になるように、歴史とは何かを今の歴史から考えたら嘘言になるように、経済とは何かを今の経済から考えたら嘘言になるように、教育とは何かを今の教育から考えたら嘘言になるように、である。

厳しく説くようであるが、いかなる御仁でも、また仮に大天才であっても、「哲学とは何か」を今の哲学から考えたら、これも嘘言になってしまうのである。「今あるものを集めて、何かを分かろうとして、何かが分かるかというと絶対に分からない」という話を、講義してきたわけである。いわゆるすべてのもの、森羅万象、ありとあらゆるものを分かるためには、まず、原点から学ぶということを分かる努力をしなければならないのは、当たり前のことだと分かるべきである。

たとえば武道とは何かを分かるためには、その原点、つまりサルではなくてヒトがなぜ闘うようになったのか、ということから分からなければならない。サルは闘わない、オオカミも闘わない、ただエサとして相手を捕って食うだけである。しかし人間は闘う。だからそこの原点からすべてを捉える努力をしなければ、すべての物事は分からないと思ってよい。だが、である。悲しいことに原点というものは分からないから、そこはやめて分かるところから始める、というのがヘーゲルであり、あるいは、分かるところだけ解きましょうというのがカントであり、現代の最新レベルから分かるところまで遡るというのが滝村隆一であったということになる。

しかし、大ヘーゲルの偉大なところは、それでも学問の原点から始めよう、ということを実践したところである。つまり古代ギリシャの学問をしっかりと学んだことである。デカルトはそれを行っていない。もちろんトマス・アクィナスも行っていない。原点をしっかりと学ぼうとしたのはカントとヘーゲルくらいである。しかし原点はやっていないけれども、原点に近いところを実践して一応、弁証法あるいは学問体系を創ったとしてよいのがアリストテレスである。アリストテレスの業績は、凄いことにオリエントに移転され、そこで採り入れられて発展させられて……、いうなればオリエントの地で完成されてしまった可能性もある。

## （2）ヘーゲルは哲学史をその原点から説いた

諸氏が哲学とは何かがどうしても分からないのは、現今の哲学というか、哲学という名の著書や授業で教わったままの哲学を、これも、これすらも哲学であると覚えてしまっているだけに、そこからどうしても哲学ということを理解しようとするからである。これに関しては大ヘーゲルが『精神現象学 序論』で次のように説いているのを想起してほしい。

> 書物の序論においては、その書物で著者が目指した目的、執筆の動機、そして同じ対象を扱ったと思われる古今の著作に対する関係などについて説明するのが慣例となっている。しかしそうした説明は、哲学上の著作においては余計であるばかりでなく、事柄の性質上、不適当であり、目的にそぐわないものである〔-scheint bei einer philosophischen Schrift nicht nur überflüssig, sondern um der Natur der Sache willen sogar unpassend und zweckwidrig zu sein.〕。
>
> （南郷、悠季共訳）

これは「学問の初めには云々ということが説かれているが、これは他の学問に関してはそうかもしれないけれども、哲学に関しては成り立たない」という説明をしているのだが、残念なことに「それがなぜなのか」は説いていない。なぜ説いていなかったのかを説けば、一つにはヘーゲルにはその意欲は十分にあったものの、著作の順序を間違えたがために惜しくも学問体系ができあがらなかったからであり、もう一つは、弁証法の偉大性というものの実感を、彼が説ききれなかったからである。ヘーゲルは「私の弁証法というものは、これまでの弁証法とは違うんだよ」ということはきちんと説いても、それがどう違うのかを説くことができていない。つまり「私の弁証法は違うんだぞ」と宣言しているだけで、その中身がヘーゲル自身にはまだ十分に分かっていなかったのである。

哲学とは何かを説くためには、以上のような段階（レベル）から出立し始めなければならない。要するに、端緒とは「何」であったのか、つまり、哲学あるいは学問、あるいはすべてのものの端緒とは、一体「何」であったのか、というところから、問題を解いていかなければならないのに、である。

しかし読者諸氏の大半は学校教育、つまり世界の学校教育、大学教育を含めてのすべての学校教育の欠点を、そのまま引きずって現代に生きている。それだけに、学問の原点を尋ねるという大事な点を想起できないのである。しかし、学校教育を受けた人にはそれができないにもかかわらず、それをまともに辿ろうと志して努力した人間が歴史上たった一人いる。それが大ヘーゲルである。それはヘーゲルの哲学研究の個人的修学の歴史を省みれば分かる、ことである。

『哲学史』にはたしかに哲学とは何かから書いてあるけれども、おそらくあれは晩年になってまとめられたものだ、といえる。それはヘーゲルの『哲学史』はヘーゲル自身が著わしたものではないからである。ヘーゲルが講義のために書いたものが、メモ書きも含めて遺っており、それらを集めて弟子たちの手で、とくにヘーゲルの長男（カール・ヘーゲル）も中心メンバーとなって、ヘーゲルの書物作成、全集を出版していったのである。端的には弟子たちがヘーゲルの何年にもわたる授業のすべてを寄せ集め、ああではないか、こうではないのかと様々に考え尽くして編集したのが『哲学史』なのだから、当然に編集者の中の意見の対立とてあったに違いない。こちらの方が良いとか、最初の三年間の講義の内容が良かったんだとか、何年の方の内容が良かったんだとかいうことがあったに違いない。しかし、そういうことはどちらでも良いのである。大事な問題はその中に横たわっているべき学的論理構造なのであるから。ところが、である。ヘーゲルの著作の編纂を行った人々は、実は言葉に囚われているといってよいのである。それはなぜかは、その人々には、ヘーゲル程の論理的な実力は当然ながら、ないからである。だから編集に際しても「この文字があった方がいいのではないか」というレベルになってしまうのが、おそらく編集者の論争の中心であったに違いない、と私には思えて仕方がない。

実際に、このヘーゲルの著作の編集に関わっては、近年のドイツではこれまでの『ヘーゲル全集』の編纂の仕方を反省して、ヘーゲルの発展の流れに即しての新しい校訂版『ヘーゲル全集』が刊行されている（その正式な原題は以下である。G. W. F. Hegel: *Gesammelte Werke*. In Verbindung mit der Deutschen Forschungsgemeinschaft. Hrsg. von der Rheinisch-Westfälischen Akademie der Wissenschaften. Hamburg: Felix Meiner Verlag, 1968 ff.）。

しかしながら彼ら編集者は、膨大な記録を手にしながら、ヘーゲルの発展の筋道がなかなか視てとれずに苦心しているようである。このことは、ドイツにおけるかつてのヘーゲル文庫所長で『ヘーゲル全集』の編集責任者であったオットー・ペゲラーの次の言からも伺うことができよう。

しかし、新たに発見された講義録や発見されたとする講義録も、できるだけ早く編集して個々に出版する傾向が強まってきたように見える。このような仕方で校訂版『ヘーゲル全集』を編成するとすれば、すぐにも数十巻からなる講義録ができるだろう。しかしそのときには、全体の見通しがきかなくなってしまうだろうし、資料が重複して退屈なものになるだろうし、大量の文字によって人間の精神までもが押しつぶされてしまうだろう。……したがって全体を圧縮することが必要なのであり、しかしそうはいっても、ヘーゲルが語った言葉はどれも、どのような意味においても失われてはならないのである。……

そしてまた、どのような原則にもとづいて、ヘーゲルの作品と影響のこの重要な部分が編集されるべきなのか。この問いについての意見が一致しなければならない。ありとあらゆる原則が今日すでに激しく議論されている。しかし原則についての決定は、講義資料の全体が概観されてはじめて下されるものである。

（オットー・ペゲラー編『ヘーゲル講義録研究』寄川条路監訳、法政大学出版局）

このようにしてヘーゲルの全集は完結されているわけだから、我々が学ぶ場合にヘーゲルの著書の一字一句に囚われても、大した意味はない、といってよいのである。そもそも、である。ヘーゲルの『哲学史』で一番大事なことは、古代ギリシャ哲学と称するものを微に入り細に入り、何年にもわたって研究しながら講義していることである。このことによって、ヘーゲルは一体「何」を学び、そして「何」

を学ぶことができなかったのか、を想いみるべきなのである。

### (3) ヘーゲルはプラトンの問答を学び「滅ぼしあった対立物の統一」といった

ヘーゲルは、ソクラテスについては詳しく説いているし、それ以上に詳しく説くのは、プラトンである。『哲学史』を繙いてみれば分かるように、プラトンについてあそこまで詳しく書きながら、ヘーゲルはなんと述べているか！　である。「去りがたい思いは残るが、以上で私たちはプラトンを打ち切ることにする」（宮本十蔵、大田直道訳『哲学史』中巻の二、岩波書店）といっている。つまりプラトンを終わりにしたくはないんだけれども、これでは授業が終わらないので、やむをえず切り上げる、と述べている。

それはどういうことかというと、ヘーゲルが古代ギリシャに学んだこと、それはプラトンの「問答」の実態についてであった。つまり、合宿生活をやって論争しながら、自分たちの頭脳活動を発展させていった、あそこがおそらくヘーゲルがもっとも憧れたところだ、と私には思える。なぜならば、ヘーゲルは、シェリングたちと論争して全員に反対され、孤立していった過去を持っているからである。ヘーゲルには、「なぜシェリングは私と大論争しなかったんだろう、プラトンのような論争をなぜ私としなかったんだろう」という悔しい思いがあったはずである。プラトンは次のようにいっている。

そもそもそれ〔プラトンが探究している事柄〕は、他の学びと同じように〔文章で〕述べることなどけっしてできないものであって、その事柄については、共に生活をしながら、数多くの対話を重ねていくうちに〔ἐκ πολλῆς συνουσίας γιγνομένης περὶ τὸ πρᾶγμα αὐτὸ καὶ τοῦ συζῆν〕、突如として、いわば飛び火から点ぜられた灯火のように、魂の内に生じてきて、その生じたものが自らを養っていくといった類いのものなのですから。

（プラトン「第七書簡」341C-D 南郷、悠季共訳）

プラトンのここに学んでヘーゲルは、合宿生活を行って、日常生活で朝から晩まで討論するというのが一体どういうことなのか、ということを一語でまとめている。それは、「滅ぼしあった対立物の統一」ということである。どういうことかというと、それが論争・闘論ということである。合宿生活の論争・闘論というのは、互いの大事な意見を互いに滅ぼしあうまで行わなければならない。つまり合宿生活であれば、お前は間違いだ、俺の方が正しい、というのが、全員が俺は正しいお前は間違っている、という論争になっていくことになる。だから必ず相手をやっつける、つまり滅ぼす、そしてその相手の方もこちらをやっつける、つまり滅ぼすべく努めるということである。だから互いが滅ぼしあう、やっつけあうのが論争であり、闘論であるということになるのである。

だからそういう点で、わが日本弁証法論理学研究会での、過去においての私と会員との論争というものは、仇敵との暴論の闘い以上というべき、まさしく滅ぼしあった対立としての闘争そのものであったといってよい。互いを潰しあって、潰されまいとして……。あれが十何年続いたのか……。脇から見ていると、互いに相容れない仇敵同士以上に見えたはずである。しかしその大論争があったからこそ、学的レベルの「生命の歴史」ができあがったといってよいのである。つまりあの滅ぼしあった対立の十数年もの長い長い闘争の歴史があったから「生命の歴史」が措定できたのであり、その十数年の滅ぼしあった歴史そのものがプラトンの説く弁証法の具体的な事実である。

弁証法というのは、相手が「Aだ」といったら、「お前は馬鹿か、本当はBだ」と反対する、そうすると「お前こそ阿呆だ、正解はA′だよ」という論争そのものであり、それが弁証法修学の具体的事実なのである。だから武道空手の組手と同じであり、互いに相手を負かしあわなければならない。たとえば組手をやって互いに倒しあうように、何年もの組手（闘論）を行わなければならないのであり、それが弁証法の修学である。このように弁証法の修学というのは、自分の思想たる認識の闘争である。自らの正当性のために相手を滅ぼすべく相手に論争をしかけることが、弁証法修学の具体的な実践なのである。

闘論というのは、単なるその場限りの口論などではない。相手の見解を潰すために朝から晩まで世界中の文献を調べる努力をして、その努力をしたことをもって、相手が知らないことを、「どうだ！」とばかりに突きつける、そうすると相手も悔しいから、相手の修学してないところを努力してきて、そこを叩く。滅ぼしあうというのは、そういう過程を内に持つことである。要するに十分な修学を積んだ上で、相手の弱い箇所を叩いて潰す、というようにである。このように滅ぼしあう、負かしあうということを合宿生活でやるのが、プラトンの説く弁証法修学の修行の実態なのである。

## （4）合宿生活で討論し続けることによって学問的な頭脳ができていく

ではそうした合宿生活を十数年もの間続けることによって、ようやく弁証法の実力ができあがるのかといえば、これはそう単純ではない。簡単には互いに相手を叩き潰しあう、そのことの連続が事実上の弁証法の修学への第一歩となりうるのだから。そのことによって、では何が形成されていくのかといえば、端的には自分と相手との双方の学問力が向上していくのである。だから、アリストテレスが二十年もの長期間、師たるプラトンの「本読み奴隷」といわれることを行ったということは、相当にプラトンや他の人々に、叩き潰され続けた年月だったはずである。だが、アリストテレスはそれでも負けじと実践できたからこそ、それが自分の学問を創りあげるための修学になっていったのである。

だから弁証法の学びというものは、自らの学問的な頭脳を創るためのものでもある。つまり、諸々の合宿生たちとの闘争は世界を知るための方法の大きな修学となり、それが弁証法修学なのである。その世界を知るための方法というのは、自分と相手が修学してきた世界の事実なるものを、互いにその事実は間違いだとしてそれを叩き潰しあうことである。だから、誰かが「私が発見した遺伝子は本物だ」というと、「それはインチキだ」として実験をやり、「ほらこっちの方が本物だ」と、実験した結果こんな事実を発見したということを示し、そういうやりとりを通して遺伝子の実態というものが次第に明らかにされていくのであり、そのプロセスこそが弁証法の修学なのである。だから相手を真剣に倒す闘論を行わないのは、弁証法の試しではあってもけっして修学とはならない。

ところが大抵の諸氏は淋しいことに初歩レベルのエンゲルスの弁証法、つまり法則的弁証法をもって科学的弁証法なのだと思っている。だが、そうではない。本物の弁証法というのは、学問の形成へ向けての、生成発展のプロセスにおける大闘論なのである。互いに滅ぼしあう対立物の統一である。私の説く「滅ぼしあう」というのは、もちろんヘーゲルの『哲学史』においては、「滅ぼしあった」(die sich vernichtet haben)となっているのは、ヘーゲルは過去の時代となったプラトンのことを論じているのに対し、私のは現在の我々の行う闘論だからである。いずれにしても、互いに相手を叩き潰さなければならない。すなわち自分も相手に叩き潰されなければならないし、そしてまた自分も相手を叩き潰さなければならない。だから、相手を叩き潰すためには、それだけに相手より修学していかなければならないということになるし、叩き潰される相手もまた、もっと学んで相手を叩き潰そうとする。

これを合宿生活で十何年行った、というのが「その事柄については、共に生活をしながら、数多くの対話を重ねていくうちに……」(プラトン「第七書簡」前出)の中身である。故に合宿生活で和気藹藹(アイアイ)と仲良くやっているのは、けっして学問を目指す人には弁証法修学的な合宿生活ではないのである。

身内を紹介するのは少し気が引けるが、現実に弁証法修学的な合宿生活を十年以上も行っているのが『護身武道空手概論』(現代社)の著者であり、また私との共著である『武道空手學 概論』(現代社)の著者の二人(朝霧華刃、神橘美伽)である。この二人は常に論争、闘論しているのであり、その成果が二冊の著作になっているといってよい。これは、武道空手の鍛錬に関しても同様なのである。

では武道空手で闘う場合は、どうしたら弁証法的になっていくのかといえば、組手を行った後に、その組手のどこが正しくてどこが間違っていたのか、ということをしっかりと闘論する。たとえばあの時このように構えた、それが致命的だった、あの時このようにして技を出したのはなぜ……として組手を行った後に闘論することである。組手そのものが討論なのではなく、組手を行った後に、それをしっかりと精査して、だからここに敗因があったのだ、だから勝つはずなのに勝てなかったのだ、として闘論することが、弁証法修学的な闘論になるのである。

だからあくまでも合宿した時には、指導者はその都度、集まって大闘論をなさなければならない。それが弁証法修学なのであるのだから。それは相手を褒め合うことではけっしてない。あえて相手の欠点を見つけて、欠点をわざと論じられて、が必要なのであり、大事なことはどちらがどう正しいのか正しくないのかということではなく、欠点を突きつけられて黙ってしまった方が、いわば負けなのである。

合宿生活であれば、それが何年にもわたって続くのであり、だから学的実力がついていくことになる。たとえばこれは碁の世界、将棋の世界も、昔々は内弟子として朝から晩までそのように、五年も十年も修行をしていたものである。掃除をしながら、炊事をしながら内弟子というものはそのようにして、三年経ってようやくに盤の前に坐ってよい、ということになる。だから足腰を鍛えて脳を鍛えて、とした上で、将棋を覚える、碁をまともに知るということになっていたのである。これは剣術の世界とて同様であった。それが修行という観点からいかなる意味を持つのか、ということを考えておくべきである。だからいつも説いているように、武道空手の修練は炊事、洗濯、水汲み、薪割り、掃除が見事に成長するための一大事なのである。私自身はそれを何十年も行ってきたのであり、師と呼ばれるようになっても何十年と行い続けていったのである。

## (5)「滅ぼしあう対立物の統一」を一人で行えるようになったアリストテレス

弁証法修学というものは、現在の我々にとって学問を構築するために必須のものである。自分が研究したり、実験したりした、自分の専門とする現実的な世界の出来事を提示して、それについて互いに大論争をする、その過程で学べるものが弁証法の実力である。つまり互いに相手を滅ぼしあうためにこそ大闘論をするのであり、その過程こそが弁証法の実力を培うのである。

では、なぜプラトンがそれを行い、その重要性を強調したのか、である。それはソクラテスの対話を見れば分かるように、ソクラテスとの対話者は、少しも滅ぼしあう闘論などしていない。つまり互いに「ああそうか、おれはこう考えたけれどお前はそうか」となり、「俺も知らないが、お前はもっと知らないではないか」というなんとも単純、平和な会話で終わってしまっている。しかし、本当の内容は違うのであり、相手を説得しようとしたけれど、どうしてもうまくいかなくて放り投げた、というのが実際のことだったのであろうと思う。それを見たプラトンが、それでは修学にはならないとして、合宿生活で互いに相手を滅ぼしあうまで闘論をしなければ意味がない、としていったのであろう。

さらにそこから、個人の頭脳の中に、対立物を創りだし、それらを一人二役でもって滅ぼしあって学問を創っていったのが、アリストテレスである、といってよい。つまりアリストテレスは、プラトンが合宿生活をして何年もかかって行ったことを、自分の一人二役で行えるようになったのである。だから弁証法的レベルの頭脳を把持できるようになったのである。アリストテレスの弁証法修学とは、プラトンの弟子が合宿生活で行ったことを自分一人（二役）で行えるようになったということであり、それが可能になっていったプロセスが、自分一人でもアタマの中で二役として、対立物の統一、相対的独立、滅ぼしあいを行っていったということである。

たとえば武道空手の修練で、自分一人で行って、自分で自分の欠点を見出して、次から次へと修練を重ねていくことによって、一人で組手をやる、そういうものである。私自身も雑踏の中で、歩きながら頭の中で組手を行ってきている。だが、である。一人、二人まではどうにか勝つことができても、三人目では敗れてしまうのが常であった。それが滅ぼしあう対立物の統一の武道的実践、ということである。私は常に頭の中でこのような実践を弁証法としても、武道としても行っていたのである。

武道空手が上達したければ、常に自分が自分を相手に組手を行っていないと実力が落ちていくのであり、だからこそ現在でもそれを行っているのである。日常生活がすべて修練でなければ必ず落ちていくのであるから、必ず人より可能なかぎり行わなければならないのであり、現在の自分を滅ぼして現在の自分よりもっと立派な自分になる、それが滅ぼしあう対立物の統一……ということなのである。

## （6）古代ギリシャの哲学は万物を知ることであった

弁証法の修学というものは、あくまでも自らの学問形成のために、すなわち自分の専門分野とするものを学問体系として完成するためにこそ必須のものである。つまりいうなれば相手を叩き潰し、自分が叩き潰される、そのプロセスの実践が、即、頭脳の活動力を高めてくれる弁証法修学の道程である。

ではこの場合の学問とは何かというと、古代ギリシャでは学問というものは哲学と呼ばれていた。フィロソフィアである。つまり古代ギリシャでは学問があったのではなく、哲学という名のものがあったのである。その哲学という名の中身は「何」であったかというと、森羅万象をいろいろと研究して、新しい知見を集めて自分のものにする、つまり万物をいろいろと知る、ということが当時の哲学という名の中身であった。すなわち哲学とは森羅万象を知り、学び、識ることの総括的代名詞であり、万物を学び識る努力をなしていることが、即、哲学とされていたのである。だが、である。当時の哲学というものを、学問体系から見ると、いうなれば単なる現象的一般性のレベルであった。なぜなら当時はまだ現象的な事実を必死になって知ることが始まったばかりであるから、そこしか見えないわけだから、現代のように、論理性があるはずもなく、まして構造に分けいるなんていうことは、到底できなかったからである。しかも「知る」という中身も、今でいうなら小学生ですら知っている中身でしかなかったのであり、それを当時は、フィロソフィア、すなわち、日本語では哲学と称していたのである。

だから哲学と学問の区別というものがなんとかつけられるようになったのは、哲学が総合学ではなくなって、つまり、哲学から個別の学がだんだんに分かれさせられて、それぞれに発展し、歴史性を持つようになってから、ということになる。このように古代ギリシャはあくまで、森羅万象を総括しての学問一般であったわけだから、いわゆる学者たる人は哲学レベルでしか修学しなかったといえよう。

しかし、古代ギリシャ以後は、そういう全学を修める人がいなくなったといってよい。かつて古代ギリシャの学者と呼ばれる人間が、一人で対象すべてを勉強したものを、アリストテレス以降は、自分が全体の中の関心のある一部のみを勉強するようになっていったからである。いってみれば古代ギリシャの学者は全科目を教える小学校の先生のようなもので、すべての学科を自分一人でやって、自分の実力をつけていったのである。これが古代ギリシャの学問であり、それをフィロソフィア、すなわち哲学といったのである。

## 第二節　哲学の形成過程の骨子を説く

### (1) 哲学の復興に貢献した中世のトマス・アクィナス

しかし、時が過ぎて、次第に学問全体たる哲学を修める人がいなくなっていったのであり、それだけに中世には哲学者がほとんどいない。しかし、時代性というものは面白いもので、哲学を復興しようともしないままに、つまり知らず知らずに哲学レベルの修学を行ったのが、十三世紀イタリアの神学者トマス・アクィナスである。彼の『神学大全』なる大著は、あくまでも弁証法的なものをアリストテレスに学んで、神学を現代的（この時代に合うよう）に完成させるための中身なのだけれども、実態は何かというと、以下のようなことであった。

中世において社会（技術など）そのものが恐ろしい程に発展していくに従って、カトリック教的神を否定する風潮がすごくなっていき、そこで、宗教的神も時代に合わせて学問的にならなければ民心が離れていく、というような教会内部での流れになっていく。だから宗教というものを神学レベルに仕上げる、つまり理論的、学問的に形成しなければならないとの風潮になっていくのであるが、理論的、学問的に形成するためには、世界的な意味での学問の発展として存在するものを学ぶしかないとなり、それがオリエントにおいて盛んになっていたアリストテレスの学問であった。そこでそれを採り入れて、宗教の教義を神学という学問の衣をまとうことになっていく、簡単には教義を学問的な体系にしていったのである。もちろんアリストテレスの学問とはいっても、その裏側はアラビア的な、つまり一旦アラビアに渡って発展させられたアリストテレスであった、ということになるが、当然にその中には弁証法的な考え方が含まれているということになる。そのようにして、アリストテレスの学的内実を採り入れて完成したのが『神学大全』というものである。

しかし、それも時の流れの中でだんだんに押し流されていくということになるのであり、だから中世は学問の暗黒時代といわれることになる。しかし本当は暗黒時代ではなく、アリストテレス以後の本当の学問の復興期であったというべきである。これについては大ヘーゲルが、いみじくもスコラ哲学を論評して次のように記しているのである。

それ故我々は全体として、二つの哲学を持つ。ギリシャとゲルマンの哲学である。ところでゲルマン哲学においては、哲学が本格的に哲学として現われた時代と、近世へ向けての形成及び準備の時期とが区別されねばならない。我々はゲルマン哲学を、それが哲学としての特有の形式をもって現われるところから、ようやく始めることができる。

また第一期と新時代との間に中間期として、新しい哲学のあの醗酵〔jenes Gären einer neuen Philosophie〕が入り込んでくる。ここでは哲学は、まだ実体的本質の中に留まっていて、〔哲学本来の〕形式を有するには至らないが、他方では前提された真理の単なる形式としてであれ、思想〔Gedanke〕を発達させる。そうして遂には、思想が再び真理の自由な根拠や源泉として認識されるようになる。

したがって哲学の歴史は、ギリシャ哲学、中世の哲学、近世の哲学の三期に分けられる。それらの中で第一のものは、一般に思想によって規定されており、第二のものは本質と形式的反省との対立に分かれる。これに対して、第三のものは概念を根底に有しているのである〔die erste durch den Gedanken überhaupt bestimmt ist, die zweite in das Wesen und die formelle Reflexion zerfällt, in der dritten aber der Begriff zugrunde liegt.〕。

（『哲学史』南郷、悠季共訳）

しかしながら、中世は神学的学問の勃興期であっただけに、その時代に哲学とされるものは、すべて本物ではなかったといえる。本来なら森羅万象をすべて一人で知るということの、その結果の中身が哲学であったのに、アリストテレスなどはスコラ学派の中で生かされるだけで、学的なものは何一つなく、いつの間にか個別的な研究に揚げ足を取られるようになっていったのである。すなわち個別的、事実的研究すなわち技術レベルの実践が中心となっていき、そのレベルの事実が明らかにされるにつれて、理論性を帯びたアリストテレス学の何もかもがいわば役立たずとして古びていき、それを個別研究者が事実に基づいた発明、発見の結果、アリストテレスなどは大きく間違っているということになり、学問的研究から遠く離れていくことになったのである。それがとうとう学的レベルが落ちるところまで落ちてしまったのが、カントの少し手前の時代であったといってよい。

## (2) カントの二律背反はゼノンの亜流なのに何故ゼノンの評価は低いのか

カントは孤高の人故に、雑音に煩わされずに真面目に自らの志のままに修学することは、可能であった。だが、それにしても彼の学的成長期の論文は、すべて自然科学系である天体と地球であった。ここから推測可能なことは、カントの頭脳は、天体及び地球から学べる法則性で思惟する能力で創出されていったのだ、ということである。簡単には、どうしてもすべての真理や認識というものが、法則的・システマティックに説明できるものでなければならないとの思考力になってしまったということである。つまりは我々が経験したものを経験した限りにおいての観念以上のものを考えてはならない、としたものが「悟性は経験を超えることはできない」という、現代にまで多くの学者に信仰レベルで用いられている、なんとも恐ろしい言葉になった。

これはつまり、カントは観念論者でありながら、観念を否定したことになるのである。では、どうしてそういう思想の持ち主になったのか、が問われるべきであろう。簡単には以下である。怖いことに、カントは若輩の頃、大学で何を教えていたのか、である。端的には、論理学、形而上学に始まって物理学、数学であった。加えて自然法学、倫理学、自然神学……となっていく。すなわち、頭脳活動が自然研究（天体・地球）であったにもかかわらず、担当した講義が、論理学、形而上学となっている。これは一体「何」を意味するのか、である。このこと（この論理構造の過程性の怖さ）を歴史上に存在した人の誰一人とて、問うことはなかったばかりか、「カント万歳」が天下の大勢だったことである。時は流れた現在、ささやかな批判を見つけることができた。恩師滝村隆一の次の名文である。

論理実証主義は、直接には物理学者マッハと数学者ヴィットゲンシュタインの理論的・方法的影響の下に、シュリック（物理学）を中心にカルナップ（物理学・数学）やノイラート（科学史・社会学他）等を理論的主導者とした「ウィーン学団」によってはじめられた。一九二〇年代中頃のことである。われわれは論理実証主義という形態をとった、自然科学とくに物理学と数学及び記号論理学との直接的抱合の底に、イギリス経験論哲学（とくにD・ヒューム以来の）と大陸の実証主義との方法的結合を看取できる。というのは論理実証主義では、「経験科学」として把えられ、従って直接の「経験的検証（確証）」が可能であると解釈された、自然科学とくに物理学と数学における〈実証的手法〉が、哲学的分析の絶対的方法として神格化されたうえで、従来の哲学的また科学的な一般的命題の一切が、直接には記号論理学を駆使した言語の論理的分析を通じて、絶対的に判定（つまりその生・死如何が）される（この点とくにカルナップ「テスト可能性と意味」『カルナップ哲学論集』所収、紀伊国屋書店、参照)。

従って論理実証主義は、直接には記号論理学という形態をとりながらも、その方法的特質は、カント・新カント的発想と不可分の論理的関連をもったイギリス経験論の伝統的発想が、自然科学とくに物理学及び数学の〈実証主義〉として構成された点にある。ひらたくいうならばその方法的真骨頂は、哲学的ないし科学的な一般的命題の記号論理学的検討を通じて、実は科学的真理の判定如何の問題を、もっぱら物理学的・数学的〈実証〉のレヴェルにひきずり込むことによって、従来の観念論・唯物論の如何を問わず、高度の論理的抽象を媒介として打ち立てられた一般的な本質論や、倫理的価値判断を含む様々な思想的・イデオロギー的見地の一切を、非科学的・非実証的な「形而上学」という烙印を押して、墓場の中へたたき込むことにあった。従ってそれは、とくにヘーゲルを頂点としたドイツ観念論の思弁的哲学体系に対する、即物的経験論者の永年の憤懣が、高度に発展した自然科学のヨロイ・カブトをかぶり、記号論理学のハイカラなマントをなびかせながら、臆面もなく登場したものといってよい。

(滝村隆一「四『滝村国家論』をめぐる論戦　1 唯物史観とケルゼン国家学の〈方法〉」『国家論をめぐる論戦』所収、勁草書房)

ここに関しては、第一編第一章でも紹介したように、大ヘーゲルが慨嘆しながら、「この時期以前に形而上学と呼ばれていたものは、いわば根こそぎ抜き取られて、学問の列から消し去られてしまった」

(『大論理学』)と説いたことである。このカントの業績は人類の認識、それもとくに学的論理の発展を大きく阻害していくことになったのは、ヘーゲルの言で分かるべきである。しかしそれにしても、カントの二律背反というのは、どうしてあそこまで評価されるのか、である。本当にカントがせめてプラトンレベルの弁証法的な土台が把持できていたのであったなら、二律背反レベルで収まることなく、滅ぼしあうべく思念し、思弁していったはずである。

では、結果として滅ぼしあったらどうなるかであるが、これは滅ぼしあうべくの結果としては、対立物の統一として完成できたはずである。しかしカントの自然科学性的認識の故に、二律背反は相対的独立で終わるしかなかったのである。すなわちゼノンのレベルにすら到達できなかったといってよい。だからヘーゲルは、「カントの二律背反は、ゼノンがここで行ったこと以上の何ものでもない」（『哲学史』第一編第一章参照）と見事に指摘しているのである。つまりカントの二律背反というのはゼノンがとっくに実証している、それは二千年も昔のことであるとヘーゲルはいっているのである。

私もかつて、この二律背反なる論理はゼノンの絶対矛盾の論理以下であると指摘したことがあったが、ヘーゲルが同じことを『哲学史』で説いているのを見て、なんだ！　ヘーゲルが説いていたのか、とびっくりもし、がっかりもしたのであった。これまでも私がいったことと同じことをヘーゲルがいっていることが度々あった。ここに関しては、面白いことが次々と起きてくることになる。

それは、私はヘーゲルを全くといってよい程に読んでいない、つまり、ヘーゲルに関しては、素人程度の無知者なのに、なぜ私はヘーゲルと同じことを説くのか、である。嫌らしい人は、本当は読んでいるのに！　といいかねないだろうが、ヘーゲルに関わっては私は何回も説くが、無知蒙昧（ムチモウマイ）そのものである。正確に説くならば、三浦つとむと滝村隆一の著書の中の引用文によっての知識がすべて、といってよい。後は弟子が、ヘーゲルの諸々の著書を持ってきて、難解な箇所を幾つも質問をしただけ！　が現実である。

では、なぜヘーゲルと同じ見解となるのか、が知りたいであろう。答は単純である。これは要するに、私はヘーゲルと同じことをやってきた、という過去がある、だけのことである。ヘーゲルは古代ギリシャからの学問を研究しての結論であり、私は、人類の戦闘を通しての歴史から、武道空手がいかにして発生（誕生）してくることになったのかの、武道一般レベルからの人類の歴史を研究した結論であったのだが……。このように研究対象は全然違うものであっても、弁証法と認識論と論理学を学的レベルで把持していけば、同じ結論（論理的帰結）に辿り着く、ただそれだけのことである。

### （3）アリストテレスからカント、ヘーゲルへの哲学の歴史

以上説いてきたように、哲学というものの原基形態は、あくまでも当時の古代ギリシャの学者が、宇宙全体、森羅万象を自分のものとして把握しようとする、その研究の成果の中身のことであった。だから哲学は原語としては、知を愛する、フィロソフィア（φιλοσοφία）というのである。そもそもソフィア（σοφία）というのは知識とか知見、博学という意味なのであり、それを博学者たらんとする、つまりその知識や博学というものを愛していますというのがフィロ（φιλο-）という語である。すなわち知を愛

する、知識を愛する、というフィロソフィアを日本語で哲学と訳した、ということになる。だから哲学というものは知を愛すること、というのが原基形態である。

その後でアリストテレスが本当のフィロソフィアを完成させた。つまり宇宙全体、森羅万象を自分のものとして把握したのが、『アリストテレス全集』の中身であったのである。しかし後の人たちは、その中身を一人で全部を受け継ぐことなく、自分の好きなところ、自分の取り組むことができそうなところだけを取りだして、そこを中心にして（専門にして）取り組んでいったのが個別科学への分化の始まりということになる。だからアリストテレス以後のヨーロッパの学者というものは、本当の意味の学者ではなく、個別研究者と呼ぶ（称する）べきなのである。すなわち森羅万象ではなく、そこから遠く離れた興味本位の個別の知見を求めていく、個別の知見を究明していく研究者となったのである。

そのような研究者に対して、これをなんとか宇宙全体のものとして捉え返そうとしたのがカントなのである。しかし先程も述べたように、カント自らの出立が物理であり、数学であったので、なんとか学問レベルの論理学とか形而上学とかに取り組んでみたものの、学的一般教養レベルがないままに自然研究を専門にした報いでどうにもならず、どうしても公式化、数式化が学問レベルだとの信念を棄てきれずに二律背反としてしまい、結果として本物の学問にはならなかったのである。だからカントが遺したものには、ヘーゲルレベルに相当する学問というものはないのである。ただカントは、経験論者ヒュームの著作に出会うことによって、大きく自分の学びを反省することになる。それは、ヒュームは経験論者であるだけに、外界からの反映たる感覚的なものとか、経験なるものを大変に重視していたからである。

端的には、自然科学重視のカントには、認識論の実力が大きく欠けているだけに、感覚とか経験とかによる頭脳の働きに大きく無知だったからである。ここから、ヘーゲルが指摘するように先験論的認識論になっていったのである。自然科学に十分に親しみを覚えた後に、いくら認識論を大事だと悟っても、すなわち、簡単に説けば、カントは今までの学的なあり方を疑い、反省したと説くことになっていくのであるが、これは無駄になるのみだったといってよい。

自然の研究で育んだ頭脳というものは、人間の内的な活動、すなわち精神活動に関しては、どうにも働かなくなるからである。簡単には、どうしても法則化したり、数値化したりする頭脳の働き（衝動）を抑えきれないことになるからである。もっと簡単には、弁証法的な頭脳活動は不可能に近く育ってきてしまっているからである。これは、デカルトとて全く同様であったといってよい。

カントとともに、なんとも有名であるデカルトは、以下のように説く。

---

哲学については、次の二つの事のほか、私は何も語るまい。哲学が最も卓抜な精神によって幾世紀このかた開発せられて来たにもかかわらず、未だに一つとしてそこでの論争の種とならぬものはなく、したがって疑わしからぬもののないことを私は見たから、この学問で他の人人よりもうまくやり遂げたいと願うほど十分な自信など持てなかったということ、それからまた同じ事柄に関しては、真なるべき意見はただ一つしかありえないにもかかわらず、いかに多種多様な意見が学識ある人人によって主張せられうるものであるかを見、真実らしく思われるに

---

すぎぬような事はすべて、ほとんど虚偽なるものと看做したということ。
（『方法序説』落合太郎訳、岩波書店）

哲学はあらゆる物事を真実らしく語る手段を与え、学識の乏しい人人はそれに驚嘆することを、……。
（同前）

以上に引用したように、デカルトは自分勝手な思いこみで哲学というものを説くのであるが、それでも一応『哲学原理』（*Principia philosohiae*）なる書物を残している。デカルトは弁証法を否定しているが、それはプラトンとアリストテレスの評価を見れば分かるように、自分の実力を棚に上げて、とんでもない解説をしている。以下、引用する。

我々に著作を遺している最初のまた最も主要な人は、プラトンとアリストテレスとですが、彼らの間の差異は単に次の点にありました。即ち、前者はその師ソクラテスの後を追って率直に認めました、自分は未だ何も確実なことを見出すことができなかった、従って、自分にとって真理らしく見えることがらを書き、その際この目的のために若干の原理を想定して、これによって他の事物の説明を試みることで満足したのだと。これに対してアリストテレスはやや率直さの点で劣っていたので、二十年間彼［プラトン］の弟子であり、また彼の原理以外の他の原理を有たなかったにも拘らず、これを持出す仕方を全く変え、彼がかように評価した様子が全く見えないのに、それらを真実で確実なものとして提示しました。ところでこれら二人の人は学才に富み、前記四つの方法で得られる知恵を豊かに具えていましたから、大いに権威が認められ、従って彼らの後に続く人たちは、何かよりすぐれたものを探究するよりは、むしろ彼らの意見に従うことに専心しました。

(「仏訳者への著者の書簡」『哲学原理』所収、前出)

当然にこれは若い頃の神学校での問答集の学習をふまえ、これそのものを本物の弁証法だと大きく勘違いをしていたからでもある。本当の問答はプラトンが説くように世界全体の知見をふまえて、答のない問題に対して徹底的な討論をなして、それらを互いに滅ぼしていくものでなければならないのに、すべて正解が出ている問答集を読んで、それが弁証法と思ってしまうだけの能力しかなかっただけなのである。デカルトに関してはヘーゲルが説くように、「とくに論ずることはない」といってよい。

それはともかく、カントの二律背反はゼノンのエピゴーネンだと思ったヘーゲルは、なぜカントはそのように、ゼノンのエピゴーネンへと至ったのかといろいろと勉強する流れの中で、古代ギリシャの修学をより深めていくことになったのである。その修学した中身が『哲学史』と『歴史哲学』の成果となっていったといってよい。そしてヘーゲルが古代ギリシャを勉強してみて分かったことは、とにかくプラトンの偉大さであった。そこでプラトンを尊敬して、プラトンが行ったことを自分一人でやろうとしたのである。かつてアリストテレスが行ったようにである。

だからどうだというと、私の見解ではヘーゲルはプラトンを学ぶことによって、プラトンの学力の凄さを知り、プラトンが行ったことで自分の頭脳の働きがよくなっていくことを実感していき、ますます凄いとなっていったと思う。しかし、大学での講義ではプラトンだけにこだわるわけにはいかないので、ヘーゲルは「去りがたい思いは残るが、以上で私たちはプラトンを打ち切ることにする」(『哲学史』中巻の二)ことにして、アリストテレスに行くことになったのであるが、プラトンに時間をかけすぎたばかりに、このことでアリストテレスの研究が、少しというより大きく足りなくなってしまったといってよい。

## (4) 哲学は体系化でようやく学問になると、ヘーゲルは説く

そもそもヘーゲルが説く哲学というものは、森羅万象そのものを自然科学から社会科学へ、そしてそこをふまえて精神科学との総括をなし、これを統括すべく一つの体系性として創りあげるべきものなのである。つまりヘーゲルが説くところの哲学なるものは、まずは、学問体系のことである。だからヘーゲルは、第一編第三章でも紹介したように、『精神現象学 序論』において、学問は、知への愛から脱却して、体系化しなければならない、と説くのである。

ヘーゲルの場合、Philosophie と Wissenschaft とは明らかに違うものであり、Philosophie は Wissenschaft にならなければならない、と説いているのである。すなわち単なる知を愛する哲学ではなくて、哲学を本物の学問に仕上げなければならない、そのためには、哲学そのものすら、学的体系を把持すべ

きである、という信念がヘーゲルの最初の出発点であった。すなわちヘーゲルが哲学と書いている実態は、いまだ Wissenschaft になっていない、というのである。

だからこそ、ヘーゲルが『精神現象学』を書いた時には、学の体系第一巻第一部としたわけである。しかし後になってそれをやめた真意というものは、ヘーゲルがこの著作のままではまだ学問体系になりえないことに気づいたからカットしたのであろう。いずれにしても『精神現象学 序論』を読めば分かるように、ヘーゲルは哲学を学問化、すなわち体系化しようと志していたのは間違いないことである。

要するに、大ヘーゲルがこの『精神現象学 序論』を説くまでは、哲学は常識として森羅万象を知的レベルで採集する、それをまともに実践する、加えて、それを愛をこめて行う、それだけが哲学であったのである。これに対して、ヘーゲルは、哲学は知識愛（Philosophie）では、どうにもならない、それだけではダメだと分かるべきである、すなわち哲学は学問（Wissenschaft）になるべきであり、学問として体系化しなければならない、そうしなければ学問にはならない、ということを声を大にして説いていくことにしたのである。またそれだけに、ヘーゲルは哲学を学問として体系化しなければならない、というところから出発していったのである。だが、である。ヘーゲルは残念ながら（本当に悲しいことに）結局それを果たせないまま、世を去ったということになる。

## (5) 哲学者になるには哲学の形成過程の歴史を辿らなければならない

ここでまず次の一文を読んでもらおう。

この問題を研究し、それについて現在知られているすべてのことを学ぶために、私は熱心に努力を重ねた。私は幼少の頃から緻密な体系的な世界観に対する要求から思索しはじめ、そしてついに人間の思惟能力の帰納的認識において満足を見出したと思っているので、その限りにおいて哲学の歴史は私の一身において繰り返されたといってもいい。

（ディーツゲン『人間の頭脳活動の本質』小松摂郎訳、岩波書店）

私は、『武道の理論』を出版した当時から、ディーツゲンのこの文章を引用するのが常態であったが、ここで「哲学の歴史は私の一身において繰り返された」とはどういうことかについて、少々説いておくべきであろう。私がこの一文に出会った時、「あぁ、これは私と同じだ」と思わず感じ入ったからである。

何を説きたいのか、と不信に思う諸氏とているだろう。簡単には、哲学の学びの実態は、「哲学の歴史」を学び通すことは必須なのであるが、これをまともに成し遂げた人はほとんどいない、といってよい。どういうことかといえば、単に「哲学の歴史」を書物の中の文字で覚えるだけで、哲学史を学んだと錯覚するから、である。だから、そのような学習で哲学史を知っただけのデカルトなどは、プラトンやアリストテレスは愚人レベルと思えてしまい、そこから、そのレベルで彼らの学力なるものを説くことになる。本当は、プラトンやアリストテレスの説くことが理解できなかっただけなのに、である。本当の学びはすなわち、「哲学の形成過程の歴史」をわが身一つで辿り返すこと、だからである。

すなわち、本当の哲学者になるためには、「哲学の形成過程」の歴史を辿る（一つ一つの学をわが身一つの成長として学んで身につける）こと、であり、その実践なしには本物の哲学者になることは不可能だ、ということである。そんな困難なことを⁉　と諸氏は思うはずである。その通りに歴史上、これを実際に実践した（できた）人は僅かに三人しか存在していない。

その三人とは、まずは、アリストテレスであり、次にヘーゲルである。三人といいながら、どうして二人なのか、との疑問があろう。三人目は実はトマス・アクィナスである。

で、あるのだが、どういうわけか知らないが（これは枕詞である）、この大哲人は歴史上では棄てておかれているのである。理由は、著述した書物が、『神学大全』という書名であり、どうにも哲学らしさがないからである。だから誰しもが、『神学大全』がどうして哲学なのだ、と思ったとしても、不思議さはないわけである。

だが、である。アリストテレスが「第一哲学」と表現しつつ論述したものを、後世の編者が「わけも分からないまま」に「形而上学」となしたように、この書物のことを考えることが可能な何かがあったと思うはずである。「何かが⁉」との疑問があるだろう。端的には、その実態は神学という衣をまとった「哲学」だから（でしかないから）である。ここを読みとれた人はまだ誰も存在していない、はずだといってよい。

だが、歴史に賭けて説いておくが、実際はこの中身には、これは偉大なる哲学書であると説くべきものがあるからである。諸氏もまともにこの書の目次を、しっかりと読み返してほしい。『神学大全』で大事なのは、第二部の構成の最初の部分である。

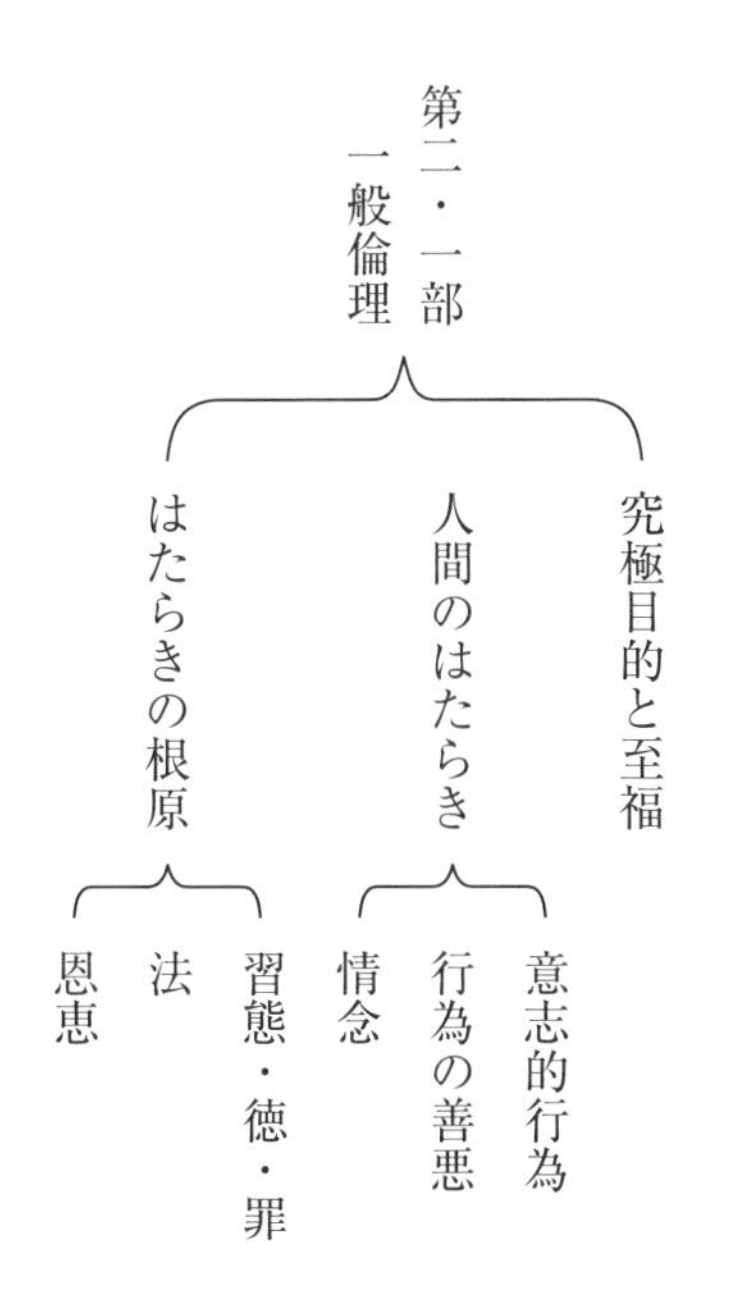


（『世界の名著20 トマス・アクィナス』山田 晶編、中央公論社より抜粋）

簡単に記したが、この構成はうっかりすると、ヘーゲルの『法の哲学』は「ここを少し真似したのでは……？」と思えるくらいである。『法の哲学』が哲学であるなら、トマス・アクィナスのこれとて、十分哲学であろう。以上の理由をもって、私としては計三名を挙げるべきだ、とするのである。そして、この三人だけが、先に説いた、哲学の形成過程を一身の上に繰り返したといえる。

アリストテレスは、古代ギリシャに生きている以上、それまでの哲学の歴史を生きるのは、当然だとはなるのであるが、それでも古代ギリシャの学問を総括できたのは彼一人なのだから、やはり偉大というべきである。ヘーゲルは、これまた古代ギリシャをしっかりと大学の授業を通して教えてきており、かつ、デカルト、カントの時代までを総括しながら、自分としての哲学すなわち、愛の哲学から学としての体系を持つ哲学へと導いてきただけに、これはまた世界初の偉業である。

では、トマス・アクィナスは、というと、大抵の人は論じたがらないが、彼はスコラ哲学の大成として『神学大全』を著わしたのである。そしてこのために、アリストテレスに深く学び（だけではなく、スコラ学派がオリエントからアリストテレス学を呼び戻した偉大さを含め）、オリエント的アリストテレス学を見事に西欧的哲学の復興の大きな一助となしているからである。

## （6）哲学とは学問の総括であり、かつ統括となるものである

学問というものは、弁証法性を有する、すなわち人類の頂点たる人々の英知の結集の歴史を重ねながら生成発展するわけだから、一般的には古代の学問というのは、生成発展して中世の学問になっていき、中世の学問は生成発展して近世の学問になっていくようになる。これは学問を修めていく当人が意識していようがいまいが、である。とはいうものの、この歴史性は正当なものとして、発展していくのかといえば、それはまた別の話となる。

どういうふうに別の話となるのかは、これは時代性に関わるからである。大学者になる素質を持って生まれたにしても、その時代がその人に合わなければ、まともには学ばないだろうし（デカルト、カント）、まともに学ぼうと努力しても、当人が、別の意識を持ってしまえば、これはどうにもならない。簡単な例で説けば、大秀才の誉が高くとも、恋愛にウツツを抜かしたり、あるいは、サッカーの方が大好きだ

となったり、または親が亡くなって意気消沈したり……である。大秀才、必ずしも時代の風に見事に吹かれるとはかぎらないものである。まして、私のように、生来の怠け心で育った人間でも、そしてそれが武道にウツツを抜かしていっても、偶然のことで弁証法と出会って、そこに生命を賭けることになっていても、である。もし、それでも私が弁証法は哲学の生まれ変わりで、弁証法を学ぶことが全学（自然科学・社会科学・精神科学）の王（キング）となれることだと錯覚していく二十年間がなかったならば、現在この『哲学・論理学原論』を執筆している私は存在しなかったはず、だからである。

それはともかくとして、哲学の歴史とは何かをヘーゲルに説いてもらえば、次のようになる。すなわち、「ミネルヴァの梟は黄昏に飛び立つ」ということである。先述したように、梟というのは、学問の神様である。すなわち、いろいろな分野のいろいろなものに関する研究が進んで、ある時までの間に、それが総括されかつ統括されなければならない時期が来る。この時に、ようやく学的成果たる梟が飛び立つのである。それが時代としての哲学の完結だと、ヘーゲルは説いているのである。つまり哲学たる梟というものは、何世紀にもわたる学問の総括であり、かつ統括であるということになる。しかし、総括レベルならばともかく残念ながら統括まで進めた人は、まだ歴史上誰もいないのであるが……。だから古代でいえば、アリストテレスが初めてミネルヴァの梟を飛ばした、つまり古代の学問の総括を実行し、それ以後を次の時代に委ねたわけである。少しずれるが、ヘーゲルはアリストテレスの『形而上学』について言及しながら次のように説いている。

まず注意すべきことは、およそ知を愛する〔哲学する〕ようになるには、民族の精神的な教養がそれなりの段階〔にまで達すること〕が必要である、ということである〔Zuerst ist zu bemerken, daß eine gewisse Stufe der geistigen Bildung eines Volkes dazu erforderlich ist, daß überhaupt philosophiert werde.〕。「生活の窮乏を懸念する必要がなくなった後で初めて、人は知を愛することを始めた」とアリストテレスが述べているようにである〔》Erst nachdem für die Not des Lebens gesorgt ist, hat man zu philosophieren angefangen《, sagt Aristoteles;〕。というのは、哲学は自由で、利己的でない行為であるから、まずは欲望の不安がなくなり、精神が自己の内で強くなり、高揚し、堅固となって、情熱が滅却され、普遍的な諸対象を思惟するためにはそれだけ意識が先へと進んでいなければならないからである。（『哲学史』南郷、悠季共訳）

ここで説かれているように、学問を構築するためには、時代としての余暇がなければならないのである。これはまさしくその通りである。古代の哲学というものを、自らの一身の上に繰り返すためには、古代の哲学の実力というものを、自分の頭脳の実体的・機能的実力に育てていかなければならない。しかしここで諸氏が大きく勘違いしてしまうことは、それらの哲学そのものや、歴史を覚えていけばよい、と単なる学習レベルで捉えてしまうことである。大学入試問題は、問題が解ければ合格だけれども、それはその問題を創る実力がついたわけではない。そこを諸氏は錯覚している。どう錯覚しているかは学問は本来は学習レベルではなく、人生を賭しての修学だからである。

学問というものは、問題は自らの修学で創るものである。すなわち森羅万象に関わって、それはどういうことだろう、これとこれはどういう関係があるのだろう、これはこうなったら、後はどうなるのだろうという問題は、体系性を把持する形式を保持させながら自分で創りだすものなのである。簡単には問題というものは、世界的に歴史的に、人類百万年の歴史で、誰もが説いたことのない問題を問題とすることである。そのような問題を創りだすことが、学問上の問題なのであり、それを説（解）くことが、学問なのである。昔々アリストテレスが出てくるまでは、いろいろな問題を解く人はたしかにいたけれども、それはいってみれば、今でいうところの自然科学に対するそれなりの知見レベルであった。分かりやすくいうと、この植物はこんな花が咲くとか、この動物はこんなエサを摂っているとかいう、現象に関わっての事実の集大成レベルであった。

それらを幼いながらも思弁できて、形而上学レベルで問題にしえたのが、アリストテレスの『動物論』等々であるということになる。しかしながら、アリストテレスの論文というのは、あくまでもまだ、対象的事実を思弁して論理化しにかかっただけだから、本当の意味での形而上学にはなっていないし、なりようがないのである。本当の意味での形而上学というのは、対象を、論理を中心として説き、それを体系化すべく展開したものである。だから思弁力を駆使して形而上学的なアタマを創って初めて、そこから哲学が学としての体系性を把持していくことになる。

したがって、思弁力を駆使可能にすることによって形而上学的な頭脳を創出しなかった人は、本物の哲学は到底、創出することはできない。そこを「後悔」レベルでようやく悟ったヘーゲルは、「しまった。

こんなに早く『大論理学』を書くんではなかった。本来は自然科学を含めての全学の基礎を修学すべきだった」と反省して、『エンチュクロペディー』へといったのである。だからその後初めて、本当の哲学の道を深めることができるようになったのである。

だから少なくとも、生物学を学問として確立したい人が行わなくてはならないことは、生物学者の歴史を、わが一身の上に繰り返していくということであり、それくらいは実践できないと、学問としての生物学という書物は著わせないのである。たとえば、古代ギリシャにある植物論や動物論を見てみれば、それらはすべて現象論でしかない。しかし、それが人間の頭脳活動の最初たる端緒になるわけだから、その現象論、現象学というものができる頭脳を構築する。そして次の世代、すなわち、四世紀後あたりの学者とされる人の頭脳を、古代の頭脳の上に自分の重層的頭脳として構築していく。つまり、「この人はこんな具合に研究をして、こんな植物誌を書いた、このように動物を調べて動物誌を書いた、そうだよ、これはすごい人だ、よくもここまで書けたよな」という人物を選んで、それらを一人の人間の歴史として自らの頭脳の重層化を図っていくことである、となることが肝心なのである。

ところが、諸氏の大半は違うだろうと思う。それらの著作なり、人生論を読んで、「こんなことは今は誰でも、小学生だって知っている」でお仕舞いにしてしまうはずである。そして、歴史性としての生物学者の頭脳の歴史を辿ることをまずはしない。本来はそうやってこそ、そのように辿って初めて、本物の学的な頭脳になるのに、である。

これは、武道空手の場合とて同様である。古代に武道空手というものは存在しない。何があるかといえば、戦闘に用いる武術の基本である。まずは馬に乗って走りながら、槍を使えること。それも鎧・兜で身を固めてである。それから歴史を経ることによって、馬ではなく、闘う馬車に乗る。やがて鎧・兜も役立たずとなって、決闘レベルでの一対一の闘いとなる。それを一身の上に繰り返さなければ武術の歴史は大成できるようにはならない。そういうような武術の歴史を、武術の歴史として知るのではなくて、自分の身体できちんとその武術を創出して……。

そうやって現代の武道空手の闘いにまで到達できなければ、武道というものは学的にはならない。そうして初めて、日本刀の凄さとか、日本の武術の凄さが分かっていくのである。これは武道の本だけいくら読んでも、また、いくら修練に励んでみても、絶対に修得できない、つまりダメなのである。これと同様なのが、哲学の修得への道なのである。

## (7) 哲学の歴史を繰り返すとは、歴史上の人物に頭脳の働きとしてなりきることである

元に戻る。哲学の歴史を一身上に繰り返すということは、第一編第三章でもヘーゲルの文言（「自然的意識を本来的にしっかりと創りあげていく」『精神現象学 序論』前出）を取りあげながら問いたように、学的に生成発展してきたものを、自らが自らの頭脳の働きとして辿っていくことなのである。辿っていくというのは、書物上の文字で辿るのではなく、自分が「そうだよ、それは本当だよ」と納得して、自分がまずは、ソクラテスになり、そしてプラトンになり、アリストテレスになり、デカルトになり、カ

ントになり、フィヒテになり、シェリングになりして、次に「あぁ、ここまでヘーゲルというのは、プラトンとアリストテレスの学恩のお蔭で、カントは当然としてフィヒテやシェリングを追い越したんだなぁ」、と分かることが大切なのである。

今の私はこうして、ソクラテスからヘーゲルまでを自分の頭脳上に繰り返した結果として、ヘーゲルの『精神現象学 序論』の内実（頭脳）にまで成りきることができたから、カントやヘーゲルの書をほとんど読んでいなかったにもかかわらず、カントやヘーゲルの書いたものを読んだ瞬間に、自分の書物のように解説することができるようになっていったのである。

赤ん坊の時は赤ん坊のアタマになりきらなければ、赤ん坊の気持ちになれない、二、三歳の子どもの時は、二、三歳の子の頭脳になりきることが大事であり、これが小学生のアタマを持っていたら、それはやがてバカな頭脳になっていくのである。しかし、今はそういうバカを教育によって創ろうとしている。それが現代の大秀才たちが簡単に起こしている犯罪の多発状態といってよい。

いずれにしろ、歴史を一身の頭脳の中に繰り返すとは、歴史上の人物の頭脳になりきることである。たとえば、「私がアリストテレスだったら、ここの問題はこう解くな」と、現在の現実の問題をアリストテレスになりきって解いてみればよい。その人になりきるとは、これを諸氏の知っている言葉で説けば、弁証法の観念的二重化である。だが、である。諸氏は、観念的二重化という言葉を十分に知っていながら、その中身を実際に実践しようとしない。だから、駄目なのである。

たとえば生物学者になりたければ、アリストテレスは当然ながら、ダーウィンやラマルク、あるいはヘッケルになりきってみればいいし、これが一身の上に繰り返すという中身である。私は、自分を馬鹿だと思っていたから、そういうこと、すなわち相手になりきることができたといってもよい。考えてもみてほしい。ソクラテスなどというものは、現代から見たら、本当の低能児レベルの知識であり、言語表現である。現代の中学生の理科、数学の学力すらない、のである。プラトンだって、今から見れば、中学の三年か高校一年程度である。だからこそ、その過程をしっかりと自分で自分の実力で辿る努力を為すことによって、現在の世界的知見までの実力に到達することが肝心なのである。

以上、哲学とは何か、そしてそれは学問とどう関係するのかを、哲学の原基形態、すなわち、哲学と称されているものへの発生時点まで遡り、簡単ながらそれを歴史的に説いてきた。

# 第三章　論理学とは何か

## 第一節　哲学の生成発展の流れで論理学が誕生してくる所以を説く

### （1）学問は素朴一般性、現象論を通して深まり、そこから構造論へ発展する

論理学というものは、簡単に説けば我々が自分の頭脳の働いた全体を組み立てる時に、つまり考えた物事を体系化する時に、順序通りにしっかりと考える力を養うための学問である。簡単には、道を創った場合、その道をただただ並べてこれは何処かへ至る道、あれは別の処へ至る道である、としておくのではなく、すべての道を筋を通してあたかも一本の道であるかのごとくにシステム化し、それを体系化していくことの学問である。一言では、すべてを連結できるように筋道を立てて対象を把握する頭脳を創りだすのが論理学の学的使命である。これに対して、弁証法というのは筋道を立てて、というわけではない。すなわち、「変化発展」ということをしっかりと忘れないようにして対象を見てとる頭脳活動

力を養うのが弁証法であった。また認識論というのは人間の頭脳がどのように創られてきて、その人がなぜそのような頭脳なり心なりを持つようになったのかを、分かるようになるためのものであった。

しかし論理学は弁証法とは大きく違うのである。端的に説けば、論理学は世の中の出来事を全般にわたって、かつ、それを地球全体の出来事全般をふまえながら、筋道を立てて考えられる頭脳を創る学問なのである。別言では、自然、社会、精神を地球歴史全般をふまえながらの論理性として把握し体系化するための学問である。

この論理学について、歴史上、哲学者とされるデカルト、カント、ヘーゲルは、どのように捉えていたのであろうか。以下に引用しよう。まずはデカルトからである。

しかる後に、彼は論理学の研究もしなければなりません、ただしスコラの論理ではありません、というのはこの論理は本来言えば、すでに知っていることを他人に理解させるか、或いはそれどころか、知らないことについて、何の判断も加えずに多くの言葉を述べるかする、手段を教える論弁術にすぎず、かようにして良識を増大するどころか、むしろ駄目にするものだからです。そうではなくて、我々の知らない真理を発見するために、理性を正しく導くことを教える論理学です。そしてそれは大いに慣用に左右されますから、長い間数学の問題のような容易で簡単な問題について、その規則を実践して練習するのがよいのです。

（デカルト「仏訳者への著者の書簡」『哲学原理』所収、前出）

こうしてデカルトは、スコラの論理にとって代わる主要な規則なるものを次のように提示する。

論理学を構成させた多くの教則の代わりに、守ることをただの一度も怠らぬという堅固一徹な決心をもってしたならば、次の四つで十分である、と私は確信した。

第一は、明証的に真であると認めることなしには、いかなる事をも真であるとして受けとらぬこと、すなわち、よく注意して速断と偏見を避けること、そうして、それを疑ういかなる隙もないほど、それほどまで明断に、それほどまで判明に、私の心に現れるもののほかは、何ものをも私の判断に取りいれぬということ。

第二は、私の研究しようとする問題のおのおのを、できうるかぎり多くの、そうして、それらのものをよりよく解決するために求められるかぎり細かな、小部分に分割すること。

第三は、私の思索を順序に従ってみちびくこと、知るに最も単純で、最も容易であるものからはじめて、最も複雑なものの認識へまで少しずつ、だんだんと登りゆき、なお、それ自体としては互になんの順序も無い対象のあいだに順序を仮定しながら。

最後のものは、何一つ私はとり落さなかったと保証されるほど、どの部分についても完全な枚挙を、全般にわたって余すところなき再検査を、あらゆる場合に行うこと。

(『方法序説』前出)

またカントは次のように説いている。

悟性及び理性一般の必然的な諸法則についての学、すなわち、同じことだが、思惟一般の単なる形式についての学を、我々は論理学と呼ぶ。

〔Diese Wissenschaft von den notwendigen Gesetzen des Verstandes und der Vernunft überhaupt, oder, welches einerlei ist, von der bloßen Form des Denkens überhaupt, nennen wir nun Logik.〕

（G・B・イェッシェ編『カント論理学講義』南郷、悠季共訳）

論理学とは、実質においてではなく、単なる形式に関わっての理性の学であり〔注〕、それは特殊な諸対象についてではなく、すべての対象一般に関わっての、思惟の必然的な諸法則についての先験的な学問である。よって、それは悟性及び理性の正しい使用一般についての学問であるが、それは主観的な、つまり悟性がどのように思惟するのかといった経験的な（心理学的な）諸原理に基づくものではなく、客観的な、つまり悟性がいかに思惟すべきであるのかといった、先験的な諸原理に基づいての学問である。

（同前）

〔注〕この一文は、別の版では、「論理学とは、単なる形式に関わってではなく、実質に関わる理性の学問である」と逆の表現になっている。これはおそらくカント自身が、後で説き直した可能性もある。

〔Die Logik ist eine Vernunftwissenschaft nicht der Materie, sondern der bloßen Form nach; eine

Wissenschaft a priori von den notwendigen Gesetzen des Denkens, aber nicht in Ansehung besonderer Gegenstände, sondern aller Gegenstände überhaupt; — also eine Wissenschaft des richtigen Verstandes — und Vernunftgebrauches überhaupt, aber nicht subjektiv, d.h. nicht nach empirischen (psychologischen) Prinzipien, wie der Verstand denkt, sondern objektiv, d.i. nach Prinzipien a priori, wie er denken soll.〕

以上のデカルトやカントに対して、ヘーゲルは次のように説いている。

論理学とは純粋理念の学問、すなわち思惟の抽象的要素における理念の学問である〔Die Logik ist die Wissenschaft der *reinen Idee*, das ist der Idee im abstrakten Elemente des *Denkens*〕。

この規定に関しても、この予備概念の中に含まれる他の諸規定に関しても、哲学一般に先だって立てられる諸概念と同様のことがいえる。すなわちそれらは全体の見通しから、そしてまたその見通しに沿って汲みとられた規定だということである。

論理学とは、思惟と思惟の諸規定と諸法則との学問である、という人もおそらくいるであろうが、しかし思惟としての思惟は、理念がそこにおいては論理的であるような普遍的規定性もしくは要素をなすものなのである。理念は形式的なものとしての思惟ではなくて、それは思惟の独自の諸規定と諸法則との自己発展的統体性〔die sich entwickelnde Totalität seiner eigentümlichen Bestimmungen und Gesetze〕なのであり、これらの規定と法則とを思惟は自己自身に与えるのであって、思惟がすでにこれらを有していて自己内でこれらを見つけ出すというのではないのである。

（『エンチュクロペディー』南郷、悠季共訳）

そこで論理的なものは、修学の始めにおいては、このような意識された力として精神の前に現われるものではないとしても、精神はその修学を通して自己をあらゆる真理の中に導く力を感得しないわけはない。論理の体系は影の王国であり〔Das System der Logik ist das Reich der Schatten〕、あらゆる感性的な具体性から解き放たれた、単純な本質性の世界である。この学問の修学、この影の王国に滞在し研究に携わることは、意識を絶対的なものとして形成し、養成することなのである。

（『大論理学』南郷、悠季共訳）

ここに見られるように、デカルトは従来の伝統的なスコラの論理学を、「知らないことについて、何の判断も加えずに多くの言葉を述べるかする、手段を教える論弁術」にすぎないとして、あっさりと切り棄てている。また、カントは「思惟一般の単なる形式について」の学であるという。

これに対してヘーゲルは、「思惟と思惟の諸規定と諸法則との学である、という人」を暗に批判しつつ、「理念は形式的なものとしての思惟ではなくて、それは思惟の独自の諸規定と諸法則との自己発展的統体性」であるとして、論理学を「思惟の抽象的要素における理念の学」であると述べている。

このヘーゲルの論理学について、先に紹介した波多野精一は次のように簡潔に説明している。

ヘーゲルの哲学は徹頭徹尾精神哲学なり。其の対象たる絶対者は理性即ち精神なればなり。されどその精神は自然界及び意識界（即ち狭義の精神界）として発現す。是等両界に発現せる思想即ち意義を解釈するは自然哲学及び（狭義の）精神哲学なり。精神は又かかる発現を離れ、赤裸裸の姿に於て認識せらるべし。是の純粋精神即ち（ヘーゲルの語を用うれば）「世界創造前の神」を対象とするは論理学なり。今左に論理学よりはじめて彼の体系を略述せん。

論理学

論理学は範疇の学問なり。其の範疇は、カントに於ての如く、人間の悟性作用の形式のみにあらで（既に論ぜし所によりて明かなる如く）寧ろ世界思想の開展の形式たり。されば論理学は、ヘーゲルに於ては、又同時に形而上学たるなり。（『西洋哲学史要』前出）

ここで波多野は、ヘーゲルにとっての論理学というのは、カントのような「人間の悟性作用の形式」のみではなく、「世界思想の開展の形式」であると、その特徴を簡潔に示している。

さてこのように考えたヘーゲルが、そこをまともに実行しようとして書いたのが、『エンチュクロペディー』である。これは別名「哲学的諸学綱要」とある著書である。ところが残念なことにヘーゲルは、

『エンチュクロペディー』を著わす前に『大論理学』なるものを書いてしまって、そのことで自分の頭脳を見事なまでに固めてしまったから、つまり、それだけで概念規定をしてしまったから、その概念規定に大きく縛られてしまっただけに、「哲学的諸学綱要」たる『エンチュクロペディー』の実態がどうにも本物にならなかったのだといってよい。

だから、マンガチックに説けば『エンチュクロペディー』は、現代における自然の研究はこのようなことです、精神の現在の研究状態はこのようなものです、という中身で終わるしかなかったのである。本来ならヘーゲルは、まず『エンチュクロペディー』を著わしてから、そこで体得できた論理構造を把持して、『大論理学』の著述へと向かうべきであった、つまり『エンチュクロペディー』の著作からその中身の論理を引きだして、その論理そのものを研究し、そこから得たもので『大論理学』(の論理構造)としなければならなかったのに、学的若さのあまり、ヘーゲルはそこを大きく間違ってしまったのである。それはヘーゲルが、勝手に認識の研究のみで得た概念というものを、学的としてしまうという誤謬を犯したからである。

本来、学問としての論理学とは、世の中の出来事を全般にわたって、かつ、それを地球全体の出来事全般をふまえながら、筋道を立てて考えられる頭脳を創る学問である。別言では、自然、社会、精神を地球歴史全般をふまえながら論理性として把握し、論理の体系化を図るための学問である。

以上を初心者向けに簡単に説けば、労働する、研究する、研鑽する、対象的事実のすべてを一般化、特殊化、個別化した論理として捉え、それらを法則化し、かつ対象から反映された認識を論理化（一般化、表象化、抽象化しての概念の確立）、かつまた、体系化可能となる「論理の筋道を立てられる実力養成」のための学問なのである。

カントはこの能力について、感性、悟性、理性などと単純に分けて説明しているが、この論理学の成立過程が可能となりうるためには、当然にそのための歴史性を持った頭脳活動の訓練、修学過程が要求されることになる。この過程に応じられるものの一つが、カントやヘーゲルが長い長い時間をかけて学びとることになった古代弁証法の創立過程への学び、すなわちゼノンからソクラテスを経てプラトンまでの弁証法の生成発展の過程そのものである。そうやって成立できた弁証法と認識論を用いて、ようやくのことに論理学の過程性が歴史上に昇ってくることになる。

しかしながら通常の学的研究者は、図を用いて説くならば、この三角形の図の一番下（〔図1〕の①）に存在するもの、すなわち現象形態、姿形として見えているもの、現われているものを目指すべき事実として、これらを究明していくことになる。しかし、である。これらだけを究明していっても、どんなに学問化しようと努力してみても、せいぜい現象レベルで説くか、あるいは論じるか、にしかならないのである。つまり、事実の表面を辿っただけということにしかならず、これは分かりやす

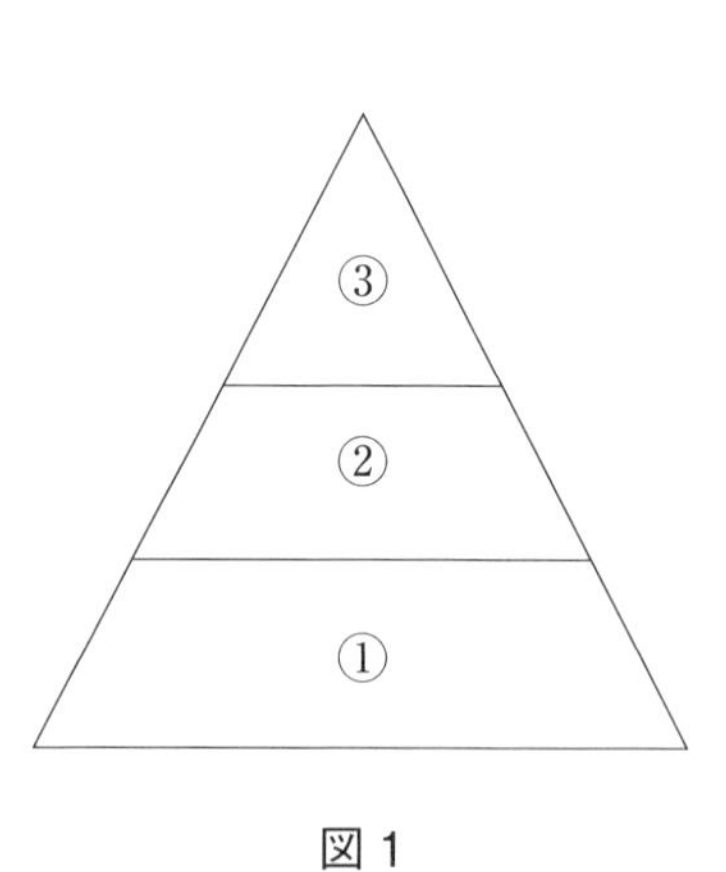

図1

くいうと、身体をまともに解剖したことのない東洋医学のレベルで終わることになる。

では東洋医学の中身は何かというと、身体の表われている面からしか病気を診察できない（身体内部の構造に立ち入れない）、すなわち身体の内部、つまり実際の筋肉や骨やとくに内臓の実体には分け入らないのが東洋医学である。たしかにそれでも病気は治せるのだけれど、病気とは何かをまともには確定できないことになる。だから東洋医学では、薬も対症療法の薬は処方できず、必ず身体の根本から治す薬しか創れないのが、いわゆる東洋医学に書かれてある薬の処方となる。

このように一番下①の現象論だけでは学問としての理論体系は創出できないのである。学的理論体系にするためには、この部分（三角形の図の真ん中〔図１〕の②）がなければ、どうにもならないといってよい。ここの部分がいわゆる構造論である。しかし、ここ②の構造論を構築するためには、その上のこ〔図１〕の③がなければどうにもならない。この③が一般論である。だから理論体系を創りあげたいと思うなら、最初は一般論というものを素朴ながらにも持って、始めなければならないのである。

たとえば、一般論とは世界とはこのようなものだ、太陽とはこのようなものだ、太陽系の生成発展とはこのようなものだ、地球とはこのようなものだ、というレベルの一般的な思いを把持して、つまり全体の姿を適当でもよいから把持して諸々のものを見ていく、太陽系の諸々のものを見ていく、地球の中身というものを思い描いて尋ねていかなければならない、ということである。

そういう過程を経てどうにかできあがってくるのが、簡単な構造論となる。そういった構造論がないまま、現象論だけにしがみつくのであれば、見えているもの（反映してきたもの）から創りあげた理論となってしまう。これでは中身が分からないから、対象を貫く論理として一体化すなわち学的に理論化することができないのである。それ故、まだまだ現象論の第一歩でしかないアリストテレスの学的理論は体系化など、到底できようもないのである。

### (2) 概念は生成発展する対象の構造をふまえるとできあがる

概念という意義を内に含む言葉は、対象を究明していく途上で少しずつ、文字化されながらできあがってくるものである。たとえば武道空手をいくら学んでも、当初は、何が武道なのか、何が空手なのかは分からない。どんなに究明してみても、何も分からないものである。何十年もの研鑽の後にそれの論理構造を分かることによってようやく武道とは何か、そして空手とは何か、という実態かつ実体がどうやら視えてくるようになってきて、それを論理性として捉えることが可能となれば、なんとか、武道とは○○である、空手とは××である、との素人的把握、すなわち、概念化への第一歩となっていく。これを、最終的に本質レベルで捉え返したものを学的レベルで概念というのである。

だから、武道という概念、あるいは護身という概念は、武道に関わっての事実、護身に関わっての事実についてのあらゆるものを実態的に究明してそれを本質レベルの一般性で説くことが、武道とは、護身とはという概念規定が可能になるということである。学問史上、初めて学的概念を求めた大ヘーゲルが『精神現象学 序論』に「それ故学問の研究において重要なことは、概念の労苦を自らに課すことである〔Worauf es deswegen bei dem Studium der Wissenschaft ankommt, ist die Anstrengung des Begriffs auf sich zu nehmen〕」と書いているが、これは大ヘーゲルだから、彼が史上初めて、その概念レベルに論理性を高めることができたが故の、自らの現在までの大変さ、そしてこれからがもっと大変な労苦であることを記したこの「概念の労苦」というものは、「概念を創るのは大変なんだよ、五年十年ではできないんだよ」というヘーゲルの嘆きの言葉そのものなのである。

では、なぜ、ヘーゲルは概念の労苦などという言葉を書いているのかは、説いたように、概念の労苦なるものは、武道一つとってみても、護身一つとってみても、とてつもなく大変なことだからであり、そういうことを、我々はまず現実で分かることから始めるべきである。

だが、である。いかなる読者諸氏であっても、どうしても概念というものが存在している、現実にある、と錯覚してしまうことであろう。しかし、大ヘーゲルが説くように概念はあるのではない。端的には自分の頭脳で労苦して、その労苦の中から創出しなければならないのである。法医学の概念も、法の概念も、医学の概念も、さらには概念という概念も、である。ともかくすべて自分の頭脳で創出していかなければならないのであり、これを創出していく過程こそが別途ながらも〔本当は直接的同一性であるが〕学問形成過程にもなっていくのであると、諸氏にはもしかしたら諒解可能であろうか。理由は、ここまでの本論の中には、このことの内容というか、内実はすでに何回となく説いたことだからである。説いたことというのは、学問形成過程はこれは直接に弁証法の形成過程である、ということである。

学問形成のために必要なものが弁証法的実力形成過程であるだけに、肝心の弁証法の形成過程を知らないと〔学ぶことがないと〕、学問という概念は創れない、つまり学問形成は概念創出過程だから、である。この過程こそが弁証法形成の過程そのものだからである。なぜなら、概念を創るために対象とする実体たる外界も内界としての認識つまり頭脳も、その働きも、これらはすべて互いに生成発展している、つまり、弁証法的だからである。分かりやすく説くならば、葉っぱという概念を創ろうとする場合、いろいろな葉っぱを見なければならない。だが、葉っぱそのものは実に様々であり、千変万化でもある。檜（ヒノキ）の葉も杉の葉もそれぞれ違っており、それぞれが日々違って変わっていく、それらを葉っぱという一つの概念にするのは、これはアリストテレスの時代ではとても大変なことだったのである。

それは分かったということで、そこから先の葉っぱを知ろうと調べていくと、葉っぱは枝から出ている、枝を調べてみると枝は幹から出てくる、では、枝と幹はどのような関係かということが問題となってくる。では、幹は何とつながっているのかということになると、その先に根っこが出てくる、そしてその根っこは土によって生かされていることが分かり、その土の中には虫がいて、それを栄養として土が生かされてということになる。簡単に説けば、葉っぱとは何かという概念を創るためには、葉っぱと周囲のつながり、その周囲を含めた生成発展のすべてを究明しなければならないことになる。

以上のように、「概念を創るというのは、五年十年どころか二十年の月日があってようやく創られるものだよ」ということを当のヘーゲルは書いているのに、どうしたことか『精神現象学 序論』を書いた後、すぐに自分は対象をまともに究明することもなしに、『大論理学』で勝手に概念なるものを創出して（説いて）しまったのである。ヘーゲルの『大論理学』の欠点は、原題は「論理の学」（*Wissenschaft der Logik*）としているが、まともにはまだ学問ではないということである。学問は体系でなくてはならない、と本人が『精神現象学 序論』に書いているにもかかわらず、『大論理学』には、体系などはどこにもない。せいぜい論理の研究くらいの中身しかない。『エンチュクロペディー』を著わした後に『大論理学』を書いていたらこんな無様なことはなかっただろうし、本物の概念規定ができたかもしれないのに、が私の所感である。端的には学問構築過程の順番を間違えると大変なことになるというのが教訓である。だから、デカルトが、自らの著作にプラトンとアリストテレスを悪しざまに罵っている箇所があるが、デカルトにはプラトンとアリストテレスを理解できる頭脳は育っていなかったと断言できる。これはヘーゲルを理解できなかったキェルケゴールと同様の阿呆さかげん、でもある。

### （3）哲学は学問体系を求めたが、それは弁証法の発展でもあった

以上簡単ながら説いたように、本来なら現代の哲学というものは、すなわち古代ギリシャから長い歴史を経て学問へと発展した現代の学問というものは、現象論、構造論、本質論、という形式を有するものにならなければならないのである。それだけにこの学問体系を構築するために我々が何を研究するにしても、まずは外界をまともに反映させることが可能な実力を培うことが大事である。その反映とは、直接に見えるもの、見てとれるものからということである。

これは、まずは小学校教育の自然を見る、社会を見る、人を見る努力を実地に積まなければならない。

だが、である。現在はこの実力を養う最初の場である小学校すらが、外界の反映ではなく、教科書の反映となっている怖さを誰もが分かろうとしないのである。理由は、そんなことよりは私立中学校入学へ、であり、果ては東大合格へ、である。この段階を経ることになった学者は、すべて、学問の形成はならなかったといってよい。デカルト然り、カント然り、である。恐ろしいことにカントは、いきなり反映するはずもない「空間」と「時間」なるものを扱って二律背反と決めつけてしまったのである。ゼノンは本物だっただけに、きちんと外界の反映そのもので問題を提起していたのに……である。

ここはさておき、反映してくる外界の見えるものから研究を始めて、次には見たものがどういう中身を持っているのか、というのを見ていくことになる。そのためには樹木でいえばまず皮をはがさなければならない、しかしはがしただけでは駄目だから、はがした後の幹を切ってみなければならない、そうすると年輪が出てくる、年輪はその樹木の根っこなしには樹木の意味を見てとれない、では根っこはどうなっているのか、と行っていくうちに、構造論を創るために構造を見ていくはずであったが、構造そのものが全くわけの分からないことになっていく。たとえば葉っぱそのものの構造としては葉脈があるが、葉脈を分解した中身もまた構造である。つまり構造も二重三重の重層性を持っているのである。

では一体、構造を究明して構造論を構築していくためにはどうしたらよいのか。そういうものを研究しつくすためには、一般論から現象論におりて、これにつながる形で、そこを理論化していくしかない。すなわち現象的なものとやがて本質的なものとなる一般論とを論理的に結合していかなければならないのであり、そうやって創っていくことが、簡単には体系性への発展を目指すということである。

だが、である。こういうことを研究してみても、それだけではどうにも見えてこないものがある、ということが分かってくるようになる。たとえば人間の身体というものは、まず目に見える身体、つまり五体がある、そして中身を開いてみれば、内臓の存在がある。しかし内臓を五臓六腑と分けて見たとしても、それだけでは内臓とは何かは、つまりその五臓六腑の連関たる結合が、いきなり分かるわけがない。それがなんとか分かるためには外界があってこそ人間が生きていること、食べて、寝て、運動してこそ生活できていること、成長していること等々、それら連関全体を見てとらなければならないのであり、それができなければ、単なる内臓の意味だけでも論理として分かるわけもない。

しかし当初、外界的に我々に見えるのは、両手が動く、両足が動く、頭が動く、目や口が動くというレベルでしかなく、それだけでは内臓そのものは全く見えず、まして内臓とは何かは見えることはない。内臓がまず見え始めるのは、大体は病気が重くなって生きていけないようなことになり、それがどう関係しているかと腹腔内を知る必要ができ、それを分かるために初めて、内臓が思われてくることになり、これなどは成長も含めて、人間が生きていることの全体を見てとらなければならない、となっていき、構造論が、過程性を帯びることとなるのである。

しかも学問としてはそれだけでは成功しない。学的に人間の内臓の意義が分かるためには、人間だけをいくら研究しても駄目であり、「生命の歴史」を遡って、生命体が魚類段階に至って、なぜ内臓が形成されることになったのかを視てとるべきなのである。この全体を視てとる実力、すなわち内臓の働きすらも、全体的連関として視てとる実力が、学的弁証法である。

そもそも学的弁証法は、対象が成り立ってきている歴史的運動形態を視る実力なのである。だから、運動していないものを見る力、たとえば数的処理などの実力は、学的弁証法にはほとんどない。だが、である。万物は運動しており、運動していないものは一つもないのだから、人間が創ったものではない万物は弁証法的な力があれば視てとれる、ということになる、のである。

端的には、学問体系を構築するためには、学的弁証法を培わなければ、最初に掲げた一般論をふまえての現象論の構築は困難を極めるし、ましてや構造論は別物として構築されるだけに、そこから本質論へと転化させることはできなくなってしまう。なぜなら、一般論とは研究対象全体を一般性レベルで見てとって、対象全体を貫く一般性たる共通の性質とはおよそこのようなものと、理論化することができるのではあるが、それが学問的な本質論へと転化するためには、一般論から具体の事実に下りてみて、そこから仮定的構造論をふまえることによってまた一般論へと上がることを、何回となく繰り返す過程で構造論を構築することが可能となり、それなしには不可能だからである。先程説いたように、それには学的弁証法が必要であり、学的弁証法なくして一般論をふまえる構造論を構築することはまずないといってよいからである。

つまり具体たる姿形はまず分かる、たとえば内臓はこんな姿形をしている、というレベルのことは見れば分かる。だが、である。その内臓の働きを見ようと努力しても、内臓だけ見ていたのではその働きが身体全体としていかなる位置関係で働いているのか、ということはまず分からない。しかし我々は、武道空手をやっていたので、武道空手をやるための内臓とは何かだけでなく内臓体力というものがどういうものであるかを究明しなければならず、人間の生理学から「生命の歴史」を遡って修学できたから、学的に内臓とは何か、内臓体力とは何かが分かってきたのである。

## (4) 哲学は本質的一般論をふまえ、諸学問を駆使するのが使命である

これまで説いてきた過程を経てこそ、学問体系というものはできあがるのである。そして万物（森羅万象）を対象としての体系化した学問全体を統括する、ここが学的本質論であり、この学が哲学なのである。これがどのような学的働きをするのかを説けば、学問全体、つまり自然科学、社会科学、精神科学の全体を統括して、それぞれの本質論の一般化をすれば、宇宙とは何か、地球とは何かをふまえ、自然とは何か、社会とは何か、精神とは何かのすべてが学的体系性として視えてくるようになる。

その一般的本質論から、逆にすべてのものを見ていくことによって、研究しなくても、思慮するだけでも事実が見えてくるようになるし、論理的に過去にあったはずの事実なるものを措定することもできるようになる。これが哲学の効用であり、学的使命なのである。だから学一般としての本質論を使えること、これが使えるような学問にすることが哲学の実態（中身）であり、その学的効用である、ということになる。これについては、過去に以下のように記しておいた。

---

哲学とは、端的には個別科学たるあらゆる個別科学の一般性に貫かれる共通性を一般科学レ

---

ベルから説くものでなければならない。もっと説けば、個別科学の論理を一般科学レベルから体系化したものをその構造論として把持するものである。ここを学の構造から説けば、過程の複合体たる世界の動的静的なる一般性的論理性の把握でありその一般的体系化であるが、学の目的としては世界の動的静的なる一般性的論理性を学一般レベルからなる駆使の体系に置くことである。少し具体的には個別科学たる政治学、経済学、社会学、歴史学、心理学、言語学、芸術学、生物学、化学、地学、物理学、医学、看護学、教育学等々の個別分野に関わる学を集合体、モザイク体として形成したところに成立する総合科学ないし学際科学たるごときの似非学などではなく、それら個別科学の構造的一般性レベルの論理を下限として、それら個別科学の構造的共通性の論理構造に着目してそれらを一般的に体系化した学たる、いわば一般科学的性格を把持する学すなわち世界の論理体系化たる学、いわゆる論理学を自らの学の体系の中枢的論理構造として構築しつつ把持し、その論理学の本質・構造を自らの学の適用として事物・事象に自在に駆使しうる論理構造を論理能力として自らに把握する形で創出することが、学としてのそして学という名に値する哲学の成立そのものなのである。

（『南郷継正　武道哲学　著作・講義全集』第十巻、現代社）

要するに、いわゆる学問の起源は、そもそもは大ヘーゲルが説いているごとく、「プラトンによる弁証法的な滅ぼしあった対立物の統一の闘論」によってできあがってきた。最初は単なるまともな知識でしかなかったが、その単なる知識すらが、滅ぼしあった対立物の統一、つまり弁証法的な力がなければ出てこなかった。すなわち互いを叩き潰しあうことがなければ本物は出てこれはしなかったのである。それ程に、プラトンの説く闘論の方法たる弁証術というものは、学問の構築に基礎的土台として重要だったのである。木の葉っぱを葉っぱ一般として認めるには、どれ程の滅ぼしあうプロセスがあったか、ということである。たとえば誰かが武道空手の有段者になる実力をつけるためには、どれ程に相手を叩き潰し、逆に相手に叩き潰されかかりながら実力をつけていくことになったのか、と同様のことである。

　昔々は、哲学というのはあくまでも森羅万象を自らが努力して知ることであり、知ることに自らが努力できる人だけが、知を愛する学者、つまり哲学者であった。しかし現代の、というより、有名人としてはデカルトをはじめとしての哲学者のほとんどが、古代ギリシャの学問を馬鹿にしている有様である。日本の場合、現代の哲学者は何を努力しているかを説けば、出　隆はアリストテレスの言葉に惹かれたりして、真剣に思索する、思弁するという点ではまだ本物に近づこうとの努力はしている。それだけに現代は思索する人、思弁する人を哲学者と称するようになってきている。

　しかし本当の哲学の起原は、森羅万象のすべてを自らが努力して知ることにあったのである。そして、時代の流れに従って、すなわち人類の認識の発展による弁証法的な実力に従って、すべてを知ることは、ただ単にすべてを知ることではなくて、その意味を知ること、その中身を考えることとなっていき、さらに次第にそこに何らかの筋を通してみる、理屈を通してみるということになり、そのうちに、ありとあらゆる理屈が出てくるようになると、すべてに一つの筋道をつけなければならない、つまり体系性を持たなければならないとなる。ヘーゲルの「真理が現実に存在するためにとりうる真の形態は、学問としての体系のほかにはない」との言葉は、つまり「すべてがつながるような同じ説明でないとダメなのだ、これで初めて学問になるのだ」というのが、そのいわんとした中身だったのである。

「だからいわゆる哲学とされるもの、つまり森羅万象を知るということは、体系になるように、すべてが同じ筋道で説けるように努力していくことであり、そのようにしてできあがるのが学問であり、それが本当の哲学である。だから本物の学問というものは何かといえば、哲学を学問レベルで体系化したものが本物の学問である」がヘーゲルの言葉の中身なのである。

それに対して、唯物論の立場に立つ私の意見はそこは少し違って、「すべての学問を体系化する、そして一つの学一般として創りあげたそのものが、哲学である」ということになる。では哲学の働きは何かというと、それを用いれば森羅万象すべてのいかなる問題も解ける、分からないことが全部分かるようになる、ということである。我々はそうやってあらゆることを解いてきた。宇宙の謎も、太陽の謎も、生命の謎も、現代における最高のものとして解いてきた。これが哲学の効用であり、使命なのである。

## 第二節　概念化ができるようになるための頭脳力の養成過程を説く

### （1）学問を志すにはまず唯物論が分からなければならない

読者諸氏が学問を志す場合、必ず分からなければならないことがある。それは、世界観たる唯物論である。唯物論に関しては、私の著作で何回も詳しく説いている。だが、諸氏にはなかなか理解してもらえない気がする。諸氏が単に○○賞なるものを求めるだけの個別研究ではなく、人類の歴史に遺る学問をと志すなら、何をおいてもまず唯物論が分からなければならない。これは当初から私の著書で説いていることである。唯物論を分かるには、まず「モノとは何か」が分からなければならない。しかしそこが諸氏の大半にはどうしても分からない。たしかに、仕方のない面もある。なぜならば諸氏は学生時代から、ビッグ・バン説でアタマが創られているのだから。いわゆるビッグ・バン説が虚構である、つまり学的唯物論の否定であるということは、何十年も前から説いているにもかかわらず、である。諸氏のアタマはどうしてもそこから抜けだせないのであろう。

さて、唯物論が分かるためには、「モノとは何か」が分からなければならないのであるが、それが分かるためには分かるべきプロセスがある。まず現実にモノといわれているものがある。それは何かといえば、端的にはこの宇宙を構成している森羅万象そのものである。すなわちこの宇宙に実在するありとあらゆるモノである。そしてそれらを、万物という形でまとめているのである。しかしこれではまだ、モノではない。その単なるモノをモノという概念に至るまで、概念化可能となるまで、アタマを働かせて（頭脳そのものを運動させて）いかなければ、唯物論で説くモノは分からないのである。

まず、森羅万象は無限である、と分かることから始めよう。つまりわが宇宙には無限のモノが実在する。それをひとまとめにして、万物という。だがその万物はまだモノではなく、ただすべてのモノをひとまとめにしただけである。すなわち万物と言葉で表現した時には、まだこれは概念レベルではない、つまり抽象化されていないし、当然ながら論理化されてはいない。分かりやすくは、森羅万象は外界に実在している、いわゆる事実そのものを反映したレベルで捉えただけであり、万物とはそれを一つに括っただけである。すなわち森羅万象を、総括したら万物になるのである。では万物を論理化したら何になるか、である。それが学問的にいうモノなのだけれど、問題なのはその論理構造である。

万物が森羅万象を総括しただけのものであるのに対して、モノとはそれを統括したものである。独語では総括、統括両者ともに、Zusammenfassung であるが、総括と統括は本来は違う意味である。つまりその言葉をその文章の中でどのように用いているかで、その言葉の意味は違ってくるし、違ってこなければならない。モノ一般についても同様で、学問としてのモノは、日常生活で使うモノという意味とは大きく違うのである。森羅万象を総括して万物といい、その万物を一つに統括したものが、学問としてのモノである。つまり、万物を一つに体系化すべくモノ自体として抽象化したものが、学問としてのモノなのである。しかしこういうことは、ヘーゲルにはまだ分かっていなかったといってよい。だからヘーゲルは学問が完成できなかったともいえるのである。

このようなことは、これまでも繰り返し説いてきたことである。このモノというものを、どういうふうに取りあげるかには、二つある。一つは、そのモノがモノでしかないもの、ただモノであるものとして取りあげる取りあげ方である。もう一つは、そのモノを生成発展するモノとして取りあげる、すなわち弁証法的なモノとして取りあげる取りあげ方である。だから「弁証法的に説くと」という言葉が出てくるのである。

弁証法性というのはモノの一般的な運動としての性質であり、実体ではない。モノは実体であるが、弁証法性とは、その運動機能である、すなわち運動としての働きである。森羅万象の、宇宙の運動機能、その運動機能が生成発展性なのである。つまり、森羅万象はある運動性的モノとして生まれて、生まれたものが次第に発展していって、現在の宇宙としてのモノになったのであり、この変化を弁証法性と説くのである。これは、これまで何回となく説いてきたことなのに、諸氏はなかなか分かろうとしない。モノを把握する時には、その機能つまりその性質をともにしっかりと把握しなければ（できなければ）、すなわち弁証法的にそのモノを捉えられなければ、対象を学問的に把握することは不可能なのである。それだけに、もし諸氏がそこを分からないままに、個別分野の研究に入ってしまったら、永遠に学問はできないのである。

## (2) 思弁的学力により形而上学は形成されていく

唯物論としてのモノ一般もそうであるだけに、形而上学についても、諸氏は全く分かっていない、というよりエンゲルスの言葉を信じているのか知らないが、どうにも分かろうとしない、といってよい。デカルトはアリストテレスを否定するだけに、彼の学に学んだ人は当然駄目な学力しか養成できないのであるが、大ヘーゲルは当然ながら違うのである。それだけに、彼へーゲルが論じようとしている形而上学を、エンゲルスの説く形而上学だ、と錯覚してしまうと、大変なことになろう。

エンゲルスの説く形而上学は、はっきりいってヘーゲルやフォイエルバッハをなんとか否定したいが故の意図的誤りである。エンゲルスは大ヘーゲルを否定的に学び、かつ三十歳前には棄て去っているだけに、まともな意味での一般教養が足りないといってよいのである。端的にはまともな哲学、すなわちプラトンからアリストテレス、そしてヘーゲルへと修学していないと、形而上学とはどんなものかの姿形すら分かりようがないのである。

だから私がこれまで説いてきたように、マルクスとエンゲルスは、なぜ二十歳代の後半という若さで、大ヘーゲルを棄ててまで、唯物論的になってしまったのか、という問題になる。せめて四十歳くらいまで、まじめにヘーゲルの実質を修学していけば、本物の大学者になれたと思うのだが……。なぜなら、ヘーゲルの観念論・唯物論なるものは、まだ当然ながら学的には幼いからである。ヘーゲルが絶対精神たる観念を実体化しようと志したところは、非常に偉いのであるが、つまり自然を絶対精神の化体としたところは非常に良いのであるが、それ以前に、つまり『エンチュクロペディー』以前に『大論理学』

をモノしてしまっただけに、観念論の観念論たる実体も弱いし、その観念論から捉えた唯物論、つまり自然の化体たる唯物論だけに、すなわち本当の唯物論を経ていないのであるから、ヘーゲルの唯物論も当然ながら非常に幼いといってよいのである。ここで諸氏が思わなければならないことは、「あぁ、中世のトマス・アクィナスもこうだったのか、ここが不足していたのか」ということである。

たしかに、エンゲルスもマルクスも説いている、「絶対精神を棄てろ」と。しかし、それを棄ててしまったら、ヘーゲルの絶対精神を棄ててしまったら、ヘーゲルの学問はすべて、無に帰してしまう怖さがあるのである。絶対精神の偉大さがあったからこそ、ヘーゲルの学問は学的体系を求めるところまでいったのである。トマス・アクィナスとてもヘーゲルと同様である。彼にはいわゆる神学なるものがあったからこそ、アリストテレスの学問の実態たる中身をモノにできたのである。神学を宗教から一歩離れたものとして創出するとの野望を持っていたから、できたのである。トマス・アクィナスとて神学を棄ててまで、アリストテレスを学ぼうとは思わなかったはずである。神学を棄てたらお仕舞いなのだから……。だから神学を基盤にしたスコラ哲学というのは、冗談ではなく見事な六百年の歴史を持っているというべきなのである。

ところで本書執筆のためにヘーゲルの『哲学史』の目次を見て、そこからスコラ学派なるものを読んで驚いてしまったことがある。それは、ヘーゲルともあろう人がトマス・アクィナスを全くといってよい程に評価していないのである。このことはヘーゲルの大きな学的欠点であるということになろう。たしかにヘーゲルはもの凄いのではあるが、トマス・アクィナスをまともに評価できていないだけに、この頃のヘーゲルはまだ学的レベルが低かったと見做すのが正しいあり方であろう。

以下、ヘーゲルのスコラ哲学に対する評価を引用しておこう。

---

以上、詳細について述べてきたので、スコラ哲学者についての判断、彼等についてのまとめをしておかなければならない。彼らは非常に崇高な対象である宗教を探究したが、その思惟は、あまりにも細かいことにこだわるものとして発展してしまった。高貴で深い洞察を具えた個々の学者は輩出されたものの、それは全体としては、現実の素材、内容のない、全く粗野な悟性の哲学である〔eine ganz barbarische Philosophie des Verstandes, ohne realen Stoff, Inhalt〕。それは我々にとって真の関心を惹き起こすものではなく、そこへ戻っていくことなどできはしない。それは、空虚な悟性といった形式であり、諸範疇を、悟性の諸規定を根拠なく結びつけながら彷徨うものであるにすぎないのである。

（『哲学史』南郷、悠季共訳）

---

話を戻すと、エンゲルスの説く形而上学は絶対に正しくはない。どちらかといえば誤謬ともいうべきである。では、本当の形而上学とは「何」なのか、である。形而上学を分かろうとして、アリストテレスの「形而上学」とされる書物を学んでも駄目である。あれはヘーゲル的に説くならば、「まだまだ」なのだから。とはいうものの、形而上学なるものはアリストテレスの思索・思惟から始まっていることだけは「確か」なのである。それがどういうことかを説けば、次のようなことである。

たとえば小学生は、思うことはどうにでもなんとでも、なる。だが、考えることはいくら考えても、結局どうにもならない、何も分からない、といった程度の実力である。すなわち考えてなんとかなるのは、ようやく中学生くらいからであろう。つまり、中学生は数学を教わり、理科、社会を教わって、変換ということを、あるいは社会が歴史的に変転することもある程度覚えていくだろう。だから中学生あたりから、人間の頭脳というものは、そのように思うから考えるという能力が育っていくのである。端的にはそれまでの世界、すなわち森羅万象に関わっての知識というものを総括できる実力、万物として捉えるための実力が育っていって初めて、考えていく実力が備わってくることになる。これが大ヘーゲルの説く、思弁という頭脳力なのである。すなわち、論理的に思惟する実力を養っていく努力をなしていって培われる(培う)能力が思弁の育ちなのである。

ここが分かればヘーゲルの、形而上学や思弁に関わってのアリストテレスに対する評価がよく分かるというものである。ヘーゲルは、思弁というものが、一体どういうものであるのかを分からなければならない、と書いている。ソクラテス、プラトンの時代までは、まだ思弁レベルの認識すなわち思惟というものはなかった。つまりソクラテスには思弁的実力はなかったのであり、プラトンにも「まだまだ」可能ではなかったのである。すなわち、思弁という認識の実力は、プラトンが合宿生活でようやくなしえることになった「滅ぼしあう対立物の統一」たる闘論を一人で実践できる実力であり、それは、研究論文などではない、学問レベルの論理的展開としての論文が書ける実力だといってよいのである。これがようやくアリストテレスで、できるようになったのである。

だからこそヘーゲルは、「アリストテレスで形而上学への芽生えが出てきた」という意味合いのことを書いているのである。これはすなわちアリストテレスで、ようやく学問上の「思弁」ということができるようになった、ということである。では思弁的実力が可能となった結果、すなわち思弁的過程的構造をふまえた結果、「形而上学」というものはどうやってできるのかということが、次の問題となる。

とはいうものの、まずはここで、「形而上学とは一体何か」を問うべきであろう。

ヘーゲルが『哲学史』で説くように、『形而上学』はアリストテレスが付けた名前ではなく、後世の編者が勝手に付けたものであり、アリストテレス自身はこれを「第一哲学」と呼んでいるのである。では、なぜ後世の人は「第一哲学」なるものを「形而上学」としたのかを初心者向けに説くならば、形而上というのは、姿形が見えない、対象が見えないだけに分からないというくらいの意味である。どういうことかといえば、それまでの学問とされているものはすべて、形あるもの、姿があるものばかりが対象だったからである。

一言では、姿や形があるという言葉である、「形而」だけが対象だったのである。これはプラトンの時代まではそうであったのだが、ところが、アリストテレスはその形あるものの先、形あるものの奥に何があるのかを考える頭脳を持つようになってきたということである。簡単には、姿形を無視しての「何か」を考える実力を持ったのである。だから、『形而上学』という名の中身は、形とならない「何か」を思惟していくことになる。その形のない、形而上というものを考え、思惟することが可能となったということであり、それを後世の誰かがメタ・フィジクスすなわち形以上のものと命名したのである。

だが、当のアリストテレスは、この姿形のないものを考える、思惟することを本物の学問の第一とした、つまり「第一哲学」と表現したということである。この頭脳の実力をもってヘーゲルはアリストテレスの思弁の芽生えとしたのである。

## (3) 本物の唯物論はモノの生成発展を説かなければならない

古代の修学、研究というものは、姿形あるもの(実体的なもの)について思惟(思い、考え、思慮)することであっただけに、これをあえて説くならば素朴唯物論といってよい、と思う。素朴唯物論というのは、世界、すなわち宇宙の森羅万象に存在するものを、すべてモノであるとして把握するだけだからである。だが、である。本物の唯物論は、そうではない。本物の唯物論は弁証法的唯物論でなければならない。簡単には、モノ自体の生成発展性が存在しなければならない。もちろんこれは唯物論そのものの生成発展を説いても、なんの意味もない。そもそも大本の唯物論というのは、森羅万象を一括して、万物を論じる、端的には、万物の根元はモノだと決定することでしかないのだから。

それ故、本物の観念論には打ち勝つことがなかったのである。この唯物論の単調さを救うのが、生成発展を説く弁証法だったのであり、それ故に、弁証法的唯物論は歴史性、発展を帯びた世界観として自立できてきたのである。どういうことかを説けば、モノは生成発展する途上で人類としての認識を生み、その認識が精神として、モノを支配していくとする。モノが精神を誕生させ、その精神がモノを支配し、変化発展させていくのである。モノ一般が、精神に支配されていくにつれて、すべてのモノが精神的物体と化していくことになる。このモノから精神の流れを客観性として説くのが、自然学的歴史であり、ここを精神の発展として捉えるのが学問的歴史となる。後者を主観的歴史となしている、といってよい。

したがって、本当の唯物論すなわち、弁証法的唯物論を説くなら観念の実力を借りるというか用いることになるのである。なぜなら、簡単に説くなら学問的にモノというのは、あくまで観念の出来事、つまり、外界から反映して認識された諸々の像を一般的な像として表象化し、それをさらに抽象化、すなわち論理化していくことによって誕生させられる観念の働きによる、観念としての像化なのである。だから、である。つまり、モノ一般などというものは、客観的世界、すなわち外界にはそもそも実在しないし、できないのであって、これは、思い、考え、思惟の段階を経ることによって可能となる思弁という頭脳の働き（活動）によって初めて、モノ一般、すなわちモノというものが頭脳の中に誕生させられてこそ存在することになるもの、だからである。

そもそもエンゲルスの説く唯物論などは、学的レベルとしては本物ではなく、素朴なものであった。しかしここに関して当人は、いいことを書いている。つまり「これが分かるためには、哲学二千年の歴史を勉強しろ」と。だったら、である。エンゲルス自身はなぜやらなかったのか、と問いたい。エンゲルスはそれを実践しないで、「哲学が消えたあとに残るものは、弁証法と論理学だ」などと適当に（といってよい程に）書いている。これは本当におかしい。ここのエンゲルスは、哲学とは何かという概念規定が歴史性で分かっていないのである。ヘーゲル哲学をまともに修学しなかったのだから、分からないのは当たり前であるが……。

私は以前から説いてきている。大学に入ったら、一年間くらいは休学して、まじめに、昔の旧制高校生がやったような一般教養レベルの学習をしなければならないと。なのに、大抵の諸氏はそういう学びの時間を持つことがなかったから、未だに、素朴唯物論すら分からないのである。

### (4) 思弁的学力を養成してこそ概念化ができていく

長々と説くように、諸氏はまだモノということが分かっていない。もしかすると諸氏はモノというと中身がないように思うかもしれないが、それは観念論者の考えるモノの類いである。だから観念論者であるカントは、「モノの性質は人間が与えるものである」と平気で説くのである。

弁証法的唯物論から説くならば、万物として総括できる自然たる森羅万象は生成発展して現在に至っているのであり、それを表象化し、抽象化して、さらにそれを一般化したものが、モノなのである。

先程から説いているように、学問的なモノとは観念の世界の出来事であり、頭脳活動として脳の中で創出されたのである。モノは概念化される、と説く御仁もいるかもしれないが、それは学問的には違う。あくまで外界的対象の一般性が概念化されていくのであり、それを分かりやすく、像の性質を無視し抽象と説くのである。実体として存在しているモノは、いうなれば一般性レベルで概念化することはできるけれども、それはほとんど学問的には意味がないのである。

たとえば目の前にある眼鏡の入れ物を「眼鏡のケース」といえば、それは確かに概念化したように思える。ケースという名前をつければ、概念化したことにはなりそうであるが、これは日常レベルでの役にしか立たないのである。これをけっして学問的な概念化だと思うべきではない。

しかしヘーゲルは、このレベルでしか概念化できなかった、といってよい。ヘーゲルはこの上の抽象化へは行けなかったのである。当然ながらアリストテレスは、もっと低いレベルだった。アリストテレスは、いうなれば、ケースというレベルですら説けなかったのである。とにかく思弁する力を養成しない人は、学問的概念化ができない。思弁できるということは、対象の性質に関わってその性質を論理化できていく実力のことである。ヘーゲルは、『精神現象学 序論』の中で、私流に説き直せば「種から芽が出て、花が咲いて、実がなって……というのをみると、人々は、植物というのは、芽が出て種がなくなったら、種を否定したというけれども、そうではないのだ」と説いている箇所がある。

このヘーゲルの言葉は、概念化というものには段階があるということである。たとえば、種の段階の概念というものは、芽が出た時にはない。なぜならまだ芽しか見えていないから。だが、花になった時には、見えていた芽はどこにもない。まして、トマトの実がなったら、種も芽も花も、どこにもない。しかしそういう捉え方しかできないなら、学問には程遠くなる、とヘーゲルは説くのである。だが、多くの人はこの言葉を分かろうとしないで、学問的にはバカになっていったのである。

これは、哲学においてもトマス・アクィナスをも無視して、つまり根から、種から、花からみんな無視して、今、目の前にあるトマトだけを見ているのが、現代の哲学者だといってよい。こういうことは、学的レベルの哲学といってよいものができあがるとそうなっていくのである。古代ではアリストテレス以後であり、中世ではトマス・アクィナス以後であり、現今ではヘーゲル以後といってよい。ヘーゲルは、ここを『大論理学』の序文で見事に概くのである。現在は、形而上学を無視してカントに走ってい る、と。しかし、体系性とか、概念化というのは、学問にとっては大事なことなのである。

だが、である。そこを分かろうとしなかったエンゲルスは、『反デューリング論』で体系はバカげたことだと論じている。しかしマルクスは、そうは思わなかったはずである。経済学を体系化しようとし、資本論を体系的に説こうとしているのだから。そしてそれをやろうとして失敗したけれども、それでもやろうとして何とかなったのが、ヘーゲルだったのであるから。こういうことは、私は『全集』を書き始めてから説き続けている。

## （5）人類はアリストテレスに至って初めて思弁力への道の端緒につく

諸氏はたとえば歴史を体系的に学習しようともしないで、その途中の古代ギリシャで立ち止まり、その古代ギリシャもソクラテスなら、ソクラテスで立ち止まって学習しようとする。そのような途上の場面をいくら学習してみても、何の役にも立たない。歴史を体系化、学問を体系化してきた我々以外で、単にソクラテスといえどもこの人物の実際を学的に理解できた人は誰もいないといってよい。故に現代でも、本当は誰も本物のソクラテスの姿を知らないといってよいのだから……。

プラトンとて然りである。彼を学者と見做すからおかしくなり、結果、誰もプラトンのことをまともに知らないことになっていく。なぜプラトンは『国家』を著わしたのか。それは学問としてではなく国政に携わっていたからにほかならない。『国家』は学問として書いているわけではない。そうであるのに東京大学では、あれを学問として学ばせようとしている。プラトンの『国家』は、いうなれば国政に携わる者の政言であり、学問としての著述は、アリストテレス以前はないといってよいのである。「何が、何して、何である」という論理的なことを書けたのは、アリストテレスが学問史上初めてだったのである。それが書けるようになったことが、思弁的実力が頭脳に創出されたということなのである。すなわち外界たる世界の出来事を論理的に捉えていこうとしている、つまり論理化しようとして捉えていくことができる実力をこそ、学的思弁力というのである。

論理化するというのは、端的にはまず事実の性質を一般化することである。だからたとえば、トマトの味は酸っぱいなどというのは、論理化することではない、つまり一般化することではなく、単なる事実レベルの感覚的表現にすぎない。トマトというものを論理化する時には、トマトの味などではなく、トマトとは何かを説くものである。人間として、他の動物に対して誇れるものは、頭脳活動としての認識を持っていることであり、この認識の学的実力のことを思弁と称するのである。一生懸命努力して、また努力して対象を思い、考え、思索、思惟そして思弁できるように修学し続けることである。

私がよくレポートを一ヵ月で四百字詰原稿用紙五百枚書くべしと説くのは、初心者には五百枚なんて当然書けないからである。だから「書けないものを書け」という論理は、このことを実践すれば思弁する力の基本がついてくるからである。つまり書かなければならないことについて否応なしに考えられる実力がついていくからである。

端的には、「書くことは考えることである」とは、一九七〇年に私の創作した自分への格言なのである。それは、その年にある雑誌に連載を始めることになったことに起因する。生まれて初めての連載というものは、そう簡単にできることではない。まして、私はたしかに読書量は凄くても、日記レベルすら三日坊主だったし、手紙を書くことも滅多になかっただけに、まず書く能力が全く育ってはいない。当然のこととして原稿用紙に数行すら無理だったものである。ここから、難行苦行の連続の月日が始まっていったのである。この雑誌の原稿用紙の枚数は四百字詰六十枚以上となっていただけに、当初その苦しみたるや、「死んだ方がまだ……」との日々だったのである。

本当に、壁に頭を打ちつけるレベルが続いていくうちに、一ヵ月程経た頃面白いことに、何か数行書いていければ、その後の文が出てくるようになっていったのである。そうだ！　として、これを私の座右の銘というか、格言としていったことである。このことは私の著作のあちらこちらに認めてあるし、弟子たちには、こういう格言があるのだぞ、として他人の格言らしく、よく説き続けて早や何十年！である。このような過去の経験から、アリストテレスが思弁の実績を持ち始めたことも、ようやく分かっていくことになるのである。

これは、他人の文章を真似することから始めてもよいのだが、必ず、自分の頭脳の中に浮かぶ「よしなしごと」を認めていくことが大事である。お蔭で五十代の「武道講義」の連載は四百字詰原稿用紙一枚が十五分〜二十分となり、六十を過ぎてからの現在は、三分とかからないくらいになってきている。当然に、私はワープロで執筆などという怠け癖は、一切ない。理由は、ワープロでは物語はいくらでも可能であるが、論理能力、つまり、学問としての能力はワープロを用いた人はすべて駄目になっていっている事実を、すなわち、大学者とされていた人が、ワープロを使用するようになって、そのことで、出版するごとに書物のレベルが落ちていった事実を初めとして、諸々の人がそうだったことをゴマンと知っているからである。ワープロの作文では、思弁的努力はほとんどしなくなって、ただただ、アタマの中に思い浮かべたことを機械的文字に転換しているだけ、だからである。

### (6) 思弁とは対象とする事実を論理化する過程を思惟することである

諸氏だけでなく、世の多くの学者とされている人の書物を開くとなると、もっともガッカリ（愕然）とさせられることの一つに、概念をガイネンという文字として覚えているだけで、少しもガイネンの観念的実体を分かる努力をしていないことである。たとえば武道空手で説けば、概念化するとは「武道空手とは己が五体を武技化して生命賭けの闘いが可能なことである」ということを導きだすことである。このレベルが学的概念化である。学的レベルの概念といった場合は、その概念だけで、それに関わる全体、つまりすべてのことがそれで説けるということであり、説けなければならないし、説くことができなければ、それは概念ではない、のである。

一般的に諸氏は、学習で覚えただけの概念たる言葉を、ただ言葉としてもてあそぶレベルで使うから学的実力が向上しないことになる。すなわち、概念的実力は自分の専門分野で、自分の知っている事実を概念化したければ、これは思弁できる実力を求め始めてから、早くて十年は必要とされるはずである。

大ヘーゲルといえども、そのくらいの年月が必要だったのである。なぜなら思弁的実力の必要性は、その次のことに関わるからである。つまり思弁する実力がつくことによってこそ、ようやく形而上学的な頭脳活動（学問体系化へ）の第一歩になっていくからである。もっと説けば思弁できる実力がつくことによってこそ、学的概念ができていく、すなわち学的概念が創出されていくからである。だが、思弁から概念は直線的には到達できるものでは全くない。それに必要なのは形而上学を目指すことによる、つまり、学的体系を目指すための思弁力そのもの、だからである。

思弁力とは何かといえば、自らが対象とする（したい）事実を、すべて論理化できる頭脳力のことである。そして医学でいえば、医療上の出来事を、すべて学問としての医学としてまとめた理論的全体系、すなわち医学原論の姿形が、形而上学の姿形そのものということになる。ここに関しては、どうしても、ヘーゲルの実力をまずは借り、それを自分の実力と化すことが大事である。ヘーゲルの実力を借りれば、必ずアリストテレスの実力をモノにすることが可能となるからである。なぜアリストテレスなのかは簡単である。人類史上初めて、思弁という学的実力を示すことが可能となった人がアリストテレスであり、その実力を駆使して第一哲学（＝形而上学）をモノしたのがアリストテレスその人だからである。

ここに関しては、第一編第一章で、ヘーゲルが『哲学史』においてしっかりと評価していたことを、示しておいた通りである。思弁については以上で終わる。次は形而上学である。

第一編第一章でも取りあげたように、ヘーゲルは『大論理学』「序文」において、「この時期以前に形而上学と呼ばれていたものは、いわば根こそぎに抜き取られて、学問の列からその姿を消してしまった。……」と慨いている。ここでいう「形而上学」とは、学的レベルでは、一体「何物」であろう。常識的には、形而上学とは、『学研現代新国語辞典』改訂第三版（金田一春彦編、学習研究社）に以下のようにある通り、といってよい。

---

けいじじょう【形×而上】❶形を離れたもの。無形のもの。❷（the metaphysical）〔哲〕感覚ではその存在を知ることができなくて、思考でのみ知ることができる超自然的なもの。対 形而下けいじか。─がく【─学】経験の世界を超えた、物事の存在の究極的・絶対的な根本原理を研究する学問。メタフィジック（ス）。

けいじか【形×而下】❶形あるもの。有形のもの。❷（the physical）〔哲〕時間・空間の中に形をそなえているもの。感性的経験によって知りうる自然的存在。対 形而上

---

しかし、この定義は、いわゆるアリストテレスやヘーゲルの思惟、思弁していた中身では全くないのである。理由は、端的には、アリストテレスの「形而上学」という書名は、説いている通り、彼の付した名ではなく、後世の編者がこの辞典に説いてあるレベルでつけたものである。アリストテレス自身はこの主題を、「第一哲学」と表現したと説いたように、であるが、後世の学者のほとんどが、内容を理

解できないままに、命名したことである。

だが、である。この書の意味を理解できた人は、トマス・アクィナスとヘーゲルのたった二人しかいないといってよい。ともかく、哲学者としてカントレベルで名を遺すデカルトですら、本編第二章第二節（3）で示したように、アリストテレスを軽蔑しているからである。ではなぜ、デカルトもカントも理解できなかったのか、は問題にされるべきであろう。ここは何回も説いてきているが、端的には、人類の歴史、その中でもとくに認識中の認識たる学的認識としての「思う」から「考える」を経て「思惟」へと発展し、最後に至る「思弁」レベルの認識の構造をやさしくも難しくも理解できる能力がなかったから、の一言である。もっと説けば、理科系のアタマしか創出できなかった悲しさである。

だからデカルトは「我思う、故に我あり」で終わって、「考える」も「思惟」も「思弁」も理解不能だったのである。証拠はと問われるであろう。答は簡単である。『哲学原理』『方法序説』のプラトン、アリストテレスの評価をとくと御覧じろである。ここまでくればもう形而上学へと移ってもよいであろう。

では形而上学とは何かといえば、一言で格言レベルで説くならば「実体を観念として表現すること」である。どういうことかというと、形而上学という名はアリストテレスの著作とされている『形而上学』以来、学問史上に数多く登場している。それだけに、諸氏の多くもそのような学問が実在するとの錯覚がある。本書でも説いているが、アリストテレス自身は、我々の求めるべきもの、なすべきものを「第一哲学」であると表現しているが、『形而上学』との書名をつけたわけではけっしてない。

あくまでも、この書名をつけたのは後世に『アリストテレス全集』を編集したアンドロニコスである。

それを誰もが「おかしい」と思わないから、これはとてもおかしな話なのである。なぜ、「第一哲学」と表現していたものについて、『形而上学』という書名を勝手につけたのか、その嘘の名のままで、歴史を保っているのかを、どうして誰もが問題にしようともしないのか、である。

これには理由がある、といってよい。すなわち、この書には「第一哲学」と称する実態的内容が、すなわち中身がないから、名はどうでもよかったのであろうし、もう一つは、「第一哲学」という陳腐な書名より、わけの分からない「形而上学」との書名の方が、茫洋として立派に思えたからでもあろう。

どうしてそういえるか、と思う人もいよう。答は簡単である。端的には、「第一哲学」の中身には、まだ「形而上学」という名に相当するものはほとんどない、といってよいからである。それに、アリストテレスは当然ながら大ヘーゲルを含めての誰もが、形而上学（メタフィジックス）という文字は知っていても、それがどういう学的形態を把持しているのかは、オボロゲながら的に少しは分かりかけていても、明確な姿や形は誰にも描けてはいない、つまり知らない、というより知りようがなかったからである。怖いことに、歴史上のいかなる学者（現代でもと断じてよい）の頭脳の中にも形而上学の学的構成は零だからである。つまりは誰も知らないのである。

この証明も単純である。アリストテレス自身が、目指すべきものを「第一哲学」としたように、アリストテレス自身ですら、ここの分野に関しては、オボロゲながらの執筆だったのである。理由は、それまでの古代ギリシャの学問（哲学とされる）は、すべて外界たる森羅万象の反映でのみ、頭脳の実態（中身）は形成されてきているからである。

もっと説けば、プラトンの段階では、まだ形而下学の研究のみであり、つまり、時間、空間の中に姿形を備えているものを五感覚器官を用いて徹底して知るべく努力するだけであって、それをどう知るか、どう識っていくか、どう処理すべきなのかの修学をまともに始めたのが、プラトンの弁証法といわれるものだったからである。その段階を経たアリストテレスがようやくにして、頭脳の中の知識たる像をなんとか扱う術はないのか（これが形而上の修学である）の研究の流れが「第一哲学」となっているのである。世の哲学者はヘーゲルを除いて誰一人ここを分かろうとしなかったのである。あの有名なデカルトですら、『哲学原理』において全く評価できなかったのであるから（本編第二章第二節（3）参照）。

といったところで、「形而上学とは何か」の解答を、ここで少しばかり説いておくべきであろう。

文字的には形而上学とは、我々の五感覚器官では全くといってよいくらいに把握不可能な物体としては目に見えないものの究明を指す言葉として創出されている。簡単にはザ・フィジカルたる直接我々が知り、識ることが可能な物体を究明することに対するアンチテーゼとしての、メタフィジカル（知覚できないもの、物体としては存在しないもの）を究明する学問なのである。説いたように、アリストテレスはそれを「第一哲学」と称したのである。ところが後世になって「第一哲学」では、「何」のことやら……と思う人が出てきて、分かりやすく物体としては知覚できない対象の研究を、「形ではないすなわち形而上とした学」と名づけたのであろう。

形而上学の原基形態はそうであるからして、はっきり説いて、アリストテレスにはようやくにして、形而下の探究から大きく頭脳の実力を増すことが可能となり、そして形而上の方へとの実力を培い始めた頃の著作であったはずである。それだけに、実学（事実の探索）からその性質の一般性がなんとか分かり始めたことにより、事実とは違う（異なる）何かをまともに究明しにかかっていったのが、この頃であったはずである。それだけに、この形而下とは何か大きく違うことになる形而上の現実（当然にこれは頭脳としてのアタマの中の蠢きである）を、戸惑いながらも大胆に捉えにかかっての言葉が「ト・ティ・エーン・エイナイ（τὸ τί ἦν εἶναι）」という表現になったのだ、と断言してよい。

アリストテレスのこの「ト・ティ・エーン・エイナイ」という言葉の持つ構造については、「第五章　認識学とは何か」の中で認識学の問題として説くことにする。

そもそも理論というものは、観念上のこと、すなわち認識に道筋をつけるだけでなく（これでは経験論にすぎない）、そこから筋道へとなしていくことである。それの体系性を求めて創出することを形而上学というのである。したがって三浦つとむが『弁証法はどういう科学か』の中で、〝弁証法は「あれもこれも」と考えるが、形而上学では「あれかこれか」と考える〟と書いているが、これはとんでもない誤りである。形而上学とはそんなものではない。三浦つとむは、エンゲルスが『フォイエルバッハ論』の中で、中世の悪しき形而上学なるものを勝手に本物の形而上学らしく説いたことを、モノマネして説いただけである。

形而上学というのは、実体としてあるものを研究して、その論理構造を観念的に体系化したものである。すなわち実体ではなくて、その性質を論理として組みたてたものが形而上学であり、それが学問となるものである。ただヘーゲルは、残念なことにそこまでを論理レベルで説くことはなかったのである。

以上説いてきたことをまとめておこう。

思弁とはあくまで、全学問を体系化するために筋道を通すべく思うことであり、併せて、論理性を概念化することであって、それ以外ではない。そしてそれによって組織化、システム化（体系化）していこうとするのが、いわゆる形而上学の方法である。たとえば医術というのは形而下学、つまり実体学であり、医学というのは形而上学である。そして学問となるべき論理学はその最たるものである。なぜならば、物理学、生物学、化学、経済学などのそれぞれに論理構成がある。その論理構成のすべてをまとめて一つのものにして、すべての学問にあてはまる学問に論理構成したものが、学問という名に価する論理学だからである。

諸氏が、弁証法、唯物論という言葉を概念レベルで使うのであれば、少なくとも古代ギリシャ以来の学的歴史をアタマに描きながら、用いなければならない。それで初めて、弁証法的唯物論を説いてもいいということになる。弁証法という概念と、唯物論という概念と、弁証法的唯物論という概念と、唯物論的弁証法という概念の区別をしっかりと、つけられなければならない。その区別がついていなければ、弁証法的唯物論という言葉を軽々しく使ってはならない。諸氏は以上の四つが、きちんと規定的に説きされるのか、という問題である。それをなす実力こそが、思弁能力すなわち学的思弁なのである。

その四つの概念をきちんと説ききれる実力があって、さらにそれに、思弁とは何か、形而上学とは何か、も加えてようやく唯物論とは何かと観念論を加えて、最低の学問としての実力である。

形而上学というものは、繰り返し説いているように、エンゲルスの学生向けに説く「あれかこれか」

などというレベルではなく、観念的な世界の体系的な認識の姿形をいうのである。これの現象形態としては、体系的理論書が書けるということである。論文というのは、現実の世界を観念の世界の出来事として、論理として説ききることである。つまり論理的に筋道を通すレベルで事実を説かなければ、評論でありえても論文ではない。すべての言葉が論理的でなければ、ダメなのである。その実力のためにこそ思弁の修学が必要なのである。

もしも、である。諸氏の中に、それらの学びをきちんとしないで論文を書こうとしている御仁がいるとしたら、それはやめた方がよい。書けるわけがないからである。諸氏にもっとも説きたいことは、概念の労苦ということを、少しも努力して分かろうとしていないのではないか、である。概念の労苦というのは「何」のためかといえば、結果として学問体系を創ることである。すなわち自らの学問の完成のために、自らの学問体系を創るためにこその、概念の労苦なのだから……。

# 第四章　弁証学とは何か

## プロローグ　弁証法の学びを「物語」ふうに説く

読者諸氏にここで断っておくことがある。それはこの第四章だけは、恐ろしくレベルを下げての講義（説き方）にしたい、ということである。分かりやすくは、『看護のための「いのちの歴史」の物語』として説かれているあの水準、あの書物で啓蒙されるべき読者の実力に合わせて、ということになろう。理由は、これも単純なことである。読者諸氏の修学力というより、そのための土台的実力の養成すなわち弁証法的な実力向上の修学に資するためである。このように説き始めると、そんな馬鹿なことを！私は十分に弁証法の学びは行ってきたし、それ相当の実力だってある、と不快に思う諸氏は非常に多いと思う。それでもあえて、諸氏には高校一年生以下の生徒に説くレベルで述べていくつもりである。

またあえて、諸氏の弁証法的学力向上の修学に資するべく……と説いても、諸氏の大半は納得できないと、私自身も実は思っている。だが、である。この『哲学・論理学原論』は、一流大学の大秀才と称されるレベルの人々は、本当は弁証法修学の努力をほとんどしていない、という具体的な現実から説かれてきているものである。証拠は簡単である。一つ、二つは挙げるべきであろう。

一つは、昔々、私がまだ学生だった頃のことである。私の著書にも記したことだが、東京大学に自然弁証法研究会というサークルが実在していた。これは十数年前までは、著名であった仮説実験授業の創始者ともいわれている板倉聖宣という人が創立したものである。この人は東京大学入学時から三浦つとむの説く弁証法に大いなる興味を抱き、弁証法の学びに努力をしていった人なのではあるが、弁証法の修学にも、仮説実験授業の大成にも、悪くいえば失敗してしまったことである。

二つは、以下の引用である。そこでは、自然科学研究者たちの弁証法の学びが大成功を収めたかの説き方になっている。まずは読んでほしい。

---

自然科学の分野でも、ソヴエトの学者、日本の学者が立派な仕事をしています。中でも、物理学者であり哲学者である武谷三男氏が、同じく物理学者の坂田昌一博士と協力して建設した「三段階論」といわれる理論は、弁証法的唯物論のもっとも高い段階を示すものです。坂田氏の論文の一節を読んでみましょう。

「この『三段階論』の発見はその後の私共の研究に対してあたかも羅針盤のごとき重要な役割を演じた。……真に理論を鍛え、正しい認識に導く冒険は、何よりもまず的確な見通しをもたなくてはならない。見通しのある冒険は、たとえ失敗することがあっても、失敗の中から必

---

ず教訓を学びとる能力をもち、次の冒険での成功を確実にする。見通しを与える羅針盤、それが『三段階論』を頂点とする科学的な哲学である。」　（三浦つとむ『哲学入門』仮説社）

但し、である。三浦つとむの説く「弁証法的唯物論」との言葉は、誤謬か、誤植なのである。正しくは「唯物論的弁証法」である。

このことは、私が何十年もの昔に「武道講義」の連載時に指摘したことであるが、世界中の哲学者と称する人がよくこの間違いをしているのである（詳細「武道講義　武道と認識の理論Ⅰ」『南郷継正　武道哲学　著作・講義全集』第九巻所収、参照）。すなわち、弁証法を学んだとする自然科学者のほとんどは、唯物論的弁証法と弁証法的唯物論の学的理論の違い、つまり概念的な違いが実存しているのを知らない、というより分かる努力をしていない。簡単には、両者は大きく概念が違うのを知らないままに、適当にかなんとなくか、でこの言葉を（三浦つとむですら）用いているのである。これは、自然科学者と称する人は弁証法をヘーゲルに学ぶのではなく、エンゲルスの『自然の弁証法』に学び、そこからレーニンの説く弁証法の説明を学習することへ、と移っていったからである。

では彼らは何を間違えたのか、である。端的には、学問上の言葉とは労苦の果てに創出されてようやくにして用いられてくる（用いてもよい）概念（ヘーゲル）である、ことを忘却してしまって、言葉を単なる思いや想いレベルの通信手段としてしまったからである。だから、三浦つとむを初めとするエンゲルスの弁証法に学んだ人は、弁証法は大きくは三法則だと勘違いしたまま、なんとも無様に用いていくことになっていったのである。弁証法は三法則だから、概念ではないとしてか、弁証法的唯物論と唯物論的弁証法は同じ言葉だと大きく錯覚したまま、すべての御仁が最後まで使用していくことになったのである。この事柄に関しては、歴史に埋没しかねない危惧があるので、『全集第九巻』の該当箇所を本書に合わせる形であえて説き直しておきたい。

唯物論的弁証法の三大発見者は、一にカール・マルクス（『資本論』など）、二にフリードリッヒ・エンゲルス（『反デューリング論』など）、そして三にヨゼフ・ディーツゲンだが、どういうわけか、このディーツゲンだけは唯物論哲学の大抵の歴史書の中で除外されてきている。これは発見者の一人であるエンゲルスが、ディーツゲンの著書まで出して以下のように明言しているのに、である。

> この唯物論的弁証法は、すでに幾年も我々のもっともよい労働手段であり、我々のもっとも鋭利な武器であったが、これが、注目すべきことには、ただに我々によって発見されたばかりでなく、なおそのほかにまた、我々とは独立に、いなへーゲルからさえも独立に、ひとりのドイツの労働者ヨゼフ・ディーツゲンによっても発見されたのであった。※『ある筋肉労働者の見た頭脳労働の本質』（ハンブルク・一八六九年・マイスネル書店出版）を見よ。
>
> （『フォイエルバッハ論』前出）

引用したように『フォイエルバッハ論』でエンゲルスは、ディーツゲンが「唯物論的弁証法」を発見したと述べている。エンゲルスがディーツゲンを「唯物論的弁証法の発見者」の一人として紹介しているここには「唯物論的弁証法」とあり、けっして「弁証法的唯物論」とは述べていない。

何を説きたいのか、と不審がる読者もいるだろう。理由は、この唯物論的弁証法の発見者の一人であるヨゼフ・ディーツゲンを無視することは単なる偶然ではなく、現代哲学者の学的低さも、大きくからんでいるといいたい、ということである。これは、「弁証法的唯物論と唯物論的弁証法」の二大概念にしっかり関わり、かつて説いた「カレーライスとライスカレーの大学教授の笑い話」に深く関係がある。

エンゲルスが、ディーツゲンは「唯物論的弁証法の発見者である」と述べているのは、日本語訳だけでなく、ベルリンにて発行されたドイツの原典（*Ludwig Feuerbach und der Ausgang der klassischen deutschen Philosophie*, Dietz Verlag Berlin, 1987）の四十八頁にもきちんと「唯物論的弁証法」materialistische Dialektik とドイツ語で書いてある。それを、事もあろうに「ヨゼフ・ディーツゲンは、……マルクスとエンゲルスからは独立に弁証法的唯物論を主張した」（森 宏一『原典解説・フォイエルバッハ論』青木書店、一九六五年刊、一五七頁）と素知らぬ顔をしてエンゲルスの文をねじまげて紹介している御仁がいる。そも原典解説とはかくのごときをいうのであるか、かくのごときのネジマゲをいうのであるかと、嘆きたくなるのは私一人であろうか。もっともこれは、かのレーニンすらも『唯物論と経験批判論』で、まちがって用いている。が、彼は誤解しているのか、理解力が不足していたといってよい。

たしかに弁証法的唯物論と唯物論的弁証法は同一概念とする永田廣志（『現代唯物論』）から柳田謙十郎（『観念論と唯物論』）に至る日本哲学史の一つの流れが存在するだけに、この誤謬理論を即物的に反映させる、森宏一のような低レベル者が陸続と出ても不思議はない。このように説くと、ある読者からは「その言葉は少し厳しいのではないか、大体その著書は前者が一九三六年、後者は一九四七年の発行だし、何十年も昔のことだろうに」との発言もあろうかと思う。そこで現在とて、その低度はあまり変わりはないという次の事実を挙げておく。

エンゲルスが『フォイエルバッハ論』の中で指摘しているように、ヨゼフ・ディーツゲンはマルクスやエンゲルスとは独立に、またヘーゲルからさえ独立に、弁証法的唯物論を創造した。（ディーツゲン『一手工労働者が明らかにした人間の頭脳活動の本質』森田 勉訳、未来社、一九七八年、一五五頁、解説文、傍点は引用者）

一読すれば分かるように、またもやきっぱりと「弁証法的唯物論」である。世界観と個別学が平気で同一視されているのである。これはどこをどうネジマゲれば出てくる造語なのか。ここまで学問用語を軽視して、自分自身を小馬鹿にできる能力、後世に汚名を残す不勉強とやらは、一体どういう精神状態なのか。この弁証法的唯物論なる概念に、唯物論的弁証法なる概念を平然として混在させうる哲学的⁉︎実力でよくも堂々と公刊できたこと！ とそのアッパレさに我々は脱帽すべきなのかもしれない。

しかし、漫才的実力の展開はここで終わってはいない。次の文を読んでほしい。

一定の制限を付しさえすれば、この本が弁証法的唯物論の古典であるという評価には、私も異議はない。……本訳書の公刊はたしかに弁証法的唯物論の学習のために貢献する。
（『日本読書新聞』一九七八年三月六日号、良知力による、前出森田勉訳書の書評、傍点は引用者）

以上のように、学者らしき肩書を持ちながらも弁証法と唯物論の違い・区別すら理解できかねるレベルという侘しい実力である。ここでもう一つ侘しく記さなければならない。三浦つとむも、故意なのか誤謬なのか、以下のように説く。

レーニンの著作『唯物論と経験批判論』は述べている。「独力で弁証法的唯物論を発見した、この労働者哲学者の中には、幾多の偉大なものがある。」と。……哲学辞典はどうか。さすがにここにはディーツゲンの名がある。「その世界観の根本命題は、（もっとも若干の点には間違った定式があった）、マルクス主義世界観、弁証法的唯物論と相通じている。レーニンはディーツゲンを徹底した唯物論のための闘士の一人と呼んでいる。」
（『マルクス主義の基礎』青春出版社、傍点は引用者）

これを読むと、三浦つとむはこの唯物論と弁証法の理解について、はたしてどうだったのか⁉　との疑問がよぎる。どうしてここでレーニンや哲学辞典は間違っていると注を入れていないのか……と。

この理由は単純なことである。いかに弁証法の学びに全力を挙げても、受験勉強的に、概念としての言葉を学ばずに、会話としての言葉を学んだままにしていったからである。これは、どうしても大秀才としての学習を原点に据える学びしかできなかったからである。

そこで、本章では冒頭に記しておいたように、鈍才の私が、まともに実践して大成功を収めることができた弁証法の本物の学び方を、諸氏への見本のレベルで詳細に説いていくことにしたい。断っておくが、これは鈍才の私だったから可能な成功なのであって、通常の秀才にはとてもとても承服しがたい学び方の現実であろうと思う。だが、である。歴史上の秀才の誰一人として弁証法の学びに成功していない歴史がある以上、大秀才諸氏はそこをしっかりと認めて、鈍才の私同様に、まずは忍耐に次ぐ忍耐を重ねての実践を行ってほしいものである。以下の文章は、私の過去の著作を改作レベルで用いたものではあるが、新しいものとしてまともに読み通してほしい、と心から願っている。

学問を創出したい、本物の学問力を身につけたいと欲して弁証法を学び始めた読者諸氏は、まともに分かっていなければならないことがある。あるいは、弁証法の学びを何年もなした過去を持っているにもかかわらず、弁証法の実力に確信を持てない諸氏は、それがなぜかが理解できないはずである。

優れた頭脳というものは、それだけでは未来に向かって役立つことはあまりないということである。その優れた頭脳は、その頭脳の働かせ方、すなわち諸氏自らがその頭脳の使い方をしっかり修得してこそ、大きく役に立てられるものである。それ故、その優れた頭脳の創出の仕方、創出した優れた頭脳の活動のさせ方の双方を学ぶことが、とても大事なこととなる。

これは当然に、鍛えた身体にも同じことが当てはまることである。なぜなら、いかに見事に鍛えた身体を持っていても、その鍛えた身体のまともな使用方法（用い方）を知らなければ、大して役には立たないものである。そして、これまた見事な精神についても同様に、見事な精神だけでは駄目であり、その見事な精神を自分の人生にまともに用いて生き抜く方法を学ぶことがなければ、なんのための見事な精神の鍛錬（創造）だったのか、わけが分からないということにもなろう。そのために、まずは頭脳活動、すなわちアタマが上手に働くための第一歩としての条件を述べておこう。

私の読者のほとんどは日本人であると思っている。だから、以下の言葉をまじめに受けとめてほしい。日本人であることの第一条件は、日本人としての日常生活をしっかり可能となすのは当然のこと、日本の歴史、文化としての大和ゴコロが育つことが必須でなければならない。現在、教育界では、「英語」だの「英会話」だのと騒がれている。だが、である。日本人として日本の社会に生まれてそこで生き続けながら、まともな日本人として育つには、日本語つまり国語がわが身に実力として備わっていなければならないのは当然のことである。その日本語すなわち国語たる大和言葉がまだ実力となっていないうちに、英語をまともに実力化したら、日本人でありながら、日本文化を学ぶべきまともな学力が育つ前に、その頭脳の生育を棄ててしまうことになりかねない。ここは真面目に分かってほしい。それだけに日本語をまともに習熟してからは、何ヵ国語でも結構である。

先日、京都大学の総長が某新聞の論壇で説いていたが、この内容に正直、ほっとしたのは筆者だけではないであろう。何を説いたのかを私流に端的には「学生諸君、君たちは日本人である以上、英語よりも日本語の達人であれ！」であったのである。日本語を真面目に学べというのは、何も受験勉強的に、では絶対にない。日本人にとって、日本文化、大和ゴコロをまともに学べる力を養うべしということにある。大学教授をはじめとする日本の先生方は、日本語がどれ程に素晴らしく見事であるかを少しも説こうとしない。これは、その先生方は自らの国である日本文化を学ぶための日本語の実力が大きく不足しているからであろう。本来ならば、ここで日本語が、学問修得及び学的体系化のためにどれ程に優秀なのかを説くべきであろうが、これについては私の今後の著作で詳細に展開していきたい、と思う。

それだけに、たとえば『岩波哲學辞典』（岩波書店、昭和二年ないし昭和十年）や『現代教養百科事典』（第五巻「思想」編、暁教育図書、昭和四十二年）の哲学用語・思想用語をヘーゲル並に読める、すなわち目を通しただけで、ヘーゲル『哲学史』レベルでさらりと理解できる人物は恐らくいないはずである。何故ここで現在の書物でないのかの理由は単純である。現在生存している方の書物は哲学書を含めて、この二冊に比してなんとも学識経験が不足というより、学力が低いからである。現在の「哲学者」との肩書を付している人は、これら二書の中の執筆者の最低の実力がようやく、だからである。

これは、戦後の占領政策による教育の結果、日本語の実力不足がもたらしたものと断言してよい。日本語の学習は、現在の中学校・高等学校の国語では、まず駄目である。とくに、文法とか作文等々に、習熟するなどは、古文、現代文を問わずである。そのような余暇（スコレー）があるなら、名文たる小説類を多数読むべきである。現代の名推理小説はとくに！　である。高木彬光とか横溝正史とか、あるいは江戸川乱歩賞受賞作とか、その候補に挙がった人の、である。

日本文化の教養は、見事な古典と外国の古典をまず、当時の時代的言葉でしっかり学習することから始まる。大学教授の方には、ドイツ語をローマ字で学べば精神の深奥が、ドイツ文字で学んでいた当時のドイツ人の精神構造が、なんともお粗末な姿形で反映してくる頭脳になることすら分かっていないといってよい。それだけに、現代中国の簡略化された新文字では、中国古典の深意は日本人には当然のこと、中国人にも認識論、論理学あるいは古代東洋史学レベルでの理解はなんとも……というべきである。

以上が少しは理解できたとして、それだけに以上の格言、金言、戯言なるものを実行できる方法を諸氏はしっかり知っておいた方がよい。以上の格言は、「学的弁証法なるものは、学び方がまずければなんの役にも立たない」となってしまう、ということである。

では、学的弁証法の本当の学び方はいかにあるべきかを少しばかり説いておこう。

それは端的には、弁証法の修得にはまずは、エンゲルスの説く三法則の重視とその量質転化化が大事である。だが、これは学校の国語や社会や理科の学びと全く異なることを分かってかかることである。それだけに、以下に説く「桃太郎の繰り返し」の幼児用物語を参考にしながら、弁証法の基礎的学び方を是非に学んでいってほしいものである。この「桃太郎の繰り返し」レベルにおける三法則の学び方を重視する過程を持たないことには、見事な学的弁証法の上達はまず困難であることを、分かってほしい。

そこで、その「桃太郎の繰り返し」の物語とは何かである。すなわち、学問に役立つ弁証法の完璧な学習を図るための喩え話ということで、以下の「桃太郎の繰り返しの論理構造」を繰り返し説くものである。その桃太郎の物語から始めよう。とはいってもこの桃太郎の物語のすべてが問題となるのではなく、あくまでも、桃太郎の会話の中の「繰り返しの論理」が、その構造が、もっと説けば、その会話の論理の過程的構造こそが、弁証法修得に関わる大問題なのであるから、学的弁証法の修得には、我々は桃太郎の話の全体ではなく、その肝心の弁証法の学び方の論理の部分だけに注目し、そこを順守すればよいのである。ではその肝心の論理の部分とは何か、まずは以下である。


---

ある日のこと、遊びにあきた桃太郎は、鬼が島へ鬼退治にでかけることになりました。

そこで、おじいさんとおばあさんに頼んで、きび団子をつくってもらいました。

おじいさんとおばあさんに別れをつげた桃太郎は、いさんで鬼が島へと急ぎます。

そこへ一匹の犬があらわれました。

「桃太郎さん、桃太郎さん、どこへいくのですか」

「鬼が島に行くところだ」

「なにをしに行くのですか」

「鬼退治だ」

「あなたのお腰につけているものは一体なんですか」

「これか、これは日本一のきび団子だ」

「一つくださいませんか」

「だめだ、これはやれない」

「そういわないでお願いします」

「では鬼退治のともをするか」

「一つください、おともします」

「じゃあ一つやろう、ついてこい」

桃太郎は腰につけたきび団子を一つとって犬にやりました。

犬は「ありがとう」といっておともをしました。


しばらく行くと、そこへ一匹の猿があらわれました。

「桃太郎さん、桃太郎さん、どこへ行くのですか」

「鬼が島に行くところだ」

「なにをしに行くのですか」

「鬼退治だ」

「あなたのお腰につけているものは一体なんですか」

「これか、これは日本一のきび団子だ」

「一つくださいませんか」

「だめだ、これはやれない」

「そういわないでお願いします」

「では鬼退治のともをするか」

「一つください、おともします」

「じゃあ一つやろう、ついてこい」

桃太郎は腰につけたきび団子を一つとって猿にやりました。

猿は「ありがとう」といっておともをしました。


また、しばらく行くと、そこへ一羽のきじがあらわれました。

「桃太郎さん、桃太郎さん、どこへ行くのですか」

「鬼が島に行くところだ」

「なにをしに行くのですか」

「鬼退治だ」

「あなたのお腰につけているものは一体なんですか」

「これか、これは日本一のきび団子だ」

「一つくださいませんか」

「だめだ、これはやれない」

「そういわないでお願いします」

「では鬼退治のともをするか」

「一つください、おともします」

「じゃあ一つやろう、ついてこい」

桃太郎は腰につけたきび団子を一つとってきじにやりました。

きじは「ありがとう」といっておともをしました。


---

かくして桃太郎は鬼が島に乗りこむことになるのであるが、この後の物語は桃太郎の繰り返しにはなんら関係がなく、以上の幼児用物語の中に含まれている論理こそが肝心要のことなのである。それは一体「何か」である。では、もう一度前述の物語を読み返してほしい。こういわれると、諸氏の頭脳に宿る思いは一つの共通項で括れるはずである。その自分のアタマの中に浮かんだ感情そのものの思いを客観化してそれを子細に眺めてほしい。それはおそらく次のような思いであろう。

「えーっ、また読むの? もう読んじゃったよ。こんな簡単な話、小学一年生じゃああるまいし、もう一回なんていわれなくったって、もう分かっちゃってるよ。桃太郎がいたんだろう、そして鬼退治に行くんだろう、途中で犬と猿ときじが出てくるんだろう。もっといってやろうか? そいつらが団子をくれ! っていうんだろう。もう分かっているよ!」

そう文句をいいたい諸氏のココロ、すなわちその気持ちはよく分かる。それでも、もう一度、きちんと目を通してほしい。今度はいかなる思いを諸氏は持ったであろうか。面倒くさい、とばかりに読み返さなかった諸氏は、どうにも一流の学的弁証法への道へは可能性がないといえよう。それだけに、是非にもう一度目を通してほしい。では、いかなる感想を諸氏は持ったであろうか。

「それにしても、どうしてこんなくだらぬ物語を一度ならず二度まで読んでみろというのかな。だって一回読めばこんな子ども騙しの物語なんか簡単に分かってしまうものなのに。分かっているだけに、しかもなんということのない物語だけに、それをもう一回だなんて残酷すぎるよ。でもどうしても読めというのなら読んでみるか。

え〜と、犬が現われました、か。ばかばかしいな。次には猿が出てくるのだろ。ほら、猿が出てきたじゃないか。小学生にだってこのくらいは覚えられるさ。しかし、こんな退屈な物語のどこに大事なものが含まれているのだ。みろ！　とうとうきじが現われましたよ。このきじも団子をもらいたいと、なっているのは分かっているのに、なぜ、こうも読ませるのだ？　ここの肝心の論理って一体「何」なのだ。あ〜あ、やっと終わりにきたよ。

読み終・わ・り・ま・し・た・よ！　はい、終わり。それにしてもどうなっているのだろうね。これが、どうして一流の弁証法への道となるのかな……。何が桃太郎だ。もしかしたら、弁証法とは桃太郎の実力とやらの武勇の比喩なのか、と悪態をつきたくなりかねない……。」

## 第一節　世界の重層構造が視てとれるようになるための弁証法

### （1）学的弁証法修得の一大論理を説く

再度にわたってまじめに読み終えた諸氏の中にも、以上のような感情・感想を抱いた人は案外多かったのではないか、と思う。その通りに、この桃太郎の物語を繰り返し読むことは大変であり、また真面目に読んだからといって特別に新しい「何」かがあるというものでもない。

では一体、何が肝心なのか、この桃太郎の繰り返しの論理とは、そもそも一体「何」なのか。端的には、ここで問題とされなければならない論理とは、冒頭に説いた、弁証法の基礎的実力の量質転化化の過程的構造であり、その過程の構造の頭脳的修練化にあるのである。ここで「量質転化」という言葉は、学問的研鑽を志す人にとっては、昔々は常識レベルであった哲学上の文言である弁証法の法則の一つである。この法則をいわば発見したのはエンゲルスである。これは「何」がどのようになれば、「何」がどのように変わるのか、という意味である。

それはさておき、この桃太郎の物語で諸氏が疑問に思うのは、どうして同じ話が繰り返されるのか、ということであろう。しかも、何回も、である。通常ならば、犬が現われて桃太郎から団子をもらい、それでお供をすることはきちんと説いてあるのだから、猿が出てきた時には、犬の事実と同じようなことがあって、これも桃太郎のお供をすることになりました、でよいだろうし、ましてきじに至っては、ここまで同じことを説く必要性がどうしてあるのか、となって当たり前だからである。

これが通常の認識であり、大方の諸氏の感覚でもあるだろう。これを単なる物語とした場合には、諸氏の感じ方にはなんら異論はない。だが、ここを弁証法修得の論理として捉え返した場合には、そうはいかないのである。どういうことかを説くと、「三つ子の魂百まで」のまともな捉え方に関わる。この諺の通常の意味は三歳の子どもの魂は、百歳まで変わらない、つまり、持って生まれた性質は一生変わるものではない、ということである。

これは三歳児までの認識の育ち方・育て方の如何が一生を支配しかねない、ということである。その通りに、幼児期には、物事を繰り返し、繰り返し教えこむことが大肝心なのであり、この時期の繰り返しの上の繰り返しが、その子の将来にわたっての頭脳の働きを決めかねない、認識としての観念的実体の基礎を見事なまでに創出してしまうからである。だからこその、桃太郎の繰り返しなのである。

だが、である。これと全く同様の論理というより、全く同じ事実が弁証法の学びに関わってくる、とは誰もが歴史上、思っていなかったのである。端的には、三歳児までの認識の訓練と同様の論理が、弁証法の基盤創出の構造に大きく関わってくることが、それも見事なまでの成果を収められることが、武道修行の中での弁証法の修得で分かってきたのである。以上をふまえてみると、どうしても次の文章を桃太郎の「物語」の詳細な事実（出来事）として学んでもらう必要がある、とこれまた説いておくべきであると思う。それは、以下の「牛若丸と飯つぶ」のお話である。

牛若丸と弁慶が、一椀の飯粒をどちらが早く糊に練ってしまうか、競争することになりました。牛若丸は、飯粒の山から、二三粒ずつをヘラの先で取り分けて、軽く練っていきます。弁慶は、飯粒の山をひとまるめにして、全身の力をヘラにこめ、グイグイと押しつけはじめました。彼は牛若丸の方を眺めて、「あんなことをしていたのではいつまでかかるかわかるものか。」と心の中で嘲りながら、なおも力まかせに練っていました。やがて、牛若丸は半分ほどを完全に糊にしてしまいましたが、弁慶の飯粒は表面が押しつぶされて糊になっただけで、中はもとの飯粒のままです。「これではいけない。」と汗をだくだく流して力を入れてみたものの、ヘラより大きなまるめた飯を相手にしているのですから、飯粒が自由になりません。牛若丸は間もなく汗もかかずに自分の持ち分を全部糊にしてしまいました。弁慶の負けでした。

外国には、「ゆっくりと着実に事を運べ。」ということわざがあるそうですが、火事のような、それこそ大いに慌てなければならない場合でも、やはりこの言葉は正しいと思います。

（三浦つとむ『こう考えるのが正しい――弁証法を生活に役立てる』青春出版社）

ここは、いかなることかを少し説くべきであろう。端的には、桃太郎の物語では、ただ単に、繰り返しの大事性だけであるが、この「牛若丸と弁慶」では、その繰り返しの意義が、牛若丸と弁慶との仕事の競いと仕上がりの両面からしっかりと説いてあるということである。ここをもう少し説くならば、桃太郎の「物語」ではうっかりすると、三回くらいはまじめに弁証法の修学はしなければならないのだ、と誤解されかねない。本当の弁証法の学びは、桃太郎の三回の繰り返しレベルでは絶対になく、弁慶の汗だくだくの努力でもなく、当然のことに牛若丸が行った、一粒一粒の飯粒の練り込みレベルの毎日なのである。だが、である。この牛若丸の一粒一粒の丁寧極まる修学が弁証法の学びにおいて、これこそが大切なのだとは、三浦つとむを筆頭にして誰一人語ったことはない！　のである。

では、なぜ、私はそこを重要だと説くのかは、以下のことである。

ここは、弁証法を創出できたとされる、アリストテレスにも、カント、ヘーゲルにも、どうにも理解できるはずもなかった論理である。ではどうして理解できなかったにもかかわらず、彼らに弁証法を創出できたのかの謎を説く必要があろう。まず、プラトンである。となると、プラトンは弁証法の創出者として説いていないのに「なぜ」となろう。ここは、諸氏には分かっていることである。

プラトンは大合宿でようやく弁証法修学の土台ができあがるのだ、と説いていることを。次はアリストテレスである。アリストテレスは幾度も説いているように、「本読み奴隷」としての二十年もの年月を経ている、ことで分かるべきであろう。実に、彼の弁証法創出には二十年以上もの年月が流れていたのである。では、カントは、これも同じように、カントの執筆始めの年齢を考えればすぐに答は出ようというものである。これも二十年以上もの修学である。そして、ヘーゲルはとなると、これは、もっともの凄い事実が浮かびあがってくることになる。その凄い事実とは何か、である。簡単には、彼の大学においての哲学史の講義を思いおこせれば、よい。何年何十年も年月を費やしたにもかかわらず、彼の修学はほとんどが古代ギリシャの哲学者とされる人物がほとんど、であり、かつ、その詳細なことといったら、これでもか、これでもか、と続くのみならず、プラトンの項目を終えることに淋しさしきり！だったこと、である。これで何を説きたいのか、であるが以下である。

ヘーゲルは哲学の歴史を尋ねるつもりで、古代ギリシャの学者の個人個人を丁寧に調べていっているが、それは表面上の出来事であり、内実は、弁証法の歴史形態を己が一身の上に繰り返すという大事業を、自分自身も分からずに行っていたということである。当人が知らず知らずのうちに、一身上に弁証法の歴史的形成過程を辿りつくしていた、ということであり、このことが、すなわち古代ギリシャの学者を網羅していったことが、彼の誇りながら説く「私の弁証法は今までの弁証法ではない、新しいものだ」との宣言にもなっていった程の内実だったのである。

以上を、論理的に説くならば、プラトンもプラトンの実質に存在する弁証法（術）となるべき過程の事実を持ったのだ、ということであり、アリストテレスは二十年にも及ぶ古代ギリシャのプラトンに至るまでの学問とされるべき内実を、延々と説かされていったお蔭で、その歴史的学問の流れが、一身の学問の流れとして形成されることによって、弁証法の内実に必須の一歩一歩の歩み、すなわち、弁慶の荒っぽい歩みではなく、牛若丸の一粒一粒の遅々たる歩みとしての論理が、彼の認識を弁証法性を把持可能な思弁力の芽生えとなし、それらの思弁の一つ一つが全体の一つとなっての、形而上学（アリストテレスのいう第一哲学）の発展として誕生しかかったのだ、ということである。

このように説く私の歩みも、全くの一粒一粒のつぶし、練りの二十年もの繰り返しとして、ようやく結実したことであった。だから、私には以下のことがよく分かるのである。大秀才たる三浦つとむの弁証法の学びも、滝村隆一の学びも、少し昔であるが、武谷三男、坂田昌一の学びも、すべて、一粒一粒の牛若丸のように異質転化を少しずつ起こしていくヘラと米粒との相互浸透が起きてくる本当に大事な弁証法的な弁証法の学びではなく、弁慶のごとき豪快な（荒っぽい）学びだけだったのだ、それでしかなかったのだ……と。

だが、まだ未来を持てる諸氏に、ここであえて説くのである。大きくは桃太郎の繰り返しであるが、それは牛若丸の飯粒の一粒一粒のつぶしから、そして、これのみでしっかり練ることであるのだ、そうでない諸氏には弁証法の修得は不可能に近くなるのだと。これは、あくまでも比喩ではあるが、エドモン・ダンテスの牢獄の中での学習、ファーブルの悲しいまでの一人学習、そして、二十年にもわたった了海の岩壁崩しのレベルが必須となるのである。私は、昔々、まだそれ程奇麗に（崩れないようにはっていない）されていない、了海が掘ったという「青の洞門」でその岩壁の岩々に触れてみたことがあったのだが、そこで、呆然と立ちすくむ程の衝撃を覚えたものである。私にはこれは、三日と持たないだろう……と。私の弁証法の修業は二十歳から始めて、三十八歳でようやく、基本形態の土台が成ったことは、かつて記したことである。ここで、もう少しヘーゲルの弁証法の過程的構造を説くべきであろう。とはいっても簡単に、である。このためには、ソクラテスの学び、プラトンの学び、カントの学びがどうしても必須となるので、ここも詳細は私の「哲学史」（次回作）においての展開としたい。

## （2）世界は一体的全体から生成発展してきている　重層的な過程の複合体である

本章でまず説いておくべきことは、感性的・感情的レベルで表現するならば、「すべては一つに帰結し、一つは分かれて無限の展開となる」ということの実態としての構造である。

そして古代ギリシャにおいて、学問の祖ともいわれ、以上のことを説いたパルメニデスとゼノンが、実際は偉大な政治家でありながら、大学者でもあったことである。

私はこの二大偉人が、「一つは分かれて無限になる」、「無限は収斂（シュウレン）して一つになる」ということを説いている、ということをかつて知った時、「たしかに素朴であり、洗練されてはいないものの、これこそ、学問体系の真髄である」と初めは思っただけだったのであるが、やがて次第に、これは単に論理のみの問題ではなく、まさしくこの宇宙の歴史的な事実がいわば一つの世界、いわゆるビッグ・バンから生成かつ生生発展してきたからこそ、感性的にも論理的にも一つのもの、全的な一体として捉えられるのであり、かつ、その上に学問的にも成立しうることになるのだ、すなわち全的な一体としての論理、一体としての概念に収斂できるし、だからこそ、学問的にはそれを全的な一体となるべく体系性として説くことが必要なのだ、ということに思い至ったのである。

それだけに本章では、宇宙の誕生から、太陽系の生成、そしてその中の一つの地球の誕生、地球からの月の誕生、そのことによっての地球上での生命現象の誕生、そして生命体への転化とその後の生命体のすさまじい発展、さらに、サルから人間に至っての、社会の発展を、全的な一体として世界から始まった大体系的な生成発展として、説いていく。まずは、ヘーゲルの絶対精神からである。

ヘーゲルの説く絶対精神は絶対精神として生まれでて、そこから、自己を大自然へと転化（大自然として生まれ変わる）し、大自然から次は社会へと更に転化していき（生まれ変わって）、そこから本来の目的たる大本の絶対精神に戻ることになるのであるが、これらのすべての過程が、絶対精神たる「自己」のその時点での存在形態・運動形態でもあり、原点も途中も、戻ったものも、すべて絶対精神たる「自己」なのであり、絶対精神としての「自己」の運動であり、つまりは自己としての絶対精神の運動そのものなのである。それ故ヘーゲルの説く「円環」とは簡単にいえば、以上の変転過程が出発点からラセン状の円環を描きながら変転していって、ラセン状的な円環上で元の出発点へ戻って完成することになるのであるが、ヘーゲルはこれを要して、一言で「円環」と称しているのである。

ヘーゲルが観念論から説く絶対精神の自己運動の運動形態そのものを、私の学問的立場で、すなわち学的唯物論の立場から説いていくのが、この講義の内容である。

このように、宇宙の森羅万象が、すべてビッグ・バンという一体的世界からの生成発展であるからこそ、我々が専門とするいかなる分野の対象も、「全的な一体としての全体」から切り離されたものとして存在する（できる）はずはなく、したがって、一体的全体から勝手に切り離して捉えてよいものではない。たとえば物理と化学とか、政治と経済とかいうのは、人間が対象の現象的事実、事件を恣意的に、つまり恣意的な感性レベルの論理性で分けて取りだしてきたものであり、あくまで歴史的な事実は、ビッグバンとしての一体的全体から生成発展している、「重層的な過程の複合体」の中にある一つの個であるということを、頭脳の真中に据えて理解すべきである。

だからこそ、我々がそれぞれの専門分野を科学的に体系化したいとする場合、その一体的全体の生成発展を視てとることを無視しては不可能なのであり、必ず一体的全体となるための自然科学・社会科学・精神科学を総括しての一般科学、すなわち学問的体系性を把持した形而上学たる学一般としての論理学の構築が必要なのであり、そこをふまえてこそ学問としての哲学の成立があるのだ、と理解できなければならない。たとえば、医学においては、人間の病気を対象とするわけであるが、病気は病気として存在するはずはなく、病気の実体の内実は、人間の身体と精神の一体的統一的実在そのものであり、人間はまさしく、ビッグ・バンとしての一体的世界から生成発展してきた宇宙の歴史たる自然の歴史、そこから誕生した生命の歴史、そしてそこに生まれでることになった人間としての社会の歴史の、重層的複合体として捉えられるべきであり、そこを捉えることなしには、正しく全的な一体としての世界の構造は到底理解することはできない。

具体的には、人間の生理構造を解明するには、たとえば、脳とは何か、肝臓とは何かを学問レベルで分かるには、まさしく一体的生命体として発展してきた諸々の生命体に関わっての生命の歴史、すなわち学的生命史観なしには不可能なのであり、さらにそれらをふまえて、病理論すなわち「病気の理論」を構築する過程では、この生命の歴史（生命史観）に重ねて、さらに人間の社会の歴史（ヘーゲルのいう世界歴史）を重ねての構想がどうしても必要なのである。

このように、個別科学を体系化するためには、その対象とする個別分野のみをどんなに探究しても、これは不可能なのであり、ビッグ・バンとしての一体的世界から生成発展してきた世界全体を一体性的実体として丸ごと捉え、そこから取りだした論理を体系化した形而上学的論理学、及びそれを駆使の体系においた学問体系としての哲学が必須である、ということになる。

私が、これまで日本弁証法論理学研究会において、指導かつ教育してきたことは、まさにこのことだったのであり、学者を志す者、学問への道へ進みたい諸氏にとって、この『哲学・論理学原論』がどうしても必要となる所以である。なぜかを端的には、冒頭の文言にあるように、この世界はすべてで一体的物体すなわち物そのものの存在として総括できるだけに、唯物論的にはこの世界は物として統一体と捉えることができよう。まさしくこれは一体的実体であり実在だからである。それだけに、物理の研究の場合、これを一体的実体としてではなく、たとえば光とか磁気とか重力とか圧力とか気圧だとかに分けて研究することになると、一体的実体を勝手にバラバラにして研究する！ ということになり、あげく光は波動だ、いや粒子だなどというなんとも馬鹿げた説を何百年にもわたって阿呆の論理で展開するハメになるだけ！ なのである。光などは一体的実体としてのある物体の一つの性質、物の性質の一つだという簡単な原理すら分からなくなってくるのである。

だから、どのような分野であっても、全体は一体的実体、すなわち物として総括できるだけに、その一つの物として総括した一体的実体を統括しながら体系化するのが学問であるという、修学の原点から現実を説くように頭脳を訓練してほしい。そうでないと、すなわち、体系的に一体的実体からすべてを説く実力が備わらないと逆立ちしても学問とはならない……からである。

## （3）学問が体系化されるために必須の弁証法とはいかなる弁証法なのか

一体、学問が体系化されるには何が必要なのか、何がないから体系化されていないのかを、私ですら学問への道を辿りだした頃は、薄ボンヤリレベルでしか分かってはいなかったのである。それが何十年もの研鑽ではっきりと目に見える形で分かってきたことを諸々に説いているのである。

プラトンは、弁証法の効用について、「弁証法は諸学問の冠石である」と述べているが、端的にはこれは、「（幾年にもわたっての合宿生活レベルでの）弁証法（としての実力を培う問答的闘論）の研鑽なしには学問の土台は形成されえない」というのが、正式の意味である。つまり、学問が体系化されないのはなぜかを一言で説くと、「それは以上のごときの修学によって培った弁証法的実力を把持できていないからである」となる。それだけに歴史上の学者・研究者とされている人々も含めて、ほとんどの人が、以上のごとき弁証法的実力をまともに養成したことがない、というべきである。

もちろん、これには例外がある。たとえば古代ギリシャのプラトンとかアリストテレスとか、近代のカントとかヘーゲルとかは、そうである。それはともかくとして、ここで大きな問題提起をしておかなければならない。それは、そもそもプラトンの述べた「弁証法」とは何か？　すなわち「弁証法的実力なしに、学問はできない」という、このプラトンの弁証法とはそも何モノなのか、である。

何故にこのような問題提起をするのかを、不思議に思う人が多数であろう。それは、プラトンの弁証法なるものは、説いてきているように、我々が常識としている現代の弁証法では絶対にないからである。

端的には、古代ギリシャからカント以前までの弁証法のこと！（但しアリストテレスは除いての）である。これについて、ヘーゲルは一応の総括はしている。彼の文言をまず読んでみてほしい。

「しかし、弁証法が証明とは区別されるようになってからというもの、事実上、哲学的証明といった概念はなくなってしまったのである〔Nachdem aber die Dialektik vom Beweise getrennt worden, ist in der Tat der Begriff des philosophischen Beweisens verloren gegangen.〕。」（『精神現象学 序論』前出）とある。

読者諸氏は、この文言を読んで少し奇異に感じなかったであろうか。ヘーゲルのこの総括は一体「何」を意味するのか、と疑問がなかったのであろうか。

初学者のためにここで少し註を付しておくなら、「哲学的証明」という言葉は、古代ギリシャからの元々の意味としては、「弁じて証明する」という「弁証の方法」だったものが、時を経るにつれて公式化し、哲学的に証明する方法となっただけのモノである。つまり、原義は「哲学的証明」ではなく「弁証の方法＝弁証的証明」だったものである。そこをヘーゲルは知ってか知らずにか、「弁証法というものを、哲学的証明とは別のものとして私（ヘーゲル）は誕生させたのだ」と誇って！　いるのである。

それだけに科学（法則）としての弁証法、すなわち、エンゲルスや三浦つとむの弁証法をまともに時間をかけて勉強した場合、学問の体系はなかなかできないことになる。それは、エンゲルスの弁証法は三法則に帰結するだけに、それだけでは役に立たずとなる、つまりその学問形成の土台となるプラトン、アリストテレス、そしてカント、ヘーゲルの弁証法をなんとしてでも修得しなければ、学問の体系への道標すらおぼつかないことになるからである。

## （4）学問形成のためには、弁証法を二重構造性で学ぶことが必須である

学的研鑽を行う諸氏が弁証法を用いて論を展開していくには、二つの用い方がある。一つは、「自然・社会・精神の一般的な……」という捉え方で、大きく捉えていくことであり、もう一つは、大きく捉えていく流れの中で提起されてくる問題の一つ一つを、科学的とする弁証法レベルの三法則で見つめていくように努めることである。とはいうものの、本当の弁証法の用い方とは以上の二つの弁証法性を直接的同一性レベルで併せ用いることであり、これで初めて学問を体系的に説いていく実力がつくことになるのである。初心者に理解しやすい武道空手を例にとって説けば、たとえば武道空手の技として存在している突技、蹴技、受技は三つに分立している、つまり突技、蹴技、受技は別々の姿形として現象しているので、分けて考えてしまうのが通常の御仁である。すなわち、通常の指導者、修練生は弁証法的実力がないだけに、突技は突技としてしか捉えないし、蹴技は蹴技として練習してしまい、受技は受技として独立的に行うことになってしまい、その結果、突技、蹴技、受技の現象的な姿形の区別と連関はまともに分かったとしても、武道空手の闘い全体としての、つまり体系性としての突技、受技、蹴技としては修練が困難なのである。本当の武道空手には、突技、蹴技、受技といった三権分立（三つの独立した技）などあるわけはないからである。

歴史的に視てとれば、武道空手の闘いは、全身体を用いてのものであったものが、次第に得意不得意的な身体の動きによって結果的に楽に使える自分の技なるものができていって、すなわち全身体技が、

三つの技に分かれることになっただけのことだと分かっていくのが、自然、社会、精神としての捉え方である。なぜそういうふうに分かれたかの、もう一つの捉え方は、三法則の弁証法である。

だが、である。学的弁証法とは「自然・社会・精神の一般的な運動」の法則性を用いることであり、ここからしか身体全体であった闘い方がなぜ三つの技の闘い方に分立したのかは説（解）けない。この問題に相当するのが、学問レベル、すなわち学問体系レベルでの、たとえば「哲学と論理学の区別と連関」であることにつながっていくのである。両者を、二権分立として説くのか、直接的同一性として説くのかは合わせ技となる。つまり、直接的同一性であるにもかかわらず相対的に扱わなければならない、そうでないと間違うことになる。本来学問的にはそういう弁証法的合わせ技の問題として説いていかなければならないものである。それでは、学問形成のために必要な弁証法的実力は以上の二つの合わせ技でよいのだろうか、である。実は、このエンゲルスの定義の二つでは出ていない問題がある。

ではその弁証法とは何なのであろうか。それは、それこそがヘーゲルが用いた弁証法、すなわち、「哲学的証明などは不要とする、かの、新弁証法なるもの」である。しかし面白いことに、ヘーゲルの著作の中にそれは表面にはまず出てくることはないのである。その新弁証法がいわゆる姿形ある形式として現われているのは、カントの主著とされる『純粋理性批判』の中で唯一用いている弁証法である。

しかしこれは、姿形としての形式が現われているだけであって、弁証法とは視えようがないものである。だから三浦つとむは、『弁証法はどういう科学か』の中で、カントにおいて弁証法は復活したのだ、とはっきりと説いてはいるものの、それはどういう実態なのかについては何一つ説いていないのである。

つまり、三浦つとむにはここは分からなかったのだといってよい。

さて、である。ヘーゲルは、哲学的問答法から哲学的証明へと弁証法の発展の時代に、弁証法なるものをまともに学んだわけであるが、悲しいことに、哲学者として名を遺してはいる、かのデカルトが、哲学的問答法の時代の弁証法を学ぶことになったのは、これまた時代性の故であるので、仕方がないとしても、彼デカルトはヘーゲルのように時代の歩みとしての学び方ができなかったので、弁証法を「役立たず」として棄てざるをえなかったのである。だからデカルトの哲学は、ガラクタレベルになってしまったといってよい。それだけにデカルトは、彼の専門である数学も物理学も学問レベルとしては、なんらモノにならなかったといってよい。

物理学とても、学的弁証法を抜きにしては法則的物理、技術的物理は修得できても、学問としての物理学には到底なりようがないのである。なぜかといえば、「弁証法は世界の一般的な運動性の把握」であり、物理すなわち、全体的一つの、一つとしての全体の世界の一般的な運動そのものの理（コトワリ）を体系化するものであるから、学的レベルでの弁証法性が分からなければ、物の運動性が分からない、当然にその構造性たる物の理論も分からないということは、簡単な現実である。現在ですら、まだ当然に太陽系もその運動を学問的には見てとれてはいないことになる。それ故大体、光は直線だ、などと宇宙の光からでなく地上での太陽の光の動きのみから適当な結論を出すだけである。

平易に論じれば、太陽から地球まで光がまっすぐに来るとされるのは、地上間の物質が、光を直線的に通す性質を持っているだけのことだからである。だから、光はガラスに当たれば跳ね返る。それは、ガラスがそういう性質を持つように創られているというだけのことである。もっと説けば地球としての実体は光を通さない性質を持っている。だから太陽光と地球の相互浸透は熱を持つことになるのだと誰もが知りうることなのに……。これは光が熱を持っているわけではないのであり、光と地球の相互規定性で熱として現象しているだけなのである。地球に光が当たったところで、地球は光を通さないから熱を帯びる。だから当たってもすぐには熱くはならない。もし水が太陽の光をほとんど通さなければ、水の表面は熱くなる。しかし水は通してしまうからより簡単には熱くならない、それだけのことである。

　では、学問のために必要な、もう一つの弁証法とは「何」か、である。

最初に説いた、現代の弁証法、すなわちエンゲルスの措定した法則としての弁証法は、学問の体系化のための、基本的土台となる一つの弁証法であった。これが分からなかった人は学問の体系化がかなわず、発展性のないヌケガラとなるのみであろう。これ程学問の構築に大切な弁証法であるのだから、若くして学を志す人は、自分の学問を発展性あるものとしての体系化を望むならば「科学的な弁証法の三法則性」は、学問の体系化のための弁証法性、学問を体系化するため、学問形成のための初心的土台としての弁証法の一つなのだと分からなければならない。

　しかし、学問を体系化するためには、体系化するための構造の諸々の究明が弁証法とは相対的レベルで是非に必要である。これは学問になる構造、つまり体系化する前のいろいろな構造を究明していかなければならない。そのために必要なのが、もう一つの弁証法の学びなのである。すなわち、ギリシャ時代より行われ、現在「哲学的問答」として受け継がれている弁証法であり、プラトンが「弁証法は諸学問の冠石である」といった、そのプラトンの弁証法である。

学的弁証法は、このように、二重の構造（性質）を把持するのであり、双方併せて初めて、「哲学・論理学原論」の構造論が可能となっていくのである。

### （5）弁証法の成立過程から視えてくる弁証法の歴史性、構造性

ここで、弁証法の歴史性・構造性について簡単に説いておこう。
読者諸氏が学的初心者であれば、弁証法という場合、もっとも錯覚しやすいのは、
①古代ギリシャで誕生した弁証法と、
②それが伝えられてきた十六世紀、十七世紀までの弁証法と、
③カント、ヘーゲルの弁証法と、
④エンゲルスの弁証法とは、
その実態たる姿や形が全くといってよい程大きく異なる、すなわち実態的様相が全く異なるのに、それを同じものと考えてしまうという誤謬を犯しかねないということがある。これについては『弁証法はどういう科学か』にも、『反デューリング論』『自然の弁証法』にも、少しも説かれていないだけに、そこを『全集』第二巻「新・弁証法・認識論への道」第二部、そして『武道哲学講義』第二巻である程度説いておいたのであるが、諸氏がもし、これをどうでもよいと軽視するあまり、まともに分かろうとも

しないままに、「弁証法というものは」といったら、虚言を弄することになる。

世上、弁証法をよく学びもしない学者先生の中の弁証法否定論者が書物の中であちらこちらに書いているように、「弁証法というのは、自然・社会・精神の一般的なあり方だから、すべてにあてはまるだけに、逆になんの意味もない」とか、あるいは、「三つの法則といってみても、それだけでは何もいわないに等しい」とか、「矛盾などはあまりに一般的すぎて、自分が専門とする分野の解明にはほとんど役に立たない」などと、修学もしないままに思ってしまうと、その学者先生は簡単に弁証法を棄てることになってしまうのである。

たしかにエンゲルスは、「弁証法は、自然・社会・精神の一般的な運動の法則」というレベルでの文言を書き残してはいるが、当のエンゲルス自身、その中身はよく分かっていなかったといってよい。なぜなら、三法則としての弁証法はいうなれば自然の研究から生まれたものであるだけに、その創出者であるエンゲルス自身すら社会とか精神とかに関しては分かりかねたものだった、といってよい。それだけに大抵の学者先生は「弁証法は自然・社会・精神の一般的なあり方だから、一般的すぎて役に立たない」と弁証法を棄ててしまっても仕方がなかったともいえるのである。

だが、である。古代ギリシャからの歴史で弁証法の生成発展の跡をまじめに辿ってみれば、弁証法とされるものには本来、多重構造があるのが自然に分かってくることになる。すなわち弁証法の学的成立自体に歴史性、過程性、法則性、構造性、理論性があるのだということが、である。それ故エンゲルスが説いているレベルでの「弁証法は、自然・社会・精神の一般的な運動の法則」という時、歴史的レベルでは、これは「自然・社会・精神」を一括りにした一般的な運動の法則〔では絶対にない〕ということである。

それだけに弁証法レベルとして「自然・社会・精神」といった場合、この三つの分野を歴史性、過程性を忘れて、平面的に自然と社会と精神として並べてよいものではなく、「これには、歴史的な三つの過程としての構造があるのだ。あるいは三つの構造としての歴史性を持った過程があるのだ」とはっきり捉えていなければならない。すなわち弁証法は、その大本たる「自然」と「社会」と「精神」のそれぞれの三つの歴史的・過程的な構造に分かたれるのであり、分かたれたらこれまた当然に、それぞれの歴史的・過程的に、それぞれの弁証法としての相対的独立性がある、ことを分かることが大事である。

端的には、自然には自然の弁証法としての特殊性、構造性があり（なければならないのであり）、社会には社会の弁証法としての特殊性、構造性があり（なければならないのであり）、精神には精神の弁証法としての特殊性、構造性がある（なければならない）ということである。それら三つの構造の弁証法の歴史的特殊性をしっかりと理解した上で、その三つをいわゆる弁証法的に重ねることができれば、そこで初めて、三つの弁証法を一般化した学問体系としての弁証法すなわち弁証学となる（なれる）のである。その構造を少しも究明しないで、ただに、エンゲルスの言葉に従って「自然・社会・精神の一般的な運動の法則」と宣（のたま）うてしまうから、発想者であるエンゲルス自身にも学問レベルでは弁証法はあまり役に立たないということにもなったのであり、我々としても、そうなりかねないものなのである。

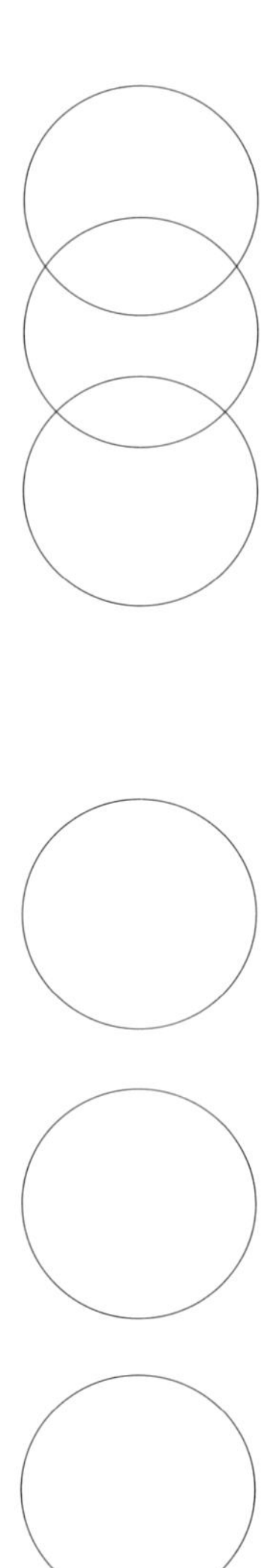

自然・社会・精神

自然　社会　精神

（歴史性がある、構造性がある）

さて、このように「自然・社会・精神の一般的な運動の法則」である弁証法には、以上のような三重の構造があるのであるが、これは弁証法の発展した流れをきちんと辿ってみるならば、次第に分かってくるはずである。簡単に説けば、この地球の歴史をしっかり学べば、まずは自然の発展としての一般的な運動の構造あるいは現実があり、次にそれが社会の発展としての一般的な運動の構造、現実へと発展し、その流れの果てに、精神の発展としての一般的な運動の構造、現実というものが存在する、ということが分かってくる。だから、端的には弁証法というものは、

「自然の一般的な運動の法則性である自然の弁証法」と、

「社会の一般的な運動の法則性である社会の弁証法」と、

「精神の一般的な運動の法則性である精神の弁証法」とがあり、

これを一文でまとめると、「弁証法は、自然、社会、精神の一般的な運動の法則である」となる。だが、

これはあくまでも弁証法が発展した流れとしては、自然の弁証法の流れがあって、次にその流れをふまえての社会の弁証法が出てくることになるのであって、次に以上の自然、社会の二重性（二重構造）をふまえての精神の弁証法の流れが出てくるものである（でなければならないのである）。

そうなのではあるが、人類の歴史、とくに学的認識（精神）は逆コースを辿る場合がままありうる、ことになる。古代ギリシャにおいてはたしかに自然の弁証法ではあったが、中世から近代にかけては精神の弁証法が幅をきかせており、社会の弁証法に至っては未だし！　なのである。少し説いてみる。

まず古代ギリシャにあった弁証法は、本当に素材そのものの、つまり人間の手によって、まだ大きく変えられてはいない自然界を対象としての「自然の弁証法」の成立であった。この時代には、主として人類の向かう頭脳としての目（認識）としては自然的な現象が主体であり、それに向かっての調査・研究が行われていた（それでしかなかった）からである。具体的には、天体を中心としての気候的暦、それに加えての雨や風などを研究しての農作物、工作物、航海術や、浮力などを研究した物理と、測量・戦争に必要な初歩的な幾何などである。このように、ソクラテスに始まってプラトンである程度完成（？）の土台が築かれ、その後古代レベルでの完成したものをアリストテレスが用いたところの古代ギリシャの弁証法といわれるものは、自分の研究対象である、あるものに関わっての討論（論争・闘論）だったのであり、討論（論争・闘論）することによってこそ、対象の真実に迫っていくことが可能となっていくのであり、そのプロセスこそが弁証法（の起源）だったのである。

それに対して、「精神の弁証法」が大きく顔を出してくるのは、中世（スコラ哲学）になってからであり、いわゆる技術が顔を出すのも中世である。なぜなら、頭脳の対象としている自然の研究がある程度拡がれば当然に自然に関わっての認識が複雑化し、発展することによって、ようやく大きく技術の研究の発展がなされるというものである。さて、「精神の弁証法」は、カント、ヘーゲルに至って、中世より大きく顔を出すことになる。だからこそ、この時代にようやくにして、このヘーゲルの『精神現象学 序論』の出現があったのだと、分からなければならない。このように、科学的弁証法を唱えたエンゲルス以来、唯物論学派に受け継がれている「弁証法とは、自然・社会・精神の一般的な運動の法則である」ということの本来の意味を、その歴史性、構造性に立ち入って理解しなければならないのではあるのだが、現実には「社会の弁証法」は未だし！　であるのは説いた通りである。しかし、弁証法を学んだほとんどの唯物論学派たる学者先生方は、エンゲルスが「自然・社会・精神」といったその中身は、本当は生成発展という歴史性、時代性を把持しているのだ、ということを理解できないで、これを平面に並べてしまっているのみならず、社会の弁証法は一片だに存在していないのに、誰もが言及しない。

「自然・社会・精神」といった場合、本来この三つの構造は一体として存在しているわけであるから、これを分けるとなると、自然と社会と精神に分かれることは当然である。それ故、分かれたら対象とするものが、自然であれば自然の弁証法性が存在し、社会が対象ならば、社会の弁証法性が存在するし、精神が対象ならば……と、それぞれ対象の違いによって弁証法もそれぞれに、ある程度違うと思わなければならないはずなのに、学者先生方の頭脳活動が平面的なだけに、弁証法の三分野の立体性を、わざわざ平面的にしてしまっているのである。ここで大きな問題が浮上してくることになる。

それは、では三つが合体した立体的弁証法はどうなるのか、である。自然の弁証法、社会の弁証法、精神の弁証法、の三つが重なると、当然ながらこの三つを一般化したレベルの弁証法になる。すなわち、「自然の」「社会の」「精神の」という特殊性を捨象しての一般性を、つまり三つを重ねて一般化した弁証法としての顔を持つようになってくるのだから、それ故一般的な運動というレベルでは、すべてがまず合致することになる。それだけに、たしかにこれだけであれば、若い学究志望者が試してみて失敗して錯覚するように、弁証法はなんの役にも立たない、といってもいいかもしれない。しかし、一般的な運動というレベルでは合致したにしても、自然の一般的な運動と、社会の一般的な運動と、精神の一般的な運動とでは、その構造＝立体性が違うということは、誰にでも分かるだろうというものである。なぜなら、自然物の運動と人間社会の運動と文化的精神の運動が異なるのは、中学生レベルの常識というものだからである。このレベルの違いが分からなければ、とても学者どころか、高校生ともいえない。

これまで説いてきたように、弁証法には歴史性があるのだから、「弁証法とは何か」を説く場合には、必ずその時代的歴史性（歴史的時代性）を考慮しなければならないのである。だからたとえば、古代ギリシャ・ローマのいわゆる「弁証法」という場合は、あくまでも戦術とか、航海術とか、あるいは測量術とか、もっと小さくは浮力の定理、三平方の定理とか、簡単にはそういうレベルでの弁証法ということになる。

ところで、デカルトの時代の弁証法というのは、どうなっていたのかというと、これがまた面白いことになる。デカルトの時代の弁証法というのは、たしかに弁証法といえないわけではないのだが、いってみれば、刀術・刀法でいえば柳生流なり新陰流なり、北辰一刀流なりといった刀法の上達法としての何十本から百本くらいまでのという種類の組太刀、柔道でいえば何種類かの投げの形、締めの形、武道空手でいえば何十種類の約束組手といったレベルのものであった。どういうことかというと、古代ギリシャの弁証法というのは、ソクラテスからプラトンに至るプロセスで、完成に至る過程性がある程度固まりかけており、それらを駆使可能となった弁証法レベル（古代弁証法）を用いて書かれたのが、現代に遺されているいわゆる『アリストテレス全集』の中身の弁証法だからである。

では、その頃のプラトンやアリストテレスという人物はどういう実態を持った弁証法の実力を駆使できたのかということを、つまり古代ギリシャの弁証法といわれるものを再現することは簡単である。なぜなら、その中身が、およそ十七世紀頃まで、ヨーロッパにおいて行われていた大学の基礎教育の必須授業課目だったからである。それを現代用語でいうと、「哲学的討論法」とか、「哲学的問答法」とかいうものであり、この形式で今の東京大学にも一部の教官の間に、遺ってはいる。だから東京大学で哲学をまじめに学ぼうとする人は、そういう幸運に出会えることもなきにしもあらず、である。ところで現代に残っている「哲学的討論法」とか、「哲学的問答法」とかいうものの実態は簡単である。すなわちこれは何かというと、実は古代ギリシャのプラトン流弁証法の形骸、魂のヌケガラであり、役立つレベルの中身はない形式的問答の集大成だということである。

さて、ここでしっかりと分からなければならないのは、プラトンの実践した弁証法の中身というものは、あくまでも自分自身の研究対象である、あるものに関わっての、そのものの体系性に関わってのA

からBへ、そしてBからAへ、と連綿と続く必死の闘論・討論の方法であったということである。その必死の闘論・討論方法こそがディアレクティケー、つまり弁証法という名で遺っているのだ、ということであって、現在でいう弁証法というものが、その時代に存在したわけでは全くない。

ここを論理的に説くならば、必死の闘論・討論をある方法・ある形態で、自らが問題としている対象の意味、意義を明白にすることを通して対象の真実に迫っていく、そのプロセスこそが弁証の方法、すなわち弁証法というわけなのだから。これが古代ギリシャの弁証法の真の姿であり、形式だったということである。では、大きく飛んでデカルトの時代の弁証法とはどのようなものだったのか。それは、古代ギリシャの弁証法を神学として役に立つように、いうなれば公式化、というか問答化、問答的形式にしたものである。つまり、「Aと問われたらBと答えなさい」「Bと答えられたらCはと問いなさい」という流れでその問答集を作って、それを哲学的問答法すなわち弁証法として伝えていったものであり、それを若くして学んだのがデカルトなのである。しかも彼デカルトは、いうなれば中学生か高校生くらいの年齢で、である。

そしてこれが何に関してなされたかというと、当然ながら神学に関わってなされているわけである。ところがデカルトの専門というより興味を持って学んだものは何だったのか？　専門分野は数学とか、物理とか、医学とかといった自然学に加えて、病気学そのものであるだけに、これはけっして「真の人間とは、社会とは」ではなかった、つまり、自らの専門に役立つ弁証法ではなかった、神学に関わる弁証法だっただけに、彼が真に必要とする学問に関わる内実がいささかなりともあったわけではない。これはエンゲルスの弁証法が、国家論を説きたかった滝村隆一に役立つことはなかったのと同様である。すなわち彼の時代の神学というのは、神の世界、精神の世界に関わっての社会学そのものである。宗教によってどう国家を治め、かつ宗教がいかにしたら社会の平穏を保つのに役立てられるかということが、当時の神学の大問題であったはずである。だから、大秀才だったデカルトにとっては、このような神学の問題で解答だけを述べるというのは、実にくだらない阿呆レベルということになる。喩えていえば、一に一を足したら、何になるかというようなレベルの問題が、哲学的（神学的）問答としてなされたわけである。こんな馬鹿げたことに、大秀才たるデカルトが耐えられるワケがなかったのである。

しかもそれだけではない。本当はこの解答なるものを知っていたとすれば、これを最初から一は一だとしてしまったら、もっと説けば、受験用の問題集のように、いかなる難問であっても、哲学研鑽としての弁証法的問答には到底なりようがないのである。

古代ギリシャは、「はたして解答のない問題でこれは一つと呼べるか、はたして一つと呼んでいいのか」、というレベルの問題から始まり、かつ、それの連続がいつまでも、いつまでも終わることなく、の月日であったのだから。当然のようにソクラテスは、必ず相手に斬りこんで、「ほーら、お前のいっていることは正しくないだろう」と反論する。すると相手は面食らってしまい、「じゃあソクラテスさん、あなたはどうなのですか」と聞く。それに対してソクラテスは「いや、私もあまりそのことは知らないんだよ」と答え、結局、互いが互いの無知を暴きだすことによって、「たしかなことは人間というものは何にも知らないのだ」ということが証明されていくことになる。だが、である。この相手の無知をまともに暴きだすことが次第に有力者の敵意を強め、結果、ソクラテスは死刑となっていくのである。

さて当時としては、そういう見事な問答なるものを構成していくことでソクラテスは尊敬されていくとのことを、弟子たちの著作は語っているのだが、私はこれは後世の贈り言葉が大半だと思っている。でなければ、なぜ処刑されたのかが、分からないからである。すなわちほとんどの相手はそれで人生を叩きのめされる程に参ってしまっただけに、結局は、自分自身もその鋭い舌鋒によって罪に問われることになったのである。以上、それが当時の識者とされる人々の頭脳の最高形態、つまり、互いがまともな反論ができない程の知識力だったのである。とはいうものの、そのような問答レベルではソクラテスはたしかに相手よりは頭がよかったのであろうが、相手の欠点ばかり突っついて、俺は偉いだろうとなり、「じゃあ本当の解答は？」と聞かれても、「そんなこと知るか」で終わってしまっている。

しかし、そのレベルからなんとか抜けだそうと努力を重ねて、それなりの解答を出す問答力を養成できていったのがプラトンの強化合宿である。そういうプラトンであるのに出　隆をはじめとする古代ギリシャ哲学の研究者は、みなそこを分かろうとしない、というより分かる能力がない、というべきである。

分かりやすいことで説けば、プラトンの国家に関わっての対話篇、ヘーゲルの国家論、とかを学者の誰かがしたり顔で批判するとした場合、ただしきりに凄いと評価するか、あるいは批判を積み重ねるだけであり、けっしてその対象の学的論理を体系性として完成しようとはしないのと同様の悲しさである。本来実力があるならば、では本当はどういうことなのか、どう説けばプラトンの国家は学問レベルになるのか、そして同じ論理で、ヘーゲルのそれをも同じ論理できちんと体系的に説いてみせてこそ、批判という学問になるというものであるが……。しかし、誰もが自分の説く国家と、プラトンの説く国家、ヘーゲルの説く国家との体系的な違いは一体「何」なのかは、まず説けはしないのである。

端的には、プラトンは自らが主人公として位置している、自分のポリス（国家）を説いているのに対し、ヘーゲルは絶対精神の自己顕現としての国家を説いているのである。それに対して、現代の学者のほとんどは、自分が好きな、あるいは嫌いな場面の国家を論じて説いているだけ、である。だから、デカルトにとって弁証法がなんの役にも立たなかったように、現代の学者にとってはプラトンの国家はものの役に立つわけがなく、ましてやヘーゲルの国家など自分勝手な絶対精神としての論説だ、ともなってしまうのである。何が説きたいのかは以下である。我々は、良くも悪くも、すべて国家のお蔭で生活できているのである。その自分が国家にとって生かされている（生活できている）ことなど知らぬ顔の半兵衛を決めこんでいる人間の学問が、正常なものに仕上がるはずもないと思うのであるが……。

## 第二節　学的弁証法の構造を説く

### （1）自然の弁証法性から社会及び精神の弁証法性へ

さて、ここまでは、「自然・社会・精神」と、世界を丸ごと捉えた「学的弁証法」の一般論をまず呈示したのであるが、この後、その構造論に入っていくことにしよう。

では「学的弁証法」の構造論的展開とは何であるか。それは、自然の弁証法的解明であり、社会の弁証法的解明であり、精神の弁証法的解明である。現在、わが研究会では、自然の弁証法的解明はほぼ終わり、社会及び精神の弁証法的解明が正面に据えられている。

自然の弁証法的解明とは、もちろん端的には「生命の歴史」の全過程である。すなわち、宇宙の誕生から、太陽系の誕生、その中の地球の特殊なあり方からの生命現象の誕生、そして地球との相互浸透による生命現象から単細胞生命体への転化誕生、さらにそこから、カイメン類、クラゲ類、魚類、両生類、哺乳類を経て、サル類からヒト類そして人間への発展の一本の大きな筋道と、その時々の全宇宙的相互浸透のあり方が、すべてにわたって解明されてきている。それだけに自然研究に関して、ここから理論的・論理的・構造的体系性をもって解けない問題は、現在では何一つないといってもよいであろう。この「生命の歴史」の全過程を理論的に確立できた後、我々のテーマは、社会の弁証法的解明、及び精神の弁証法的解明へと移り、とくにここ数年は、両者の解明へと大きく突き進んできている。

では、その社会及び精神の弁証法的解明とは、どのようなものなのであろうか。社会の弁証法的解明とは、一言でいえば、人類の発展史、すなわち人類の文化の発展史の解明であり、これは、ヘーゲルが『歴史哲学』において明らかにしようとして未完に終わるしかなかった「世界歴史」に関わる、いわゆる「発展史観」なるものに相当かつ匹敵するものである。精神の弁証法的解明とは、人類の認識がサルの本能レベルから、サルヒトレベルの認識が創出されていき、そこからヒト、そして人間に至って精神といえるレベルにまで発展していった、その最高形態としての学問レベルでの文明・文化開化の歴史的解明であり、ヘーゲルが『哲学史』において明らかにしようとして果たせなかった実態的内容に相当かつ匹敵するものである。

この両者を、ヘーゲルは絶対精神の自己運動として、観念論の立場から見事に筋を通した道にしようとしたのであったが（残念ながら未完となっている）、ここを唯物論の立場に立ってヘーゲルに並びうるレベルの学的究明をなしえた学者は歴史上誰一人存在しない。マルクス、エンゲルスをはじめとしてほとんどの唯物論者は、ヘーゲルの著作を学びながら（あるいはヘーゲルを棄て去って）、学問体系レベルの「世界歴史」の概念を確立したものは誰一人としていないのが現実である。ここは僅かに、滝村隆一が「世界史の発展史観」という概念を模索できただけであり、それだけに、アバウトレベルで定立可能になろうか、といったところに到達できたのみ、である。

しかし、我々は、社会の発展史にも、精神の発展史にも、唯物論の立場から見事な一本の筋道を一般性ながら通すことができたのである。それが、なぜ我々において可能となったのかは、いつも説いているように、学問としての弁証法を哲学という学問レベルで把持できた、すなわち確立できたから、につきると思う。そして、もう少しその構造に立ち入ってみると、第一には、我々がまず自然の弁証法的な解明をした、すなわち「生命の歴史」の全過程を措定できたから、可能となったことである。ここから、我々は学問としての「世界歴史」を理解する鍵は「地球の歴史」にありと、宣明できたのである。

だがこれには、二重構造がある。一つは、自然の生成発展の論理構造、すなわち自然の弁証法性は、社会及び精神の生成発展の論理構造、すなわち社会の弁証法性、精神の弁証法性と同一の一般性的構造を有することが分かってきたからである。だからこそ我々は、「弁証法は、自然・社会・精神の一般的な運動の法則」と自らの実力で定義できるようになったのである。したがって、自然の生成発展の弁証法的論理構造が解明できた現在、その弁証法的論理構造から、社会の生成発展、精神の生成発展を究明していけばよい、というところまで到達できている、ことになる。

これについて、少し具体的にいえば、次のようになる。

世界歴史は地球の歴史である。地球の生成発展の歴史を観ることによって、人類の歴史の生成発展をアバウトに観ることができる。これが弁証法たる一般的な運動の法則性である。人類の生成発展の歴史とは、地球の生成発展の一般性が少しだけその姿の形式を変えたもの、ととってよい。地球の生成発展の歴史、すなわち太陽系の物体の物質としての生成発展の一般性を観れば、生命体の歴史の一般性の筋道が分かろう、というものである。両者はアバウトに観ると同じで、生命体の歴史は、地球の歴史の一般性が少し歪んだ姿の形式でしかないものである。同じように、地球の歴史の一般性が、ある程度構造化して分かることができれば、人類の歴史の一般性もアバウトレベルで観てとれることになるのである。

こういう弁証法の効用を、他の学者先生方は分からなかったのである。次に「世界歴史」を理解する鍵は「地球の歴史」にあり、のもう一つの構造は、社会も精神も、自然の生成発展の途上で、生成し発展してきたものであるから、社会と精神を究明するには、その大本である自然をどうしても究明していなければならない、そうしなければ人類とは！　が分からない、つまり謎が解けないものだからである。

これについて少し付加しておくならば、次のようになるであろう。

### A　自然の二重構造とは

「弁証法は、自然・社会・精神の一般的な運動の法則である」と定義されるが、まずこの自然には大きく二重構造がある。それは、火星や月のレベルの自然、すなわち生命現象がなんら関わっていない、物理法則、化学法則のレベルの地球の自然と、生命現象が誕生した後の生命体を含んだ地球の自然である。今の地球の自然には、必ず生命体が関わっている。本当の物理学は、それ故学的レベルでは生命体のいない時代の物理学から始めなければならないのではあるが……。

地球の生成発展も、生命現象が存在していない時の地球、すなわち火星や金星のような、単純な物質現象としての地球と、生命現象と相互浸透した後の地球、つまり、本当の物質がなくなってしまい、生命現象的な物質になってしまった、もっというなら、化学変化が、生命現象的な化学変化として、大地を侵略してしまった地球との二重構造として捉えなければならない。自然にその二重構造があるから、自然の弁証法も二重構造となるのである。すなわち、そういう単純な物質現象と、それに生命現象が化学変化として加わった物質現象との流れが、この、自然の弁証法となる。

### B　自然と社会との相互規定的相互浸透

さて、物体・物質現象としての地球に、生命現象が誕生し、それが生命体へと転化し、その発展の流れで、サルから人間が誕生した。こうした、自然の中に、誕生した人類が社会を創ったのであり、この社会が逆に自然の中に浸透していくようになった。つまり、地球上を覆っている自然現象の中に、人類が創ったところの社会現象的自然が浸透していったのである。

だから、現在のすべての自然と称される実態たる実際は、人類によって徹底的に人間的自然に変えられてきているのであり、それだけに今の地球は、生命体的自然ではなくなってきて、人間（人類）にとっての社会的な自然となっていることを分かることが大事である。自然そのものの相互浸透も、純粋の物質現象と、そこに誕生した生命現象の相互浸透と、社会すなわち国家が誕生した後の相互浸透とは大きく違うのである。社会とは、端的には国家的社会であり、国家は社会の実存形態であるが、この国家も国際的な枠組みとなっているものであり、それだけにテリトリーを把持しているから、たとえば太平洋の自然の相互浸透とはいっても、アメリカ側は、アメリカの社会が相互浸透しての自然の相互浸透であり、日本側は、日本の社会が相互浸透しての自然の相互浸透なのである。

### C　社会と精神との相互規定的相互浸透

自然の中に人間（人類）としての社会が誕生し、発展していく流れの中で、古代ギリシャのあたりから、少しずつ精神的なものが大きくなっていった。精神とは、人間の頭脳の機能としての認識が高められたものであるが、今度はこの高められた精神的なものが、人間（人類）の社会の中の底辺までにも浸透していくのである。すなわち人間（人類）が、設計図を描いて行動し、新しい社会を創っていくようになる。たとえば、アレクサンドロス大王は、最初はただ侵略したいから侵略したのであるが、今の世界の覇者たらんとする国家は、しっかりと目的的な設計図を描いていきながら、静かに少しずつ侵略しているのである。

人間（人類）が創った社会のあり方は、社会の精神の存在形式が違えば、その行動様式からして違うのである。人間（人類）が文化を創り、精神を生みだすことによって、社会が少しずつ変えられていく。社会すなわち一般大衆の中の、精神中の精神が次の社会の指導的精神となるのである。つまり、社会をリードしていく、観念的な指導者の精神の誕生は、社会の底辺から誕生してくるのである。当初は自然そのものが、国家の誕生によって分断されていくのであるが、それが今度は、人間（人類）が文化を創りあげるようになって、文化によってまた社会が創られていき、かつ、それによってまた自然が変えられていく。だから、弁証法性とは、先程説いたように、自然で二重性、社会で三重性、精神で四重性の構造を把持し、かつこれらの見事なまでの相互浸透である。冒頭に示した、「弁証法とは、自然・社会・精神の一般的な運動の法則である」とはこういうことである、と諸氏は分かってきているだろうか。

以上、「世界歴史」を理解する鍵は「地球の歴史」にあり、のもう一つの構造は、社会も精神も、自然の生成発展の途上で、生成し発展してきたものであるから、社会と精神を究明するには、その大本である自然をまともに究明していなければならない。

## (2) 弁証法（変化法・運動法）の構造を説く

弁証法は、矛盾の科学だとか、対立物の統一の学だとか説かれている。これはどういうことなのであろうか。前にも説いたように、対象の一般的な変化・運動という性質を捉えて、弁証法性と呼ぶのであるが、この変化・運動の構造に立ち入ってみれば、そこに大きな矛盾が存在することに気がつくはずである。その矛盾とは何か。運動というのは、辞書的には「物体（質点）が時の経過と共に位置を移す物理現象」（『岩波 国語辞典』第四版）と機能レベル・現象レベルで説かれているが、弁証法的には、これは構造レベルをも含むものとして、理解すべきものである。それはともかく、ここを論理的に説けば、物体がある位置に同一の瞬間（時）に存在すると同時に存在しない、ということである。つまり、そこにあるとともにないのである。これが運動の本質、動くということの論理構造なのであり、存在すると同時に存在しないからこそ、動くし動けるのであり、動くことになるし、動かされるのである。

このように説明すると、そんな馬鹿な、それは矛盾じゃないか、といわれそうである。全くその通りである。これは矛盾である。だから運動の本質は矛盾なのである。ついでに変化について説いておけば、変化とは有（或）るものが有（或）るものであると同時に有（或）るものでないという、これまた矛盾なのである。これとて運動と同じ論理であり、有（或）るものであると同時に有（或）るものでないからこその変化なのであり、初めから有（或）るものでないものでしかないならば、それは変化ではなく当初から別物だったのである。これが矛盾というものなのである。以上で分かるように、だからこそ弁証法性＝変化・運動を究明する弁証法は、その本質において矛盾の科学ともいわれるのである。

この運動の矛盾に関する問題はギリシャ哲学が提出しているが、これが現在に至るも有名な、かの「ゼノンの絶対矛盾（詭弁（キベン））」といわれるものである。この古代ギリシャの哲学者として著名な、かつ大政治家でもあったエレア派のゼノン（紀元前四九〇年頃―四三〇年頃）のいわゆる詭弁（絶対矛盾）とされるものの一つに「物体が空間の一点にある時、それは静止している。したがって飛ぶ矢は静止している」というのがある。常識からすれば、飛んでいる矢は運動しているのであるから、どう考えても静止しているわけはない、ものである。それを静止しているとゼノンは説くのである。だから〝詭弁〟だといわれ続けているのである。

だが、本当にこれは詭弁だったのであろうか、と問うだけの学的実力者は歴史上あまり存在していないという淋しい現実がある。哲学レベルでここをまともに評価できたのは、アリストテレスとカントのほかには、ヘーゲルが存在しているだけではないかと思われる。端的に説けば、これは現象のみから見ての、反駁できない故の悔やしまぎれの雑言としての「詭弁」でしかなく、運動の構造に立ち入れば、そうでもなくなるのである。学問、とくに哲学という学問の構造に分け入る実力のない人に説くのは難しいが、学問なるものは、現象している事物を研究することから始まることは「確か」ではあるが、それはほんの出発点にすぎず、それは学問への道なのであり、そこから先が、すなわち構造論に立ち入ってこその学問の道となるものなのである。すなわち学問とは現象（形態）を説くことや、現象（形態）を論じることをもって本分とするものではなく、それは学的準備運動であり、学への出発点なのであり、その現象の構造に立ち入ることこそが学問の道だからである。

現象と構造の違いは、現在の学者と称している人々には事実レベルではともかく、学問レベルではおそらく理解ができていないのではないかと思われる。その証拠の一つは、哲学という学問を研究者の

「信念」とか「思想」とか「アイデンティティ」とかに解釈してしまったあげく分かったつもりになっている御仁だらけだからである。たとえば「それがあの人の哲学だ」とか、「私の哲学はこうだ」とか、の悲しくも貧しい発言である。それだけに、事物現象の研究だけではまだまだ学問にはならない、学問への道はまだ遠いことを分かろうとはしない、というより分からない人なのである。

そもそも学問は、政治学でも物理学でも、その現象を現象たらしめている内実、すなわち構造を視てとることをもって本分（内容）とするものである。この構造とは現象と違って実体ないし実態そのものの骨組みであるだけに、それ自体としては直接に視えるように現象することはできないのである。

はっきり説けば、実体ないし実態なるものは、直接的に我々の五感覚器官で知ることは不可能なのである。だから我々は事物の現象している形態を元にして、その実体ないし実態を明確にするために現象しているものの内実に迫っていかなければならない（これが学問の中身というものでもある）のであるが、その現象の内実のある形質が構造といわれるものなのである。その構造は、現象をいくら見つめていても現象の奥に隠れてあるもの故、隠れているものを見出すためにも、現象の中に入っていく実力（頭脳活動としての論理能力）こそが求められることになる。この実力こそが説いているように学的能力、つまり学問力であり、これこそが別名、論理能力といわれるものである。それ故、現象している対象の構造へ分け入ることが学問であるから、学問力をつけるとは端的には、対象の構造へ分け入る力を養成することであり、論理能力を身につけることなのである。

個別学を学問として自身の手で創造する、すなわち体系化することができて、ようやく直接的な論理能力の把持となってくる。この実力を社会科学から自然科学へ、あるいは自然科学から社会科学へと創出していく過程で精神科学的実力を培ってこそ学問としての実力、すなわち学問力が哲学としても花開くことになるのである。以上の論理が信じられない御仁は、古代ギリシャ哲学の完結者といってよい哲人アリストテレスから、最後の現在的哲学の完結者たらんとした大哲人ヘーゲルまでの、哲学の歴史上に偉大というレベルで名を遺している本物の哲学者とされる人の伝記を読まれることである。

さて、学問とくに哲学形成の論理はこのくらいにして、肝心のゼノンの（詭弁と称される）絶対矛盾なるものであるが、この現象の内実たる構造に立ち入るならば、つまり、学問レベルでの解答ということになるならば、これは常識的な詭弁でも何でもなく、対象たる運動の構造に実在する学的論理そのものなのである。端的に説けば、これは運動の把持している性質の一面に、つまりある面にのみ着目してしまったからこそ、このようなおかしげな解答になってしまったのである。

そもそも弁証法レベルから説くならば、運動とは矛盾そのものであるから、ある面に着目したならば他の（別の）面に、つまりそうではない面にも同時に着目することが、すなわち、ある面と他の面との二面性を同時的に直接に着目する＝取りあげることこそが正解となっていくものなのである。これで初めて、「存在するとともに存在しない」という、運動の構造の一般性についての正しい解答に帰着できるのである。以上、弁証法レベルの解答は、相対立する面を一緒に直接に、つまり統一して取りあげるし、また取りあげなければならない（正解とならない）ので、弁証法のことを別名、「対立物の統一についての学」とも称することになるのである。

> 弁証法は簡単に対立物の統一の学説と規定することができる。これによって弁証法の核心はつかまれるであろうが、しかしこれは説明と展開とを要する。
>
> （ヴェ・イ・レーニン『哲学ノート1』全集刊行委員会訳、大月書店）

弁証法に関していろいろと説いてきたので、ここで端的に要約しておきたい。

弁証法とは、自然・社会・精神の一般的レベルの運動性に関わる・運動の一般性に関わる学であるが、その本質レベルからすれば一般的矛盾に関する学であり、本質レベルの構造に立ち入れば、対立（物）の統一に関する学である。この対立の統一に関わっては、第一編第一章で引用した、エンゲルスの三法則について記した文章（『自然の弁証法』）を参照してほしい。

一読して分かるように、あのエンゲルスの弁証法に関しての法則には、どこにも対立物の統一とは書いていない。ただ、三つの法則に帰着すると説いているだけである。では、何故レーニンは「弁証法は簡単に対立物の統一の学説と規定することができる」と説いたのであろうか。それは、これらの三法則のそれぞれが対立物の統一として把握できるから、レーニンもそのように理解したまでである、との解答を期待されるかもしれない。しかし、それは正確な解答ではない。ここではその構造を説く時間がないので、簡単には三浦つとむのエンゲルスとレーニンに関する諸論文を参照してもらえればよい。それらの論文に筋を通すべくキチンと説かれてあるわけではないが、なんとなく諒解はされるはずである。

　この難問（なのである、本当は）への解答の正確な過程はともかく、レーニンと同じように、ここはこの三つの法則は対立（物）の統一として捉え返せるのである。簡単には、まず量と質の統一、次に相互に浸透する対立する物の統一であり、最後に否定と否定の統一である。これに「ん？」と疑問の像が頭に浮かぶ人は、弁証法の初心者そのものである。そこで、私が定立することができた、法則レベルの弁証法の簡単な図を示しておこう。

　詳しい説明は抜きにして説けば、万物＝森羅万象に関わる事物・事象の変化・運動の一般性の本質が矛盾であり、矛盾の構造に対立（物）の統一がある。その対立（物）の統一の構造の具体性の一般性として弁証法としての三法則が存在するのである。もちろんこの説明は、学的レベルから説いたものであるから、事物・事象の具体性からするならば、その具体的な変化性・運動性の中に量質転化の一般性や相互浸透の一般性、否定の否定の一般性が法則レベルで発見されるということである。そして、これら三法則の構造に対立（物）の統一

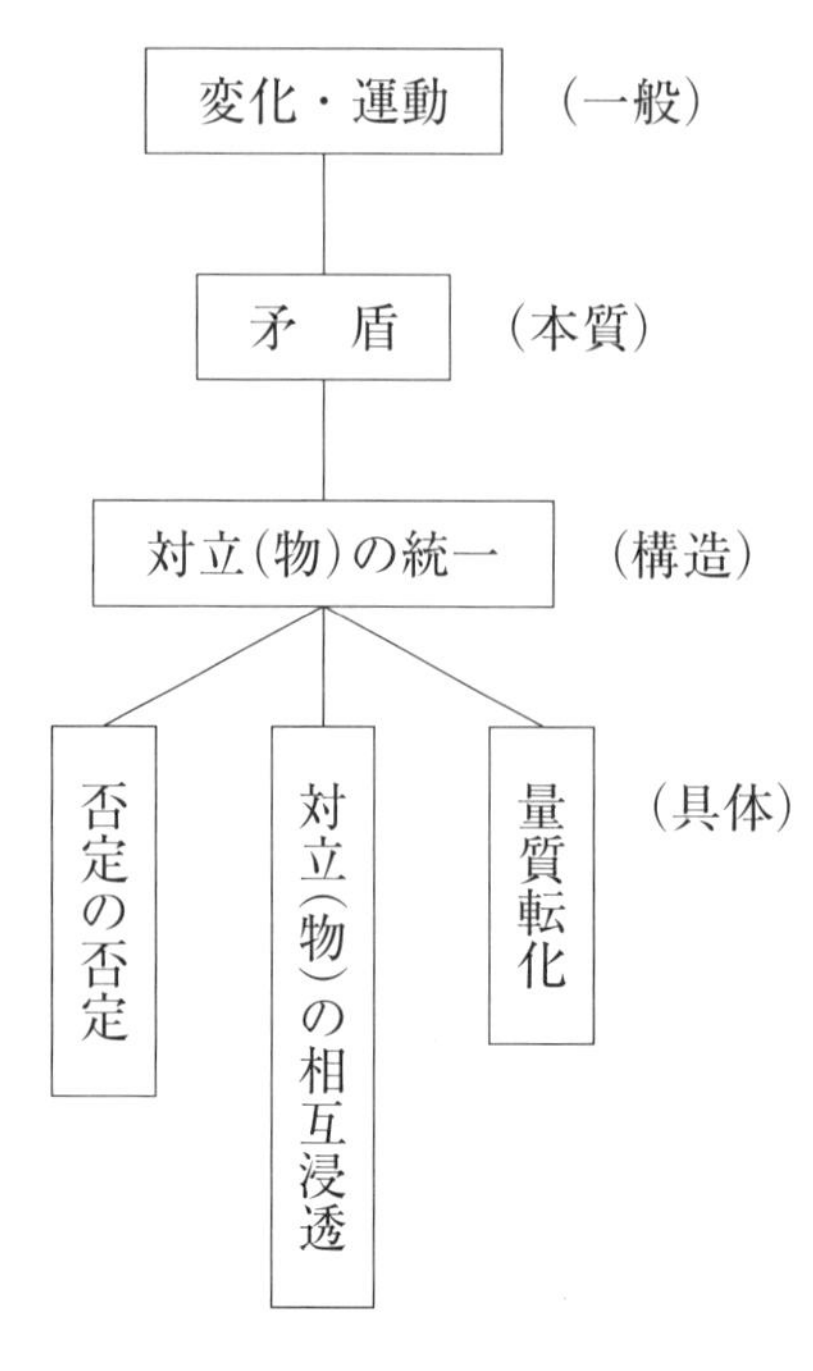

〔弁証法の一般的構造図〕

が存在し、その本質が矛盾ということになるのである。もっと詳細なる論の展開が必要と思うが、本書ではここまでである。

また、エンゲルスの『自然の弁証法1』（前出）の引用文の中に「これら三法則はすべて、ヘーゲルによって彼の観念論的な流儀にしたがって単なる思考法則として展開されている」（傍点は原文）とあるが、これには少し注釈を加えておく必要がある。

まず、この三法則であるが、これはヘーゲルの弁証法の実態そのままではなく、エンゲルスが唯物論的かつ法則的に変えて創出したものである、つまり、エンゲルスがヘーゲルの観念的弁証法なるものを、唯物論的科学的なものとしての三法則に仕上げたものである。それに、「単なる思考法則として」〔als bloße *Denk*gesetze〕とエンゲルスは説くが、これはこの言葉通りに「思考法則」とヘーゲルが説いているのでは絶対にない！ ということである。つまり、二点ともエンゲルス流にヘーゲルを低く見て説くならば！ なのである。この当時のエンゲルスは、ヘーゲル流観念論、とくに絶対精神そのものをどうしても退治して、学的追放をしたがっていただけに、絶対精神を「バカげきった熱病やみの幻覚」として退ける努力をしていた。それ故、ここは理論的には思惟（Denken については思考と訳したがる御仁もいるが認識論的には、思惟の訳の方が正しい）法則ではなく、絶対精神の自己運動が正解なのである。すなわち、絶対精神（絶対概念・絶対理念）の運動法則とするのである。

「だからどうしたのだ?」の疑問には次のように返答しておく必要がある。このエンゲルスの思惟法則という言葉をそのままにヘーゲルを理解しようとすると、とんでもない誤解をしてしまうからである。

簡単には、ヘーゲルの学問を矮小化（ワイショウ）ないし歪曲（ワイキョク）して、どうでもよいものにしてしまうことになるのである。くれぐれもヘーゲル哲学の学びは、エンゲルスの「バカげきった熱病やみの幻覚」に惑わされることなく、絶対精神そのものの展開であるヘーゲルの全体系の思考・思惟レベルから理解されることを読者諸氏には願っておきたい。

### (3) 弁証法的な論理をモノにできる頭脳の働きが可能となるには

弁証学講義の最後にあたって、少し補足しておくことがある。以下である。ヘーゲルが『精神現象学序論』でつとに説いているように、「哲学でなくても学問というものは、体系化が成就可能となるような研鑽を重ね続けていくのでなければ、その学問がいかなるものであっても後世に遺るレベルで価値ある学問としては成されることはないのだ」との指摘を私はまともに受けとめ、その体系化が可能となるための道標の要諦を、折に触れて説いてきている。それだけにここで改めて説いておきたい。

ヘーゲルの説く学問の体系化を果たすにはまず第一に、弁証法的な論理能力が必須となるが、そもそも弁証法的な論理をモノにできる頭脳の働きが可能となるには、次の四重もの研鑽をしっかりと積んでいく必要があることを知ってほしい。

一は、とにかく弁証法なるものを知識としてでも、きちんと段階を踏んで学ぶことから始めるのが大事である。その知識修得の順序としては、まずは、エンゲルス、三浦つとむ流の科学的とされる（本当は科学ではなく、法則レベルなのであるが……）弁証法に関わるいわゆる三法則なるものを、しっかりと一つずつ理解していくことがまともなルートとなる。

二は、この三法則なるものをそれぞれに、自らの専門的事実ではっきり分かる努力を続けることが大切なのだが、これにはおよそ、毎日続けても三法則のそれぞれに三年から五年くらいの年数がかかることを知っておくべきであろう。

三は、この三法則なるものが自分の専門的事実でなんとか駆使できるようになったならば、次には、この三法則なるものの相互規定的レベルでの構造的変化（簡単な例では、量質転化と相互浸透の相互規定性を学ぶこと）をしっかりと分かる努力を為し続けることを、絶対に怠らないことである。

四は、これら三法則なるものの相互規定的変動（構造的変化）が、いついかなる場合でも可能になるように努め、そこから、三法則なるものがエンゲルスの説く、いわゆる「弁証法とは、自然、社会、精神の一般的運動（変化）に関する法則（学）」との連関的運用が自然に（無意識的に）可能となる努力を、これまた必死に為し続けることである。

ここを経て後、ようやくにして学問の体系の土台となりうる認識論なり論理学への道が、ささやかに開けてくることに諸氏の頭脳が気づくことになってくるであろう。

# 第五章　認識学とは何か

## 第一節　外界を論理的に把持する頭脳を養成する道程とは

### (1) 認識学の基本的な構造を説く

諸氏には、認識論が学的体系を把持可能となった場合を、論ではなく（論から発展して）学と称することは常識であろう。それ故、本『哲学・論理学原論』からは、認識を「論」としてではなく、「学」として説いていくことにしたい。

さて、である。認識学とは、読んで字のごとくに認識を正面に据えてそれを学的体系性として説くことにある。認識たるものの実態や具体性を、一般性レベル、歴史性レベルとして説く学問である。だが、大抵の諸氏にはこれだけではなんのことだかさっぱりではないものの、まだモヤモヤのはずである。それだけに、まずは肝心の認識とは一体「何」か、をプロローグレベルで説くことから始めていこう。

そもそも認識学で説く認識とは、端的には人間の頭脳活動のことであり、簡単には、アタマの働きとココロの働きが直接的同一性レベルでの一体性としてあるものである。すなわち、人間はすべて、このアタマとココロを一体化しての頭脳活動を行って日々の生活を送っているのである。ここでアタマの働きとは、教科書などの難しい学びなどであり、またやさしくはクイズの解答を考えることである。

また、ココロの働きとは「ココロこそココロ転がすココロなれ、ココロにココロ、ココロしていよ」との古言にあるような、そんな自分の思いや想い、その発展形態である思考・思惟の働き、つまり、遊びたい学びたい、食べたい食べたくない、暴走したいおとなしくしたい、殺したい死にたい、頑張りたい怠けたい、眠りたい眠りたくないとか、精神病の問題として、成長していきかねない、「なんで、私の気持ちを分かってくれないのか」とか、「あいつは嫌な奴だ」、「あいつには文句をいいたい」とか、あるいは「正しいとは何か」、「悪とは何か」の道徳の問題とかの、いろいろなことに自分の思いや想いが四方八方的に働いていくことでもある。

それだけに認識学とは、以上のようなこれらの認識の過程かつ現在、そして未来を理論的体系的に問うて論じるものなのである。真の学問レベルで答えるならば、人間の頭脳活動たる認識を、歴史的・具体的に探究して、それらを論理化し理論的に体系化したものとして構築して学問となるものである。

これは大きく分けるならば、以下の三部門となる。

一は、人間はどのように発展してきて現在の人間という存在になったのかを、ヒトから人間への認識の歴史的発展から捉え返して、人類の認識としての発展過程の論理構造を説くことである。

二は、人間は一般的にいかなる認識の発展過程を持っているか、かつ、いかなる発展過程を持たせるべきかの論理構造を説くことである。

三は、人間の認識の一般的発展というレベルではなく、その一般性をふまえて、個としての人間、社会的個人としての人間の認識、すなわち個性・性格といったものについて、赤ちゃんの誕生時から現在までの、その個人発展過程の論理を説くことである。以上について、簡単に説いておこう。

一番目は、これは現在文化史として存在するものの学問レベルにおける論理化であり、これの最高形態が学問史の中の、哲学の学説発展の構造史（事実的に哲学を紹介していくことではない）を説くものである。具体的にはヘーゲルの『哲学史』が唯一の基本書であり、他の「哲学史」なるものは、単なる哲学書の歴史あるいは哲学者の歴史でしかないことを分かっておくべきである。

二番目は、社会的個人としての人間は、個人としてはともかく、一般的にはいかなる過程の認識を経ているのか、そしてそれは何故（ナニユエ）か、またその認識は本来どのような過程を経ていくべきなのか、を人間の歴史の発展過程をふまえて、人間はいかに育てていくべきなのかの、いわゆる教育の過程の論理構造を説くことである。ここを簡単に分かるには、保育園・幼稚園を含んだ日本の教育の流れを、その教材、とくに教科書全部を一列に並べてその教科書の大見出し・小見出しにしっかりと目を通して見ることで、読者の方々はある程度分かってくるはずである。もっと説くならば、ここの論理を認識論レベルで把握し、かつ、ここに弁証法性を把持するようにあてはめることができれば、そこから生みだされるはずのレジメが、教育の構造の一般論たる教育学の大きな一つの柱となるものである。

三番目は、大きく説けば、現代までの歴史上の精神医学・心理学の集大成を考えれば、解答は簡単である。すなわちそれらの数多くの症例を事実として集大成し、そこに横たわる、個としての認識の正常から異常、そして異常から精神病への過程の論理を過程的構造として把握することが、まずは基本となるものである。端的に分かりやすくは、個としての人間の心の、正常かつ異常の発展過程の論理を説くことでもあるのである。少し難しく説くことになってしまったが、具体レベルでやさしく説けば、人間の一般的・特殊的・個性的なアタマとココロに関する問題を、個別的・個性的事象に人きく振って、そこを論理的に究め、理論化し、体系化していくことなのである。次は認識そのものについてである。

そもそも認識学なるものが学問的に問うものは、当然のことに認識そのものである。では、ということで認識とは何かを簡単に説くならば、これは人間が自分の脳の中に描いていく像の生態そのものをいうのである。もっと説くならば、像の生態の生成発展を事実的形態から、その発展形態である表象形態から抽象形態までの変化発展を、事実的・論理的に問うものとなる。

だが、ここでいかなる世界観を把持するか（観念論か唯物論か）により、原基形態そのものからして、大きく異なっていく。観念論の立場からは、認識そのものは、脳の働きとして先天的に実在している、とする。唯物論の立場では、人間としてのいわゆる認識は、外界の反映として誕生し、その反映像が定着することによって、そこを基盤として生成発展していくことになる。

ここでは、その基本的形態を簡単に追うことにする。この像は当初、人間が生まれでた瞬間からその人の脳の中に外界の反映として描き始められることになる。そしてこの像は生まれでたその瞬間の自分の感覚のすべてを動員して描き始められ、かつ、描かれながら動き（働き）始めることになる。そしてこの像を描く大本となる感覚というものは、感覚器官なるものを通して脳にもたらされてくる。そして感覚器官は五個存在するので、五感覚器官とも説かれるようになっていく。この五感覚器官はそれぞれの自らの感覚器官が感覚した内容を、脳へとつながっている神経を通してそれらを共通化・相互浸透化させながら脳へ運んでいき、それらが脳でいわゆる一般性的に一体化された像になったものが認識といわれる一般的なものである。この脳に描かれる認識すなわち像に関しては、学問上は観念論の立場からなるものと、唯物論の立場からなるものとでは、当然のことに大きく異なるのである。

私の世界観たる唯物論の立場からするならば、端的には認識とは脳の中に描かれる像であり、その像は外界にある諸々のものが五感覚器官に感じとられ、その感じとったものが全身の感覚器官の神経を通して脳に伝えられ、それが脳に像（絵）として描かれるものを指すのである。ここを別の言葉では、五感覚を通して脳に反映したものが感覚として、つまり感覚を伴って形成された像である、とも説くのである。簡単には、「認識は外界の頭脳における反映である」とも、説くのである。また認識は、五感覚器官なる感覚器官を通して得られた感情像であるだけに、五感情像といってもよいのである。

もっと説くならば、五個の感覚器官で感覚されたものが神経を通して相互浸透的レベルで合流・合成化されて、その人の感情としての像を形成していくものであるともいえる。これが認識の創造されてくる原基形態（大本の形）である。ここからこの原基形態を原点として各人の認識の発展が脳において頭脳活動として始まっていくのである。

ここで、認識というものがどうにも理解できない諸氏は、たとえばということで、吉田兼好の『徒然草』の中にある「心にうつりゆく、よしなしごと」とか、「あやしうこそ物狂ほしけれ」などが認識であり像であると思うことができれば、分かりやすいであろう。

さてこれらの認識が、次第次第に発展していき、自分と他人との認識の交流が繰り返しなされることになって、十代の末くらいにもなると、それらの認識を用いることが他人からのお仕着せではなく、自分流レベルで可能となっていき、そしてそれらを自分流レベルでしっかりとした筋道化をなすレベルにまで昇華させたもので考えることができるようになる。これを「思う」が進歩して「考える」とともに発達したものを、学問レベルで思惟というのである。すなわち自分流に「区別と連関で」その〝よしなしごと〟(徒然草)を括る＝論理的に捉え返したものが、思惟なのである。

であるから、思惟するとは、その対象に関わって反映してくるものを頭の中で適当にあれやこれやと存在しているものの論理化(筋道を立てていく)の過程と考えることができるならば、合格というものである。単に思うレベルや考えるといったレベルではなく、思惟するとは頭の中で自分流ながらも論理的(筋道を立てる)に捉え返せていくレベルであるので、思うや考えるよりは大きくレベルが高いものである。そしてこの思惟なるものが、その中身を現実化へ向けてなんらかの目的的な行動として実践するようになっていくのを意志というのである。すなわち「意志とは思惟の中身を客観化するための実現へ向けての行動」なのである。それだけに、行動するレベルにもなっていない認識の実態は、概念体としては思惟であるとはいえても、意志とは呼べないことを分かることが大事である。

これらの思惟を意志へ転化させるように働く力が精神力である。精神とは個人のレベルでいえば、その人の認識＝思惟が、いつもいつも目的性を帯びた個性的な実力となっている場合をいうのであり、それを力強く発動できることを精神力というのである。であるから、目的をどうしても意志に転化できないで思惟レベルでしか持ちえず、常に心がフラフラしている人は個性的でないとも、意志薄弱とも、精神力がないともいってよいわけである。別の角度から説くならば、その人の個性を見事に（立派に）使うことの可能な力を精神力といってもよいであろう。

ついでながら、東京大学や早稲田大学をはじめとする一流大学の大秀才諸氏が学問への道を歩けない、学者になりたくても研究者にしかどうしてもなれないのは、精神力の問題よりもむしろ、その創られてきた認識の実態（中身）に問題があるのだ、と分からなければならない。ここが分かる実力、ここを認識的に問える実力をつけるには、人間とサルとの区別と連関がまずは分からなければならないのであり、これには、人間はいかにしてサルからヒトへ、そしてヒトから人間になったのか、なれたのかの研究がしっかりとなされていなければならないのである。そこをふまえるならば、認識学の実力をつけるためにはどうしても人類の文化の歴史を勉強しなければならない。これは事実的には、古代エジプトから古代ギリシャ・ローマに至る文化の発展を見てとることであるし、論理的には原始共同体からアジア的ではなく、オリエント国家への文化の発展をしっかりと自分の能力で再措定することである。

思うとか考えるとか思惟とかの言葉が出たので、それに関わる言葉である「思想」について少し説いておきたい。思想という言葉を分かるためには次の例から始めるのがよいであろう。それはサルと人間でいえば、サルには思想がなく、人間には思想がある、と。

思想を初学者レベルで説くならば、その人が自分自身を主体（＝主人公）にして人生や社会や国家・世界などを考えていく考え、その人が主体的に考えていくその考え、これが思想の原基形態である。すなわち、ここから思想が生まれてくるのである。つまり、思想というものは、たしかにある人の考え・思考・思惟には違いないのであるが、それだけではまだ思惟のレベルなのである。思惟だけであると植物の種子レベルであり、種子は芽が出て茎となって伸び、花が咲いてようやくに一人前となるが、思想も同様に「花と開いて咲いて」初めてようやく一人前の思想となれるのである。端的に難しく説くならば、思想とは思惟が自己が主体的に培ってきた世界観・人生観などをふまえて自己の頭脳活動の中で観念的に実体化したものをいうのである。構造レベルで説くならば、思索し続けてきているその人の思惟が、その人の主体性を把持した人生の過程的なあり方における一般教養をふまえた流れの中で人生観、とくに世界観として頭脳の中に見事に実体化した認識として結実したものをいうのである。

但し学問的には、この認識（思想）が大きく社会そのものに影響を与えるレベルにまで成長した場合を、その人物の名を冠して〇〇の思想というのである。これを哲学者たるカントに即していうならば、カントの思惟が、カントが学問を学ぶ、あるいは自分の学問の構築の流れの中で、カント自身の人生観・世界観を生みだし、それらをふまえてカント自身が世界や人生を説ききるレベルの認識を把持するに至った時、これを「カントの思想」というのである。であるから、認識一般論からすれば、同じく哲学者でのカントの認識的実体であるものではあっても、理論的・学問的には「カントの思惟」と「カントの人生観、世界観」と「カントの思想」とは異なるものであるし、これらはまた当然に、「カントの学問」や「カントの哲学」とは大きく異なるものだと分かる実力を、初学者は心がける必要がある。

## (2) 学問の構築にはまず外界を反映させ像を描く修練をしなければならない

諸氏がうっかりすると錯覚しかねないことがある。これは大学者たるカントすらが大きく錯覚していたことであるが……。それは、形而上学という文字があるから、形而上学というものがあるがごときの錯覚をするということである。形而上学なるものがあるから、そこの枠の中に何かをはめこめば、学問的な形而上学になると思っているということである。だがこれは全く誤りなのである。歴史上も、この形而上学に関しては大いなる誤解が存在しているのであり、これについては本編第三章(6)に詳しく論じておいた。それに対して、ヘーゲルが死ぬまで求めていた本当の形而上学を完成する順序というのは、分かりやすく説けば、学問が学問として完成できる方法でもある。では学問が学問として完成する方法はというと、一番目は、古代ギリシャの学問と同じように森羅万象としての外界をしっかりと反映させて、いうなれば万象的事実としてのまともな知識を集めることである。

念のために説いておくが、諸氏は古代ギリシャでなぜ星座が誕生したか想像したことがあるだろうか。ギリシャで星座がそれなりに工夫されるようになったのは、学問的に星を眺めた時に、満天の星を、ある姿形として定める必要があったからである。これは昔々のどの国でも同じであろう。星は一日一回グルッと回っているわけであるから（実際は地球が回っている）、どのような星がどのように来ているのかは、そのままでは分からない。だから分かるためにある標識、つまり夜空を見上げて、目に留まった星々の何個かをつないでみて、星のつながりをこれならなんとか似ているとして地上で知っている形にすべく筋道をつけるわけである。筋道は適当な筋道でしかないから、ああこれは白鳥に似ているとして白鳥座としよう、これはオリオンみたいだからオリオン座にしよう、これはカシオペアに似ているからカシオペア座にしようと、半ば嘘と分かっていても決めていったのである。

これは直接的には、推理だけれども、アバウトにそうやって星座としての名前をつけて、アタマの中で適当にそれなりの線を引っ張っておけば、少しずつというか、次第にというか、それが目印となってきた時にしっかり分かるようになっていくのである。これが星座を創ることになったいわば所以である。

ではなぜ、星座なるものを必要としたのかは、国家（社会）としての実存のためである。原始時代から文明直前までの人類にとって、いわゆる天変地異は大変な出来事であったはずである。だから、それらが、いついかなる場合に襲ってくるかを知ろうとの人智が生まれてくる。もちろん、一朝一夕レベルで分かるわけもなく、長い長い失敗の歴史が当然ながらある。そして結果として、ただただ天上に漂っているだけとしか見えない星群に、目印をつけられるようになっていくのである。

幼稚園レベルで説けば、あの星群が夜中頭上に来た時にはこういう天気になる。あの星群が来た時にはこんなふうに嵐が来る。でもあの星群というだけでは、全員が分かるのが難しいわけだから、その星群の中にある形を見てとろうと決めるように進歩していくことになる。すなわちこれは何の形に似ているから（似ていなくとも強引に）これにしようとしていったのである。

そうやって外界を分けて反映させる実力がついてくると、ある程度他のことすらが分かってくるようになってきて、外界の反映のさせ方すらも同じではなくとも、なんとか似たものとして一つの筋道をつけていく、すなわち姿や形なるものを想像して名づけていくことになるのである。それで、結果としてその実力が次第に地上のものを筋道つける実力を培うことへと移っていくことになる。当初は、山を分け、川を分け、海岸を分けしながらまた知力が向上すると、次は周囲のものまで区別できるようになって、こういうものを草と呼ぼう、こういうものを木と呼ぼうなどと、アバウトなものができるわけである。しかしそうやっていったにしても、たとえば植物という一般性に知力が至るまでには相当な年月がかかるから、この当時古代ギリシャには植物というのはあまりないのである。なぜないのかといえば、これは意味がないからである。動物は戦争には役立つし、食べることもできるけれども、その当時植物としてはなんの役に立つのか、だったのである。

すなわち最初は、そのような分かるものから集めて、その事実を知識と化していくわけである。しかし知識と化すには、事実をそのままでは知識にならないのであるから、それを集めてオーバーなことをいえば、特殊的一般化をすることになる。たとえば、犬なら犬として集めるとか、猫なら猫にするとかである。しかしそこに至るまでには、まずは「動くもの」から始まるのである。その動くものの中で、いろいろと違いが分かってくるから、猫だ、犬だとなっていくのだけれども、けっして、いきなり個別そのものがしっかりと確定されるということはないのである。

そしてたとえば、犬を飼うようになれば、犬に関しては知ったも同然となるから、学問的にはあまり研究は進まない。知らないことを知るのが、学者の一番やりたいことであったわけであるから。古代ギリシャにおいて動物の研究が進んでいるとすれば、それが当時の学者への一番の道だったものである。皆が知っていることを研究してもバカにされるだけである。たとえばそこを行くと川があってと、誰もが知っていることをいっても、「お前、何をいっているのか」で終わりである。そうではなくて、「こんな深藪の奥の方には、何か大きなものが隠れているのだ」となれば、「なんだ、なんだ」と周囲が興味を示すようになっていくのである。だが、である。その筋道をつけていく実力が、あまりにも周囲の実際から離れてしまうと、悪魔扱い、魔女扱いされて、火あぶりの刑となるわけである。

人間の一般的認識とはそのようなものであるから、話は飛ぶが、おかしなことが起きていくことにもなろう。たとえば子どもがとんでもないものに興味を示して、あれが欲しいというのはそういうことである。他の同じような物を見せて、これではどうなの、と説いてみても、それは他人が知っているから嫌だ、ともなりかねない。この場合は大勢が知っている物は面白くないのであり、自分一人が可愛がっている物こそが面白いのである。だから、オーバーなことをいうと、ぬいぐるみは破けている方が大好きということもあるのであり、こっちの方が買ったばかりで、新製品だから立派でしょといってもダメで、「それは破けていないからダメ」ということにもなりかねないのであるが、この子どもの心は認識の発展形態を知らない大人には到底理解しがたいものがある。

　このようなマンガチックなことが古代ギリシャの認識のあり方なのであるというように、人間の認識の初歩段階を、その発展過程とともにまじめに見てとり、それを過ぎてきた時代時代に当てはめてみないと分からないことが多いのである。こういう学的視点ではカントなどは、まともにヘーゲルレベルの研鑽を積んだ我々から見れば、いわば落語の達人、あるいは漫才師みたいな論の説き方の達人である、といってよい。だから、その話術の見事さに皆参ってしまったのである。

　つまり知らない人から見ると、「うわー、大学者」となるが、知っている人から見ると、「これは何だ、見てきたようなウソをつき（つまり、それはゼノンのモノマネだよ）」となるのである。まるで講釈師のようであるが、ではなぜ二律背反レベルのカントの論理が受けるのか、である。講釈師は受けるのであり、東大の教授より漫才師などが受けるのと同じである。これが、いわゆる弁証法で説く二律背反である、と説いたら、諸氏は馬鹿にするであろうか。だが、である。それが人間である。人間は感情で物事を思い、考え、何かを決める。良いものという視点から決めるのではなく、自分の感情にピッタリ合うとか合わないとか、から決めていく。

　大事なことは、学者になりたければ、学者と称されている人間の、研究の精神をモノにすることであるのに、その知識をモノにすることから始めたがるからどうしようもないのである。カントや、ヘーゲルの文字（言葉、文章）をモノにしても仕方がないのであり、本来的には、文字の裏にある一般性たる論理をモノにしないといけない。論理をモノにするためには、アタマの中に蠢いている諸々の、というより種々雑多な諸々の像を総括可能なアタマ創り、すなわち頭脳活動としての像が描けるようになっていく努力をしないとダメなのであるが、諸氏の大抵は、論理は文字だと大きく誤解してしまっている。簡単には、文章が論理だと思っているのであり、弁証法は文字だと思っている。しかし違うのである。弁証法というのは、文章や文字などではなく論理なのである。その論理を文章化、文字化しているだけなのである。だから大ヘーゲルですら、「私の弁証法は諸氏のものとは違って新しいものだ」としか書けなかったのである。

だからたとえば、言葉というものの弁証法は「何なのか」と考え続けなれければいけない。たとえば風であれば、その風の弁証法は何だ、と考え続けなければならない。それが弁証法は、いうなれば背後霊であるということなのである。そうすると、風という文字を読んだ時に、弁証法性でその文字を読むわけであるから、像が凄いことになるのである。分かりやすくいえば、微風から弱風から、強風から、台風から、竜巻から……、これらは全部風である。これが、弁証法的な風の像である。ところが、諸氏は文字で読んだ風を像にするから、風は風なのである。だから、それは頭脳活動ではなく、単に思うレベルでしかないからダメなのである。風と聞いた瞬間に、凪から台風から、強風でのがけ崩れまでを風の像と思えなければならないのであり、それでこそ像で思う、なのである。

## (3) 学問の構築には学的レベルの成熟した思弁の実力が必須だが、そこへは弁証法的な過程がある

カントのことを、少しマンガチックに説いてしまったのは悪かったが、彼は自然科学系的頭脳活動と

して自分のアタマを創出してしまっただけに、すなわち世の中の出来事を書物だけで学んでしまった結果、どうしても法則性レベルでしか考えることのできない頭脳にしてしまったのが大欠点なのである。端的には、外界の反映を、法則化、数式化するアタマになっているだけに、外界の反映した種々雑多な像は数式化、法則化には役立たずとして棄て去る実力が培われていったのである。

カントの自然科学上の業績は、直接にニュートンの業績につながっていたが、しかしかれは、ニュートン力学を基礎としながらこれにまったく別な方向をあたえた。すなわちかれは、ニュートン力学を形而上学に対立させ、あたらしい歴史的な自然観を樹立するのに役立てた。「カントは、今日の理論的自然科学がそれなしにはじつに前進できないところの二つの天才的な仮説の創始者である」(エンゲルス「反デューリング論」やめた序文)。(古在由重編『哲学史』前出)

それで一体「何」がまずいのだと諸氏はなるのであろうが、答は単純である。自然科学主体で創出したココロというものは、自分のココロはなんとかごまかすことは可能であっても、周囲の人のココロを分かることは難しい、簡単には国家レベルの社会はおろか、小社会のココロすらを分かることに苦痛を感じるだけでなく、自分の子どものココロすら分からない大人になる、つまり、自分がお山の大将として扱われ続けないとどうにもダメな小心者、となっていっただけに、生涯自分の土地から離れることすら、自分の心として適わなかったのだ、といってよい。それだけに、小社会としての経験が僅少なだけに、まずは英国経験論者たるヒュームに出会って、茫然となったのである。

カントはその批判的立場の内面的な起源を主としてヒュームに帰している。「デーヴィッド・ヒュームの警告こそ、数年前はじめてわたしの独断のまどろみをやぶって、思弁的哲学の分野におけるわたしの諸研究にまったく別の方向を与えたものである」（『プロレゴメナ』の序言）。

（シュヴェーグラー『西洋哲学史』下巻、谷川徹三、松村一人訳、岩波書店）

そこから、カントは「経験論」なるものに大きく学び、かつ惹かれていき、結果として彼の論理は大陸合理論と経験論の折衷たる中途半端なものとして大きく成立することになっていった。それ故カントは以下のように悟り、先に紹介したシュヴェーグラーはそれを以下のように評価するのである。

「これまでは、われわれの認識はすべて対象に従わなければならないと想定されていた。しかし対象にかんしてア・プリオリに概念をもってなんらかの――それによってわれわれの認識が拡張されるような――決定をしようとする企ては、このような想定のもとではすべて失敗してしまった。したがって対象がわれわれの認識に従わなければならないと想定したら、形而上学の問題がもっとうまく解決されはしないかどうか、やってみようではないか。この想定はそれだけですでに、対象がわれわれに与えられる以前にそれについてなんらかの決定をせねばならぬところの、対象のア・プリオリな認識の可能性の要求にいっそうよく合致するわけである。コペルニクスの最初の思想についても事情はこれと同じであって、かれはすべての星が観察者の周囲を廻転すると想定しては天体の運動をうまく説明することができなかったので、観察者を廻転させ反対に星を静止させたらもっとうまく成功しないかどうか、試してみたのである。」
この言葉のうちには主観的観念論の原理がもっとも明白かつ意識的に語られている。（同前）

だが、である。怖いことに、彼の論理はここから非常に世の識者の評判を得ていって、哲学史上だけでなく、自然科学の分野においても、うっかりすると、教育学界においてすらも、カントの思想は実力以上に評価されるようになっていった、といってよい。ここについては、第一編第一章でも取りあげたように、壮年期の大ヘーゲルが『大論理学』第一版の「序文」で「慨き節」を記していた。

すなわち、「この時期以前に形而上学と呼ばれていたものは、いわば根こそぎ抜き取られて、学問の列から消し去られてしまった」こと、「国民がその形而上学を失い、自己の真の本質を求めんとする精神がもはや国民の中に本当に存在しないことになれば、それもまた一大事である」こと、さらに、「カント哲学の公教的教説——即ち悟性は経験を飛び越えてはならない」との教説が歓迎され、「形而上学を持たない教養ある国民が現れるといった、なんとも奇妙な光景が出現した」というようにである。

このヘーゲルの慨嘆の意味を、諸氏はきちんと読みとれるであろうか。本書では別の箇所でこの説明をしっかり説いているので、そちらに譲るとして、ではどうしてカントは、そこまで多くの識者の賛同を得たのか、を少し説いておこう。カントは、経験論者ヒュームに出会うことによって、自分の自然科学的な認識を大きく変えていこうと、(先に引用したように)決心したのである。だが、である。数字と数式とで自らの頭脳を創造してしまった御仁は、いくら精神科学を学んでも、ココロというものは数値化不可能なだけに、ただただ、あがくのみとなる。それだけに経験論のヒュームの実力にただ感嘆あるのみ！　となっていくしかなかったのである。それ故、その後、形而上学とか、思弁とか論理学という言葉に出会っても、自然科学的な思考で答を出すしかなかった、といってよい。

当時も当然のこと、現代においても自然科学系を基盤にして学者に成った人は社会科学、精神科学に関してはアタマが悪いといっても、間違いのない人間ばかりだから、自らの研究の成果を少しばかりなりとも学問として誇りたいとの劣等感があるものである。かつて私の『武道の理論』(『全集』第四巻所収)に以下のように説いておいた。

---

ノーベル賞を貰った科学者・湯川秀樹が、退官後やりたいものの一つとして現代の哲学をあげていた。ヘーゲル哲学ならばともかくも、たんに現代に息をしているだけの哲学を学びたいとのことなのだろうか。科学の大家がいまさら現代に生きる哲学の力を借りたいとは！　これは湯川秀樹は自分の能力で物理学を学問レベルの体系にすらできなかったことへの反省なのであろう。我々は誰であっても科学的論理能力をしっかりと身につけていないと、知らず識らずのうちになにか新しいものを求めて迷路へはいりこむことになりかねないのである。

---

自分のレベルの低さを隠すために、カントの説く説に賛同してしまったのだ、ということである。とくに賛同したのは誰かというと、物理学者や生物学者であり、つまりそういう個別の実体を法則レベル、数値レベルで研究して成果をあげている人間であり、けっして思弁とか形而上学とかの認識に関わっての論理を研究している人間ではないのである。つまり外界的な事実の発見を目的としている人ばかりである。だから、ヘーゲルが慨くように当時カント万歳の叫び声が起きたのみならず、二十世紀においても新カント派が誕生したのであり、新カント派に飛びついたのは皆、理論というか、頭脳の中の事実が分からない人間だらけとなっていったのである。結論的には自然科学を研究している人間は、とくに精神の深奥に関わっての頭脳活動たるメタフィジックス的なことを、いささかも学問化することができないのである。

本来の学問というのは、形而上学、つまりアタマの中に外界を論理的に把持することであり、その頭脳養成の学的第一歩が思弁能力、カントのいう理性がなければならないのである。カントが先天性と説く理性というのは、思弁能力のことであり、だからカントはそれが分からずに、思弁するな、理性は先天性であるといっているのである。カントのいう悟性は、思弁する程のことではなく、事実を少し筋道立てることである。つまり悟性というのは、道筋が筋道になっただけなのであり、その上が学的論理なのである。論理が学的筋道になったのが、理論なのであり、理論が体系性を持ったのがヘーゲルの説きたかった学問なのである。だから、カントの文章をカントの文章から論じたら、学的問題はウソになるのである。そもそもカントの悟性とは感性や理性と区別された知力、とくに経験界に対する推理的な思考の働きのことであるが、これがカントの頭脳の限界なのである。つまりカントの場合は、論理に関してはいうなればシロウトでしかないのである。

学問とは学的思弁がなければ何もできないのである。学的思弁が形成されて初めて、アタマの中の世界を見る実力が整うのである。アタマの中にあるものは、思弁するしかないのである。なぜなら、たとえばここに、眼鏡のケースがあるが、これを見て、誰が学的思弁をするか、である。これは単なるケースであり、なんの学的意味もないからである。マンガチックに説けば、アタマの中の出来事すべてを筋を通して考えてみよ、というのが学的思弁なのである。ともかくアタマの中の出来事を考え始めることが、一番やさしい学的思弁への道なのである。しかし、である。これではまだまだ思っているレベルというのである。「思う」ということと、「考える」ということとは違うのだと分からなければならない。後程詳しく説くように、「思う」ことがなければ、「考える」こともないのであり、だから、いきなり認識を「思考」と括ったりしてはいけないのである。「思う」とは何かを「考える」ことによって、初めて「思考」という概念が創出されてくるのであるから。論理学的には最初は「思う」という概念であり、次は「考える」という概念であり、その一段上の論理のレベルが、「思考」概念なのであり、その上が「思惟」概念なのである。「思考」と「思惟」は概念レベルで何が違うかを説けば、単なる理屈を立てて考えることが「思考」なのであり、理論的に考えることであるが「思惟」なのである。それを体系化、一体化しようとして考えていくのが学としての「思弁」という概念なのである。

## (4) 学問はその時代の認識が成熟しきって、それ以上発展を求めようがない時に完結される

分かりやすく説けば、形而上学とは学問としての観念の帝国の支配形態の図式である。たとえば、形而上学を武道に関して説けば、武道学の完成形態が形而上学の完成の姿形である。武道空手に関して説けば、武道空手の形而上学とは、武道学が帝国すなわちエンパイアだとすれば、武道空手は王国すなわちキングダムである。そして学問として確立すべき本当の形而上学は哲学であり、これがエンパイアである。すなわち哲学は学の帝国であり、その下にある大きな王国が自然王国、精神王国、社会王国として実存するのである。しかしこれを創立するには、学的思弁力とそれをふまえての、学の帝国としての体系的図式たる形而上学を創る実力がなければ当然ながらできないわけである。大ヘーゲルはそれを途上まで実践したわけである。有体にはヘーゲルは自然哲学と精神哲学の構築を行ったが、社会哲学が晩年になってなんとか『法の哲学』とはなったものの、これではどうにもできなかったから、本当の学の帝国たる哲学は完成できなかったのである。

だからたとえば、学としての武道帝国はたしかに私が創ったけれども、武道空手王国はようやくにして、『武道空手學 概論』として成ったことである。当然ながら柔道王国も剣道王国も、誰にも創ることはできていない。だが、これは永遠にできないと説くべきである。それは柔道にも剣道にも学的人材が一人とて存在しない、つまり学的思弁の可能な人材が出てこれないからであり、それればかりか単なる思惟可能な人間とて一人もいないといってよいからである。理由は、誰もが勝つことに人生を賭けるのみ

で、軍師としての人材を養成しようとは思わないからである。すなわち、『三国志』で喩えれば、玄徳、関羽、張飛、加えるに趙雲はいるとしても、軍師たる肝心の孔明は存在していないからであり、黄昏の時期なのに、梟は飛び立ちようもない、のである。

さて、である。オリエントが興ってきて何千年の年月を経ると、ある程度その時代が広がっても、これ以上発展のしようがない時に初めて、「ミネルヴァの梟は、黄昏になってようやく飛び始める〔die Eule der Minerva beginnt erst mit der einbrechenden Dämmerung ihren Flug〕」（ヘーゲル『法の哲学』南郷、悠季共訳）つまり、学問がそういう時代的形勢で形成されるのであり、それの集大成として、古代ギリシャで梟が飛び始め学問化したのである。これがアリストテレスだったわけである。

次はヘーゲルまで二千年かかったと思う人がほとんどである。だがそれは、中世のトマス・アクィナスが梟を飛ばすには、あまりにも神が強すぎたと、多くの人が思うことからの誤謬というべきである。つまり神の世界というのは、学的観念の世界ではなくて、信仰の世界と思うことがしきりだからである。では信仰と学的観念の違いは何かというと、観念というのは、客観的世界を頭脳活動としてアタマの中に宿すことであり、信仰というのは、逆に自分の信仰としての思いを客観の世界、外界に創っていくことである。たしかに信仰は信じるのであり、信じて敬う対象を外界に求めるのであるが、学問は信じて敬うものでは全くない。つまり自分から外へと思いを出して、それに心を向かわせるのではなく、森羅万象たる外界を求めての反映から始まるのであり、外界たる客観の、頭脳への論理的な収納なのである。

そして学問を論理的なものとしてではなく信仰レベルで受け入れるのが観念論であり、具体的にはカントもその一人である。カントは社会を修学どころか学習もせず、である。これが理科系の悲しさなのである。修学はおろか学習すらしていないから有難く押しいただくしかないのであり、だからそうやってなんとも単純なヒュームに抱きつくことになった。たしかに彼は観念的に抱きつくしかなかったのであるが、しかし、それでは抱きつく肝心の経験論の中身を知らないままに、となる。それは、カントの過去は単純な事実からしかアタマを創ったことがない、つまり事実の像しか創ってきていないからである。事実に分け入った像しかないのであり、それはつまり、事実の構造に入るのではなくて、事実の分解に入って創った像である。たとえば、動物を分解する、動物の筋肉を分解する、筋肉の細胞を分解する、さらにその細胞の中の何かを分解するのであり、どこにも論理がなく、事実、事実、事実のみである。あとは事実と事実を合わせて合金を創る程度であり、これでは森羅万象たる外界の反映がゼロレベルであり、アタマの中身は学問的には全く信仰と同じである。

理科系の人は、信仰する対象は、学的な思弁によって創出された概念でもなければ、観念でもなく、論理でもなく事実の破片であるだけに、とにかくカントの説く悟性万歳である、理論としてはなんとも分かりやすいカントの哲学（というより思想）に抱きつくだけである。だから自然科学系からはカント学派、新カント学派以外に、学的レベルでは誰も出ていないとなる。ともかく、事実実証主義、経験第一主義であり、とはいっても論理、概念ではなく、法則であり、数値なのであり、他には何もない。森羅万象の反映からなる頭脳活動たる学的観念の世界が、どこにもないといってよい。だからそういう人々は、自然哲学のレベルにすら行きようがない、すなわち、カントがようやくであり、ヘーゲルまでは絶対に行けないのである。ヘーゲルの世界は観念の王国、観念の世界だから、観念の何たるかを知らない理科系の人たちには全く分からない、分かりたくもないのである。だから、アリストテレスの学問も恐ろしいことに自然科学的に解釈・解説するのみ、となる。

## （5）学問の歴史は、形成された場合にはその先への発展的歩みがある

こういう状況の中にあって、わが日本弁証法論理学研究会が人類の学的先頭に立っているのは、間違いない現実である。先頭と説く意味は、観念的世界、観念の王国のトップである。これは外界たる森羅万象的事実ではない、学的観念の先頭なのである。

話は変わるが、昔々、私がゼノンの「絶対矛盾（詭弁）」でなんとも分からなかったことは、「アキレウスと亀」の問題であった。「もっとも遅い者ですら、もっとも速い者に追いつかれることはけっしてないであろう」（アリストテレス『自然学』239b15–16、南郷、悠季共訳）というものである。しかしあれは、三浦つとむなどが説くような事実レベルの問題などではなく、本当は学問上の認識論の問題として捉えるべきことだったのである。これが自分の理論的な実践でしっかり分かることになったのである。それはともかく人類の歴史も「アキレウスと亀」の例と同じである。

人類は、サルからヒトに進化してからここまで、百万年かかったのである。つまりヒトになったサルは、百万年かかってここまで発展してきたのであるが、その時には本当のヒトというのは、もう少し先

に行っている。それが歴史である。だから、人類は百万年かかって発展し、そして自分たちの百万年を振り返った時には、その時の人類は一歩先に進んでいる。さらに次の時代は、また一生懸命学習し、また一歩進んでいる。これが学問の歴史である。ここで追いついたと思っても、時代は一歩先に進んでいるのであり、ただその間隔が短くなるだけで、絶対に追いつかないし、追いつけない。だから、この次にどんな素晴らしい発明があっても、その時の人類の認識は、その少し先を歩いているのである。

これが人間の英知というか、学識なのである。だから、人類の学問は永遠に第一線には立てない。社会そのものが学問の一歩先を進んでいるのだから。私はそれが分かった時に、「ゼノンのアキレウスと亀の問題」はこれだったのか！　と、はっきり納得できたのである。これが人類の認識なのである。だからいかなる時代も、子どもの認識は一歩先に行っていることを、論理として分かって子どもの認識（教育としつけ）に取りかかるべきなのである。ヘーゲルがヘーゲル哲学を完成したと思ったら（本当は完成してはいないが）、完成したと仮に思っている時には、人類は次の時代に行っているのである。

これが人類なのである。人類はけっしてサルではないのである。だから学問の形成というのは、そのような意味で、いつもいつも到達したと思った時には先があると思うべきである。認識学が完成したと思った時に、ホッとして見たら、「アッ」と次の問題が出てくる。その問題を解いたら、また次の問題が出てくる。「ミネルヴァの梟が飛び立つ」というのは、あれは体系として完成完結しているのであり、完結して飛んだら我々は次の時代を求めて、学問の形成を成し遂げるべく、つまり次のミネルヴァの梟が飛び立つような修学を実践していくべきなのである。故に、最初の段階でのエジプト時代の五千年の昔は、理論的なことが何もないわけであり、それはアラビアの世界と同じで、戦争、戦争また戦争であったからであり、その中で、では人類の英知はいつ出てくるのかというと、一応戦争が終了した形で王国が出現してきて、そこに学問の府ができる時である。それ以外は何もできない。したがって、アリストテレス以後、それができる次の段階のトマス・アクィナスまでに千何百年かを必要とし、次にヘーゲルが出てくるまでにどのくらいの時の流れが必要だったのか、である。

だからヘーゲル以後、次の学的人物が出現するまでは、相当の期間がかかると思ってよい。我々はその基盤を創るためにこその学術誌『学城』を発刊しているのであるから、私の願いとしては諸氏の誰かが行ってくれればよいのだけれども。ただこれは自然科学、精神科学、社会科学がなんとか恰好がつかないと、つまり一応それなりに、の完結がないと、ミネルヴァの梟は絶対に飛び立たないのである。

## (6) ヘーゲルの『大論理学』には論理の体系は存在していない

だが、である。諸氏に以下のことを分かってもらう必要がある。これまでヘーゲルの大事なところを読んできて私が分かったことは、ヘーゲルはまだこんなことも分かっていなかったのか、ということである。日本弁証法論理学研究会の実力から考えると、大ヘーゲルとて大きくレベルが低いのである。

ところが諸氏は、今の日本弁証法論理学研究会の実力を信じていないから、その実態を自分のモノにしようとしない。それどころかやはりカントは凄い、ヘーゲルは凄いと勝手に思ってしまう。だから『純粋理性批判』の講義でカントの学的実力は低レベルであり、この書だけで十分だということをしっかり説いたのに、『判断力批判』はどうした、他の書はどうしたといっている。そしてあんな低レベルの内容に対して、「カントの論理学の基本は」などということを考えてしまう。

そもそも論理学というのは、カントは当然のこととして大ヘーゲルも本当は知らないわけであるから、論理学を知っている人間は、今のところ、我々のみである。だから私の話を信じればよいのに、どうしても『大論理学』という本を信じてしまうのである。しかもこれは、題名は「大論理学」であるが、どこにも大論理学という名前に価する内容はない。原題 *Wissenschaft der Logik* は論理の学ということだが、学と書いてある以上、あえて説けば、ヘーゲルは実力不足のままに（適当に）書いたことになる。

なぜならヘーゲルは、論理はともかく学的形態をまだ知らないのだから。学というからには、論理の体系、すなわち論理学の論理の体系を書いてみせなければならない。しかしヘーゲルの「大論理学」は、体系立ってはいないのであり、本質論的な概念レベルの一般論ばかりである。具体的なこととしては、判断とか推論とかの文法があるだけである。ヘーゲルは『大論理学』の中で「判断」と「推論」に関して次のように説き、膨大なページ数を割いている。

判断は概念そのものの中に措定された概念の規定性である。

……

推論は判断の中における概念の回復であって、従って両者〔概念と判断〕の統一であり、真理である。

（『ヘーゲル全集8　大論理学』下巻、武市健人訳、岩波書店）

そしてヘーゲルはこの「判断」について次のように述べている。

判断が直接的にある場合、判断はまず第一に、定有の判断（das Urteil des Daseins）である。直接的なものとして、その主語は抽象的、有的な個別である。述語は主語の直接的な規定性または特性であって、抽象的普遍である。

主語と述語とのこの質的な面が止揚されることによって、まず一方の規定は他方の規定に映現する。そうすると、判断は第二に、反省の判断（das Urteil der Reflexion）である。

しかし、このむしろ外面的な結合は、実体的な、必然的な連関としての本質的同一性に推移する。この意味で、第三に判断は必然性の判断（das Urteil der Notwendigkeit）である。

第四に、この本質的な同一性の中で主語と述語との区別が一つの形式となることによって、判断は主観的となる。判断は概念とその実在性との対立をもつとともに、また両者の比較をもつ。この判断は概念の判断（das Urteil des Begriffs）である。

概念のこのような出現こそ、判断から推論への推移を引き起すこととなる。（同前）

だが、である。私はこれには現在に至るも大いなる疑問を抱いているのである。端的にはこうした主語と述語というのは、論理ではなく、文法である。三浦つとむが『認識と言語の理論』第一部（前出）において、ここを紹介しているのを読んだ時に、私は腰を抜かす思いをしたものである。だがこれは、本当はヘーゲルの説いていたことだとは分からないままに、私は三浦つとむ自身の文章だと錯覚していたのであるが。そして三浦つとむはこんなことをいうのか、皮肉まじりに、さすが文法学者（『日本語はどういう言語か』講談社）と思いはしたが、しかし私は、これは「論理学とは何か」を説いているわけではない、として無視してきたのである。そのお蔭で、私のアタマが悪くならずに済んだと、私は今でも皮肉まじりに思うのである。少しなぜかを説く必要があろう。

通常我々は、事実的言語、表象的言語も論理的言語も概念的言語も、必ず事実レベルの言葉だとして簡単に扱ってしまいかねない。ここのところが自然科学研究者の最大の欠点である。論理という概念が分からないから、言語は全部事実だと思っている。たとえば電子も事実、原子も事実、元素もみな事実であると思っているが、これらは電子顕微鏡的研究を媒介とした間接的な事実とされるものであり、けっして直接的な事実ではない。なぜなら、電子は誰が事実的に見ているのか。見たことも聞いたこともない、文字でしか見たことがないというものを、誰が事実だといってよいのか、である。しかし、通常は皆事実だと思っている。だから研究論文なるものは可能でも、学的論文は書けないのである。学的論文というのは、事実を連ねることでもなければ、事実を基にして書くことでもないのである。事実を探究しての一般性たる論理を基にして書くのである。だから最低限の事実を書く時には、せめてもの表象レベルの言語を用いることにしなければならない。というのは表象も、ともかく論理の端くれだからである。ここで諸氏は事実を表象的言語にしたら、どうなるかと考えてみればよいと思う。

## （7）人類は事実を頭脳の中で像にし、その像を言語化して歴史を創ってきた

少しここで、事実と言葉と概念について分かりやすく説いてみたい。たとえば植物といった場合、これはそのもの自体の事実ではなく一般性を言語化したものである。当然に樹木というのは個別としての事実ではなく、道という個別の事実もない。ある事実的対象物のことを一般性として、あるいは概念として道という言語を用いている。そのある事実的対象物である道は、本当は道ではない。泥であり、土であり、草が生えている何物か、である。では道と道路の違いは何であるか。簡単には道は人が歩いたところであり、目的的に労働を対象化して創ったところではない。人が歩けば道になる、それだけである。だから学問も、歩いて道を創れといわれるのであり、そしてこれは当然ながら比喩である。そして道が道路になるには、きちんと労働を対象化して整備しなければならない。つまり人工の手を加えた時に道が初めて道路になるのであり、このことは事実である。

しかし道路といい、道といい、これは事実ではない。論理としての概念である。たとえば木というのは概念としての言語であり、学生というのも概念としての言語であり、洋服も概念としての言語であり、直接的事実ではない。今私が着ているこの洋服を、これはこんなものというのが事実である。端的には事実に言葉をつけた時が、初めて概念の端くれとなるのである。だから人間に名前をつけなかったら、人間として扱わないだろう。名前をつけるということは、そういうことなのである。しかし名前が本当なのではなく、名前をつけたその子どもが本当のものなのである。

だから概念化して言葉をつけたら、その言葉はウソになる。たとえば医学部の教授を、医者というか。医学部の教授に、病気の治療ができるのか。万能細胞を研究している教授は、万能的に病気が治せるのか。万能的に病気が治せるのを、医者というのである。熱も測れない解剖学者が、なぜ医学博士なのか。だから、言葉はウソをつくといえる。文章を読む時には、そのウソを読みとりながら読む力をつけていかなければダメなのである。諸氏は、カントの本を学的理論書だと思っているかもしれないが、学問的には大きく論理のレベルが落ちるものであり、事実的には研究的論文である。カントの書物はまだ哲学といえる程の論文ではなく、研究レポート文である。だからたとえば、『純粋理性批判』をまともに学習する人間は皆、アタマがごちゃごちゃにされて悩みに悩んで終わり、となるのみ、である。

だから私は読まない、といっている。私は昔から自分が読んで分からない、つまり頭脳の中にそれなりの像が描けないものは、絶対これは駄目と思って、読まなかったのである。それは結局正しかった、といってよい。弁証法の本でも、三浦つとむの弁証法の本以外は、わけが分からないだけにこれは駄目だ！　となって読まなかったのであり、結果はその通りだった、といってよい。いくら幼くとも理解できないものは、駄目なのである。本物はどうにか理解させてくれる、つまり本物は自らの頭脳の中の像を文字、文章に変えて書いてあるから、自ら像を文字、文章にした人間には分かるのである。

ここで、カントの『純粋理性批判』について言及したついでに、このドイツ語での「批判」(Kritik)の本来の意味について、簡単にでも説明しておくべきであろう。「批判」という語については、わが国では、単に相手の意見について欠点を指摘したり、反対したりといった否定的な意味合いで用いることが多いが、本来の「批判」という意味については、林 健太郎が次のように説いている。

勿論この場合の批判と言うのは昔考証と言ったのに近い特殊な意味であって、一般に使われているような、他人の意見に対して反対を唱えるという意味とは違うものである。それ故この言葉を直ちに一般の用語にとり入れることはかえって混乱を起させることになるかも知れない。しかし西洋ではこういうせまい意味に「批判的」という言葉を使うことは一般に行われていることで、このことを知っていないとかえってまちがいを起すことがあろう。たとえば西洋では重要な学者や文豪の全集や著書に「批判的全集」とか「批判版」とかいう名がついていることがよくあるが、これは、原稿に基いて著作を厳密に校訂したり諸種の版本の異同を明らかにしたりしたと言う意味であって、決してそれらの著作の内容に批判を加えた全集とか版とかいう意味ではない。そしてそういう場合(特にドイツなどでは)「歴史的批判的」(ヒストーリッシュ＝クリティッシュ)というようにこの二つの言葉を並べて使っていることが多い。これはつまり「歴史的」ということと「批判的」ということが同一のことだということを示しているのである。

さてこの言葉の説明はこの位にして、ともかく歴史的ということは学問的な意味では批判的と言うことである。

(林 健太郎『明日への歴史――人間が歴史をつくる』新潮社)

ここで林 健太郎は、「批判的」というのは、「歴史的」と同一であるということを説いているのであるが、もう少し補って説いておくならば、「批判」とは、「自らの対象とするものを歴史的に検証していきながら、それを自分のものにしていく」というのが、本来の意味なのである。

ところが諸氏は、読んでいる書物や新聞、雑誌などの文字を具体性のある像にもしないし、外界の反映した事実を共通化すべく一般的な像にもしない。本来なら事実をそのまま文字にするのではなく、事実を像化してその像を文字化するのである。これが人間の歴史であり、これが本当の精神現象学の流れ（過程）である。分かりやすく説けば、アタマの中には本来は文字ではなく像しかないのであるから、精神を見事に現象させるには、そのアタマの中の精神状態的像を文字にして表現するしかないのである。精神現象学でも精神現象論でもよいけれども、精神というのはアタマの中にある認識の一形態であり、その認識というのは、アタマの中に蠢く具体的な像の有様である。それを外に出す、つまり現象させるには文字で表わすしかない。しかもその文字も、まともに概念化して、文字化しなければならない。像につけた名前だけでは駄目なのであり、像に名前をつけるのは、概念化への学的プロセスなのである。

私はヘーゲルの『精神現象学』は必要な時に部分的にしか読んだことはないが、それ以外のほとんどは読んでいなくても分かるものである。文章に、文字に精神が現象していなければ、学問書としてのそれは駄本であり、駄論である。しかし、精神を現象させるからには、文章を論文化しなければならない、すなわち論文として現象させられる文字を使わなければならない。それは初めはたしかにある部分の像なのであるが、アタマの中の像は流れる（変化していく）のであるから、流れる像にストップをかける、つまり像の運動を止めるものが文字という概念なのである。運動を止めなければ、文字にはならないのであり、止めたものだけが文字になるのである。ここを人類史上、初めて問題として提出されたものが、ゼノンの「絶対矛盾（詭弁）」なのである。だから、ゼノンは偉大なのである。にもかかわらず、ここをまともに（本当に）理解できたのは、僅かにアリストテレスとヘーゲルだけなのである。

それ故、ヘーゲル『哲学史』は説くのである。「カントの二律背反はゼノンの真似である」と。

だから昔々、生まれて成人を迎えるまでと、大人になった時と、名前を変えるという風習があった時代があるが、本当はこれが正しいというものである。赤ちゃんの時はまだ分からないのだから、何とか丸でよいのである。しかし中学生頃になったら一人前だから、これはもう大人らしい、青年らしい名前をつけなければならない。まして一軍の大将になったならば、大将としての名前が必要となるという具合に、である。このように名前を変えていった昔は、人間の成長としては正しかったといってよい。だからたとえば、アメリカ合衆国という名前はけっして一つの「国家」になっていない。国名は概念化していないのであり、表象的事実のレベルである。つまりあくまで州を合わせて国としたものであり、統括がとれていないのであり、その通りにそれぞれの州の憲法があるのである。

ということで最初に戻ると、道という言葉を用いる時には、事実としての道として用いているのか、論理としての道として用いているのか、概念としての道として用いているのか、この区別が分からないかぎりは学問的な体系性はできないのである。

## （8）言葉は事実の概念化であり、認識論・論理学の基本である

諸氏の中にカントが理性の内包を大幅に縮めた「悟性」というものを創出したから、彼の形而上学なるものの捉え方は歪んだものになったと思う御仁がいるかもしれないが、これは大きく違う。

カントは全学的レベルでの修学はやっていないのであり、貶めるとか、歪んだものにするとかということではなく、初めから学問としての実力が不足しているのである。それだけにカントは思弁の実態も知らないし、したがって、形而上学に関して、デカルトレベルの誤解をしていることは、彼の著作なるものを読めば、分かる。これは学問に大成できるような修学、すなわち古代ギリシャをイロハから学んでアリストテレスの学問まで到達することを実践できてこそ、ようやく初めて思弁の大事性というか、その意味が分かるようになるのである。

どうしてアリストテレスまで行ってようやく分かるかは、アリストテレスは本読み奴隷としての実にもの凄い学的研鑽の上で、論文的著作を大多数モノしているからである。この時代にこれだけの実績は学的思弁力がなければどうにもならないのであるから。カントの書いたものは論文といえる程のものはない。カントは思弁力を培わず、形而上学を軽蔑した自分自身の自然科学的アタマの筋道に従って、なんとか認めることができただけであり、あれはけっして、学的論理的な筋道ではない。

だから先程説いたように、言葉というのはその事実の、いうなれば概念なのだけれども、それを言葉にした時には概念の像はそこでストップするのである。すなわち、像としての運動は止まるのである。大ヘーゲルといえども、ここが分からずに、概念は単に概念だと思っている。だが、そうではない。概

念にもその論理のレベルが、初歩から上級まで存在しているのである。

概念というものは、初歩的レベルでは、森羅万象というのがある。森羅万象というのは、外界に存在しているありとあらゆるものを全部一抱えにした場合である。それを抱えている者は、諸々のものを集めただけでなく、その集めたものの全部を知っているわけである。これが概念としての森羅万象の意味である。森羅万象として抱えたものを一括りにすると、万物という概念になるわけである。だが、万物としての概念を用いること以前に、集めたありとあらゆるものを森羅万象と一括りにした時は、これはもうこれで、幼いながらも概念というべきなのである。

また概念というのは、対象的事実の姿や形が見えなくなるレベルをいうのだから、当然に外的事実が見えなくなるのではあるが、それはあくまでも事実を消したのではなくて、aufheben（アウフヘーベン）するのである。これをヘーゲルは「飛躍」（Sprung）と『エンチュクロペディー』で説いている。しかし、これは少し違うといってよい。本当は飛躍ではなく、事実の性質を一般化して説くことなのである。

たとえば、百本の木を集めた時に、その木は全部違う。あるものは大木、あるものは芽が出たばかりの草と間違えそうな木、あるものはそこら辺にあるつつじ、あるものは薔薇の木、あるものは杉の木、あるものは松の木であり、いろいろな木を抱えて、「いやぁー、木という木を集めてきました」ということが、木に関する森羅万象という概念である。森羅万象というのは、数多くのものがいろいろな姿や形をしています、ということである。万というのは無限であり、万象というのは無限の姿や形、つまりこれという姿や形ではなくて、「ほら、こんなにいろいろな姿や形があるでしょう」というのが万象なのである。これは当たり前である。昔は沢山ということを百といい、数多くの作物を作るから百姓といったのである。諸々を数多く売るから、八百屋といった。つまり数多くという意味が百である。

しかしそのもっと昔は、その数多くがせいぜい手指の数だけだったから、十把一からげという。つまり、無限にあるものを一つにするのが、十把一からげということである。それは、十までしか勘定できなかったからである。原始共同体時代には、一、二、三がないのだから、物と指とを対応させて指し示しながらで、人間は片手でしか勘定できなかった。片手で五個あり、そのうち六が数えられるようになっていくが、しかし、片手と片手を足すということができないから、両手を使うまでである。すなわちこれは、それが可能になるまでに脳が発達するわけで、その時までには、相当の文明の進歩があったはずである。それまで片手でしか勘定しないのだから、五という文字はない。赤ん坊に一、二、三、四がいえるかというようなものである。

これが精神現象学の基本、すなわちサルからヒトへと進化した人類が、頭脳の働きへと進歩させていくことから始まったもの、単なる脳の働きとしての認識が、働く認識へと進化していったのが頭脳なのであり、ここから出発するのが、学問レベルのいわば精神現象学である。端的には、「幾つ」かあるものを一つに絞ることができていくということであり、普通サルにはそのようなことはないからである。

ここから学的レベルに進んで、だから初めというものは道すらない。道という以前に、その道がない。しかし歩けば足跡がつくのであり、おそらく最初の道はいわゆる「足跡」である。だからそこから、ケモノ道というのができていくのであり、猪の足跡がある、虎の足跡があるというふうに、人の場合も最初は足跡が道なのである。つまり、誰かが通ったというところが学への道なのである。これが言葉の最初の意味であり、そこから、認識論、論理学というものは始めなければ、学問にはならないのである。

## 第二節　認識学の原点を像の生生・生成過程として説く

### (1) 思うとは変化する像を止め、止めた像を、見つめることである

自然を対象とする研究者がなんとも駄目なのは、カントにしても、社会的歴史的事実を知らないことだろう。こう説くと、大方の諸氏は「そんな馬鹿なことを」となるはずである。だが、である。カントはいうなれば、現代の諸氏と同様の受験勉強の大家でしかないのである。

証拠は、となるであろう。一つは自分の故郷から外へ出なかったことであり、かついわゆる、大学者との交流がないままの狭い（書物）知識しかないから、である。だから（それ故に）、たかだか経験論のヒュームに出会って、腰を抜かす程の大ショックを受けることになったのである。これが十代、二十代の出来事であれば、大したサプライズではなかったはずである。だから、あえて説くがカントは何も社会的事実を知らない専門バカなのであり、それが当時の物理学者、化学者、生物学者である。たとえば化学者は、事実を扱わないで、何かを変化させるだけである。専門が化学変化だから、なんでもかんでも変えたいのであり、変わらないものまで変わるだろう、と実験をする。それで種が尽きたから、で

はそのものだけでも変えてみようかというのが、化合物の中の分子を取りだすというようなことである。

これはこれで文化生活を豊かにするのだから良いこと、といえばそうであるが、これでは文明の総括たるミネルヴァの梟はけっして飛び立つことはないのである。これが人類の歴史である。最初は、変化というのは現象的な表面しかないのであるが、次は構造的な変化になっていくわけであり、それで初めてたとえば合金ができていくのである。現象的な変化では合金はできないのだから。これは事実であり、これを研究の道といってよい。研究者の足跡を辿ってみれば、そういうことになる。

そのように、一つ一つ歩くことだけでしかない人は、どうにも理論が分からないのである。だから、個別的に研究に専念していったカントは理論が分かっていない。だから何回も説くように、馬鹿げた英国経験論レベルで降参したのである。デカルトも当然ながら自然研究者であり、この人もまた理論が分からず、プラトンやアリストテレスに悪態をつき、外界を軽蔑したのである。それで何を考えることになったかというと、外界は面白くないから、自分のアタマの中だけを考えることになったのである。

そうしたら、結局自分のアタマの中のアタマということは何か、ということが少しずつ分かってきたのである。つまり研究の一番の原点は「私だ！」、ということが分かったのである。私がそう思うから、私がそれをやるからと、デカルトは私という人格を主体として押しだしたのであり、これを出したことが歴史上凄い、となったのである。端的には、学問を行う原点は神でも、社会でも誰でもない、この私だよ、ということがはっきり分かったのである。「我思う、故に我あり」ということの中身の原点はそういうことなのである。

認識学（認識論）を修学できたのなら、本当はそういうことを分かり、かつ、論理体系レベルで説かなければならないものである。さて、である。この「我思う、故に我あり」ということの「思う」ということは、最初は「思う」だけれども、次は、「思う」ことの原点が、つまり像が本当は必要なのだけれども、デカルトは観念論者だから、当然ながら像そのものはない。像から思わないし、考えない。だから、原点は省略して「思う」から始まっている（始まるしかないのである）。

頭脳の中に保存している像を選びだして、それを真ん中に据えて、その像をしっかり止めておくことが「思う」であり、その像をいろいろと縦横無尽に駆使していくことが「考える」という認識なのである。「思う」というのは、認識論的にいうと、像を変化させないで、しっかりとそれを止めておくことなのである。だから像が自分の方から勝手に変化しているのは、「思う」ではなく、ぼんやりしているということである。というのは、像は常に変化していくものであって、思うにはその像を動かないように、他の関係のない像にならないように捕まえなければならない。捕まえた像が、たとえば見ている木の葉なのか、動いている猫なのか、落ちてきたリンゴなのか、傾いているピサの斜塔なのか、いずれにしろ何かが「思う」きっかけになるのである。「なぜだ、ん？」となるのである。像は動いているのであり、「思う」というのは、その動くものを止めるのであるから、ゼノンの絶対矛盾なのである。外界は動いているのだから、当然に反映する像も、反映して頭の中に納めている像も動いているのであり、だから、大変なのである。

その像を止めるためには、外界の反映を止めなければならない。すなわち飛んでいる矢を止めなければばならないが、アタマの中の像の動き、変化は飛んでいる矢よりも速いと思うべきである。矢のスピードはせいぜい見えるレベルであるが、誰でも考える時には、たとえばこの一週間の出来事といわれた時、五秒間くらいで一週間の像が流れる。飛んでいる矢とどちらが速いかといえば、アタマの中の像の方が速いだろう。一万年間でも三分間くらいで眺められるのである。これを止めるのが「思う」ということなのである。では止めてどうするかというと、止めた後でそれをじっと見つめ続けるのが、本当の「思う」なのである。像を止めたところは「思う」ではなくて、「思う」の原点である。つまり「これにしよう」の、「これ」なのであり、「これ」を見続けるのが「思う」なのである。認識学への原点というのは、像そのものを論理的にしっかりと扱えることである。

### (2) 見続け溜めた像を動かし（考え）、それが筋道となった時に推論という

認識学については、本章の冒頭に「人間の頭脳活動たる認識を、歴史的・具体的に探究して、それらを論理化し理論的に体系化したものとして構築した学問である」として、三本の柱を説いておいた。

以上でゼノンの問題の一つが、認識学として解けたことになる。以上でようやく運動を止めるということが証明できたわけである。「思う」というのは、人類の認識の発展史からいうと、木から下りた後の最初の人類の出来事である。今までの説明はけっして個人の事実ではない。この個人は歴史的人類なのである。だから、デカルトの偉大性は、この認識学からすればデカルトその人の「我思う」ではなく、

人類としての「我思う」、すなわち哲学としての「我思う」と捉えれば凄いのである。

カントの学問的レベルで駄目な点は、学者たちに、頭脳活動としての認識の限界が分かり、それ以上に認識活動を進めるな、考えるなといったところである。つまりカントが「悟性は経験を飛び越えてはならない」といったのは、「今までお前がやったことだけで十分ではないか、それ以上にアタマを働かせるべきでない、それ以上のことを質問されたら私が答えられないではないか」といっているのと同じくらいの駄言である。たとえば私が話をする時に、事実ではなく、表象レベルでの論理で話すことがあるが、これが推測ということである。だから推測が正しいかどうかは、現実の事実の研究で証明すればよいのである。ところが研究者は、初めから推測なしで事実の研究をするから、推測の能力すら修学できないのであり、なんらかの研究でどうにか推測力がつきましたというのが、カントの説く悟性の正体である。

しかしヘーゲルは違う。初めから推論というのを創るのであり、初めから概念というものを創るのである。しかし、概念の中身は後からついてくる。だから、ヘーゲルは概念の労苦といっているのであり、これは中身を論理化しながら充実させましょうということなのである。つまり絶対精神の中身を論理的に充実させましょう、絶対精神としての自己の中身を充実させましょうと説くのであり、これが認識を主体とする観念論の真骨頂である。

それに対して、唯物論は当然ながら違うのである。まずあるもので、「何か」を創りましょうといわれても、その「何か」がない。ここで「何か」というものは観念なのであるが、人類は最初は観念がまだ育ってはいないから、つまり「ん?」との観念も最初はないのである。サルがヒトへと発展する最初の段階で、サルが木から下りたら、樹上で生じた「ん?」は消えるのである。「ん?」の像を簡単に記せば、頭脳活動が始まりかかった頃の諸々の像が、形や姿となりそうでならない状態でありながら、突如として定まりかかったと思った瞬間、に定まることなく消えてしまった状態の認識のあり方をいうのである。なぜなら、そんなに像が止まりながら定まるサルのアタマのレベルはないのであるから。だから、サルがキーキーいっても、好きな物を与えれば止まるのであり、赤ちゃんの泣き声と同じである。つまりまだ、「ん?」が頭脳活動としては「像」として止まらないのであり、止められないのである。その像は消えて次の像へ動いてしまうのである。

「ん?」というのは、像を止めることである。像を止めなければ、「ん?」となるはずがない。外界を反映して、像は動いているのだから。「ん?」となるまでには、推測で説けばサルは百万年かかっているはずなのである。たとえば世紀の研究といったレベルのものは、はたして一日で成就するか、である。本物の研究というのは、何十年もやってようやく分かってくるはずであろう。だから、いろいろな人間の研究を集めて、どこで失敗したかを見てとるのであり、そのためには研究所が必要だから、理化学研究所をつくることになる。現実の研究は一人でやればよいのに、なぜ一人でやれないかは、研究者には推論レベルの論理が育っていないからである。論理を育てる基本のうちの推論がないからであり、推理ができない。推理が推論となるまですらが大変なのである。推理というのは外界と無関係に止めた像を動かすのだから、育てられず、対象の論理とはなれないから大変なのである。

## （3）学問構築にはまず到達点を持つことが必要である

こういうことは、特許を幾つも取った研究者に聞けばよい。初めの研究から特許を取る、つまり特許に至るまでの道を行って、それを筋道化（論理化）してみればよいのであるが、これが大変なのである。なぜならその研究者は、何か発明・発見した時に、その筋道が分かって成果が出たわけではないだろう。「ああ、これは」と思うだけであろう。だから、それが「ん？」である。「ん？」となるまでに何十年かかるか、である。

たとえば、ナマズの研究をして、ナマズをコイに変えようとしたとする。研究者というのはそういうことをするのである。そうすると、五年、十年、三十年と経った頃、「ん？」となる。つまり、ナマズの、もしかしたらここの口先が少しは鯉になったかなと気づくようになるのであり、こういうのが「ん？」なのである。そしてそこから、そこを突き詰めていくことになろう。だが気がついてみたら、ナマズがコイにならなくてウナギになってしまったとか、こういうことが新発見、新発明になっていくわけである。これが通常の研究者なのである。だから研究に一直線の筋道は絶対にない。なぜなら、推理そのものが育つ外界（研究）がないから推論が育ってこないのである。諸氏の中には東大出の大秀才が何人もいる。その一人は、数百もの特許をとっているると誇ってはいるが、どうにも筋道としては成り立つことはない、と慨くのみの現実である。

カントは当然ながら到達点を持っていなかったのである。すなわち、悟性レベルの論理では、推理は可能でも推論とまではできないからである。これに比して到達点を持っていたのは、ヘーゲルである。

ヘーゲルの到達点は絶対精神を絶対精神に返すということであった。アリストテレスはもっと壮大なものを把持できていた。それは世界制覇である。だから、世界を掌に乗せようということで、あれだけの大著作の内実論文ができあがっていったのである。

ではトマス・アクィナスはどうだったであろうか。彼は神の世界を学問の世界にという一大構想を持っていたわけであるが、それは中世の時代において、絶対に口に出せないどころか、やってはいけない（死刑そのものである）ことでもあった。やってはいけないことを、神の世界の中に学問の世界を潜りこませることはできるのではないかとやったのが、『神学大全』である。だから『神学大全』のそこの真意を、つまり神の問題をどうやって学問と読みとってもらえるかの工夫が潜んでいよう。論理的に読みとれれば神の問題と書いてあるところに、学問となるべき事実が一杯潜んでいるのが分かるはずである。これは私の推論である。

このように先が見えるというのが、弁証法的論理の偉大性だといってよい。弁証法的論理は生成発展の論理であり、起承転結の論理なのであるだけに、「結」まで頭脳活動としての像が視えるものである。

## （4）思弁とは何かが分かるにはアリストテレスまでの「思う」を実践することである

思弁というのを単に概念で覚えるだけでは駄目であり、事実でもって分かる努力をしなければならない。何事でもそうであるが、いきなり概念レベルで覚えたものは、分かりやすくは単に言葉で覚えただけのものは、自らが騙されることになる。なぜならその言葉に合うように、自分で勝手に思ってしまうからである。学的概念というのは、自分一人の努力で少しずつなりとも創っていくものである。概念への道を自分の努力で創り続けるのであり、道を筋になるべく自分で創るのである。道は自分で足を使って歩いて創れるけれども、道筋はその歩いた道をアタマで創るのである、しかし道というのも、事実の道と、論理の道と、表象の道と、全部違う。ましてや思弁の道というのは、もっと大変なことである。

だから原点たる本物の事実を知らないと、これがすべて、言葉のマジックになってしまうのである。事実で知るということは、せめて反映したものを想起できるように、その像を消えないように創り直しなさいということである。思弁という論理的像を創るには、思弁力が可能になるまで実践するしかないのである。だから先程から、その最初の段階の「思う」ということを説明しているのである。思弁レベルの「思う」は、基本としての「思う」という単純なことではないのである。思弁レベルの「思う」は、これはヘーゲルレベルの実力の「思う」なのであり、単に優れただけの実力者の「思う」レベルではない、つまり「ん？　それがどうした」ではないのである。

ヘーゲルの「思う」までには、まず最初にソクラテスの「思う」を実地に試してそこを卒業し、そこからプラトンの「思う」レベルを実地に試して卒業して、それから十年くらいかかって、ようやくアリストテレスの「思う」に追いつくことになるのである。だが、である。そのアリストテレスの「思う」に追いつくというのは、一体どういうことなのか、である。ここを簡単に説けば、アリストテレスレベルの著作を書くことを実践することであり、これがアリストテレスの「思う」ということの中身である。

つまりこれが、「思う」の道を創るための実践の実態である。この場合の実態は、実際の態様であって、実体ではない。つまり自分で実践しなければまず駄目であり、私はそれを自分で実践し、可能となったのである。だから、「その限りにおいて哲学の歴史は私の一身において繰り返された」(『人間の頭脳活動における本質』前出)というディーツゲンの言葉を自分のこととして堂々と書けるのは、そういう実践の結果である。以上をすべて実践してきたのであり、当然に「我思う、故に我あり」も含めて、すべて実践してきた、ということである。

## (5) 思う、考える、思考、思惟、思弁へと認識を発展させてこそ、学問としての論理体系たる形而上学ができる

「思う」だけでは、形にしかならない。像を止めるのが「思う」の原点であり、本当に「思う」のはその像をしっかり定着させて、そしてそれを動かすのが「考える」であるが、「思う」「考える」の像を縦横に駆使して新しい像を創出する段階が「思考」といってよいのであり、それに体系性を持たせていくのが、「思弁」力なのである。だから、「思弁」の連続が形而上学になっていくというのは、その通りなのである。このことをまともに実践したのが、トマス・アクィナスの『神学大全』である。しかしこのことは、デカルトは当然ながらカントすら何も分かっていない。

ただヘーゲルは「思弁」が形而上学になることは知っていたのだから、目標を立ててはいるのであるが、残念なことに、ヘーゲルには学への道たる形而上学の体系性は分かっていなかったのである。当然、

学的道筋もなく、筋道たる論理もあるわけがない。だから我々にとって大事なことは、ヘーゲルが分かろうとして彷徨っていたところをまともに進むこと、つまりヘーゲルの思弁すべきだったところを実践することによって、形而上学の体系に道を創ることである。端的には、我々がその道その道筋、そしてその筋道を創りながら歩くことなのである。

しかし歩くためには、至る箇所という箇所に「思弁」という足跡をつけなければ、到底駄目なのである。足跡をつけるには動ける足がなければならない。先程もいったように「思う」というのは、像を止めてから動かす準備をなすことであり、そこから止めた像を考え（動かし）て新しい像を創出することが本物への「思考」になることであり、それに論理性を持たせ続けることが「思惟」の実力であり、さらにそれに法則性、体系性を持たせることがヘーゲルの説きたかった「思弁」という概念である。そうしたら、我々の形而上学は一応の形態としてできあがることになろう。

では形態としてできあがった形而上学はどのようなものかが、問われるであろう。結論から説くならば、哲学としての形而上学と、経済学とか物理学としての形而上学は当然に違うのであるが、ヘーゲルはまだそこは分かっていなかったようである。自然哲学の形而上学と、社会哲学の形而上学と、精神哲学の形而上学とは違うということが、ヘーゲルには理解できていなかったのである。これらは本当の形而上学ではない。したがって、アリストテレスが目指した「第一哲学」たる形而上学というものは、つまりヘーゲルが目指すべきだった形而上学というものは、これは哲学の形態なのである。だからけっして論理学ではないのであり、ここを諸氏は勘違いしてはならない。

自然哲学の形而上学は論理学、社会哲学の形而上学は論理学、精神哲学の形而上学は論理学であるが、哲学はこれらの論理学と同等ではない。哲学は以上の三分野の論理構造を総括し、それを統括する論理学と直接的に、愛の哲学から学問としての哲学にアウフヘーベン的に成就する（なる）のである。

以上、形成過程を簡明ながら説いてきたが、ここの内実は、もし私がヘーゲル同様に六十歳前後で死んでいたなら、分からなかったといってよい。六十歳を過ぎてから、ようやくヘーゲルの実力というか、内実が私の実力になった。だから、ヘーゲルが死んだ年齢になった時に、ああ、これでヘーゲルを超せたなあと思ったことである。だが、である。それが学的レベルで分かったのは、その、五年後である。それ故、学問としての論理学の体系ができあがったのは、それ以降である。

## 第三節　学的認識の発展過程の構造を説く

### (1) アリストテレスの認識は形而上学を創出するにはあまりにも幼かった

以上の講義を学習しても、なお形而上学についてはどうにも分からないと思う。それは無理からぬことである。形而上学というのは、幼児レベル（児童レベルも）で説くならば、いわゆる学問の中身になるものをしっかりと定着させていく、いわば家の定形の姿のようなものということである。古代ギリシャには、そういうことがまだ何もないといってよい。当時の哲学というのは、現代から思えば、嘘言となるレベルである。たとえば、哲学者とされているソクラテスがまともに討論することすら困難といったレベルなのであり、プラトンに至ってようやく、闘うこと（闘論）ができる哲学どころか弁証法の原形創りの段階なのだから……。弁証法と哲学が分かれ始めるのは、これはそれなりの実力がついたアリストテレス以降のことである。アリストテレスの学問と称するものは、いうなれば弁証法的に、それまでの学者が研究したものを、体系化しようとしたということなのである。だから、まだ形而上学の何か、にはなっていない。

形而上学的内実の完成の道筋というのはどういうものかを簡単に説くと、これは事物の現実、すなわち、反映から実行しなければならない、つまり唯物論的でなければならない、ということは下（事物）から上（論理）へと登っていくものなのである。ところが古代ギリシャのあの時代というのは、哲学は上からというか、全くの初め、すなわち一から創りだすものであった（それしかなかった）から、思弁するための基礎的修練というのが、あの当時の哲学の実態なのである。だから、本当の思弁ができるようになった最初の人物は、アリストテレスなのであり、プラトンまではまだ思弁ができなかったのである。だからヘーゲルは、第一編第一章（1）でも取りあげたように、アリストテレスについて、「かえって諸部分はばらばらに並列しているように見えるのであるが、それでもなおそれらの諸部分は本質的に思弁的な哲学の統体性〔eine Totalität wesentlich spekulativer Philosophie〕を成している」（『哲学史』前出）と述べ、「思弁の端緒についた」と捉えたのである。

だが、である。このヘーゲルの説いていることを文字で、つまり言葉で分かるのではなしに、本当は像で分かっていかなければならないのに、その努力をしないから諸氏は学的実力が育たないのである。言葉というのが先にあるのではなく、頭脳としてはまず外界・内界の像が種々雑多に存在しているのであり、その種々雑多な像をどう定義するかで、その定義したものが言葉になるのである。だから言葉にしたものは、その時点で、蠢く像は止められているのであり、そこを論理化したものがゼノンの「絶対矛盾」なのだ、と諸氏は理解できるべきなのである。

ここでもまた、だが、である。本当は頭脳の中での像は動いているのであるから、動いている姿形で表わさなければならないのに、言葉にすれば像が止まってしまうから、しっかり論じる努力をしないと「言葉にすればウソになる」ということにもなるのである。したがって文章を読む時には、それを弁証法的に読まないと、つまりその文章の中の文字になった元々の像を思い浮かべながら、元々の像を再生しながら、つまり再措定しながら文章の中の文字を読んでいかないと、文字の意味が辞書的に、つまり語彙そのものになってしまって、けっして人間の認識たる像にはなれないのである。

語彙と像としての本当の言葉の違いというのは何かというと、語彙というのは、要するに辞書に載っている字であり、こんな意味ですよというものにすぎない。では本当の言葉というものは何かを説けば、これは「思想の直接的な現実は言語である」（マルクス、エンゲルス『ドイツ・イデオロギー』古在由重訳、岩波書店）から、つまり自分が今思い、考えていることを述べること、である。これが言葉のわけである。だから、文字は静止しているけれども、言葉というものは、文字と異なって、静止していない。自分の現在の頭脳活動を、自分のアタマの中の蠢く像を言葉として話しているのである。

このように、「思想の直接的な現実は言語である」という難しい言葉でいわれるのであるが、これは、そのままの意味である。すなわち今自分が思っていることを、そのまま話しているものである。これを、マルクスは「思想の直接的な現実は言語である」という難しい表現を使ったのであるが、別な言葉では、要するに「俺はこんなことを考えているのだよ」というお話であり、これが思想の直接的現実性ということである。アタマの中にある像を見ることができればそういうことなのであるが、文字でしか見ることが不可能だから難しくなるのである。

以上の説明は大方の諸氏には、とくに大秀才たる諸氏には難解そのものであろう。

### (2) アリストテレスは表象レベルの像形成への途上にあった

さて、である。以上のように学問の体系化を果たす実力養成の第一義は弁証法的な論理能力を培うことにあるが、本物の学的弁証法の実力を世界「初」として磨いたのは、説いてきているようにアリストテレスその人、である。それ故、現代の本物の学的弁証法（ヘーゲル）に無学な御仁は、アリストテレスの読解、翻訳に大変に苦労することになる。端的には、当時のアリストテレスの頭脳は事実レベルの反映像の並列的・経過的形成から、ようやくにしてそれらの一体化をなし始めるべき表象レベルの像形成へと二重化しかかる途上にあり、それだけに、アリストテレスの難語たる τὸ τί ἦν εἶναι（ト・ティ・エーン・エイナイ）とはまさしく、表象レベルへの像形成、すなわち学的将来として描かれるべき論理的な像へとしての出立点としての像を、描き始めていく途上であるが故の必然的な言語表現、すなわち言葉なき言葉を探し求めての途上の表現としての言語であった、ということである。

　これが、やがてアリストテレスの把持していく弁証法的実力の原基形態となり、これは、諸々に頭脳の中に蠢動し始めた外界からの反映像を、単に反映する像の群像レベルとして並列的に捉えるのではなく、そこを経過的に取りだしては並べ、取りだしては並べたものを、いうなればあちらこちらと並び替えたり、または付け加えたり、または消したりしていくうちに、「これは」と思えるその並べた諸々の像という像の変転を、一つの経過として少しずつ並べてみられるようになっていくことが可能となっていくのである。だがここで、まもなくアリストテレスは大きな難関に逢着することになる。その難関とは、頭脳の中の像の群れの蠢動し始めたものを、いかなる言葉にすべきか、いかなる文字で表現すれば可能なのか、等々である。

　このことが、いわゆる学的弁証法の歴史的原基形態となっていくものなのである。プラトンはここの労苦を称して、多人数の合宿生活においての大闘論〔ἐκ πολλῆς συνουσίας γιγνομένης……καὶ τοῦ συζῆν…〕（「第七書簡」）といい、これが学問の冠石〔θριγχὸς τοῖς μαθήμασιν〕となる弁証法だ（『国家』第七巻）と論じていき、ここを評してヘーゲルは「互いに滅ぼしあった対立物の統一〔die Vereinigung der Gegensätze, die sich vernichtet haben〕」と『哲学史』の中で解説するのである。以上を一言では、これがソクラテスの弁証法、プラトンの弁証法の統一体としての言語表現たる彼アリストテレスの弁証法の実態なのである。

　ここを捉えて、アリストテレスとヘーゲルの弁証法は文言の裏、文章の背後に存在する霊、すなわち背後霊と私は表現しているのである。それ故、出隆も、その他の古代ギリシャ哲学を研究している学者も、理性を先験的として逃げてしまった程度の幼い学力でしかなかったカントの書物は学べても、これではヘーゲルの弁証法を学ぶ実力がいささかも育つことはなかっただけに、アリストテレスの弁証法の原基形態を理解することなど、当然ながら到底不可能だったのだ、と我々は思い知るべきなのである。

### (3) ヘーゲルは形而上学は思惟ではなく論理で創らなければならないとした

ヘーゲルは『大論理学』の「序論」の終わりの方で、カント哲学を批判した後で次のように書いている。以下は、第二版の「序論」からの引用である。

> それ故、客観的論理学はむしろ、ただ思想によってのみ築かれるような、世界についての学問的構成としての、かつての形而上学にとって代わるものである。
> 〔Die objektive Logik tritt damit vielmehr an die Stelle der vormaligen Metaphysik, als welche das wissenschaftliche Gebäude über die Welt war, das nur durch Gedanken aufgeführt sein sollte.〕
> (『大論理学』第二版、南郷、悠季共訳)

これに対して、初版『大論理学』の「序論」では次のように記されている。

それ故、客観的論理学は、かつての形而上学に、およそとって代わるものである。
〔Die objektive Logik tritt somit überhaupt an die Stelle der vormaligen Metaphysik.〕
（『大論理学』初版、南郷、悠季共訳）

この第二版における文章の方は、重層構造を把持しているということを、諸氏はしっかり読みとれなければならない。どういうことかは、かつての形而上学とは何かというと、これはアリストテレスである。アリストテレスの形而上学は、ヘーゲルがあれはまだ形而上学という名前ができただけだと、きちんと評価しながらも批判しているレベルである。しかしヘーゲルは、端緒についたことは偉いと褒めているのであり、その中身は何かというと、形而上学というものは、本当は論理として創っていかなければならないのに、アリストテレスまでは形而上学を「思想」で創ってしまった、つまり「思う」だけで創ってしまった、「思惟」だけで創ってしまったのであり、論理で創っていないだけに、まだ学問としての形而上学ではないのだ、ということである。

だからヘーゲルは、これからの形而上学は、論理の構成として、論理学を形成する形で創っていかなければならない、それが哲学という学問の、いうなれば構造であるといっているのである。ここで「思想」に傍点が打ってある。これは原文で強調している箇所であるが、ここは単なる比喩であるから、強調しているのである。つまりまじめに読むなということなのであり、「思想」というのも、お前の「思い」レベルだろう、といっているのである。「形而上学に代わる」というのも、形而上学の代わりだと思ってやっているのだろうということである。このような比喩が読めなければ、本当のヘーゲルは読めないのである。マルクスもそうである。比喩がたくさん書いてある。「（ヘーゲルに）媚を呈しさえした」とかであり、あれらはいうなればダジャレである。実際にそんなことをしたわけではないのだから。

なぜ、このような比喩あるいはダジャレで書いているかというと、この頃のヘーゲルはまだそこを本当の論理で説けなかったからである。すなわち、この頃のヘーゲルはまだこの程度なのであり、形而上学とは何かを論理ないし概念としてはいえないのであり、論理学とは何かを同じくいえないのである。だからヘーゲルは、『大論理学』を大改作しようとしたのである。では問題は、最初に何事を書いていたのか、である。本物は、第一版の序文である。序論でない。序文は本物であるが、序論は書き直している可能性がある、と思っていたので、初版の原典を確認してみたところ、この推測は本当となった。

これはマルクスの『資本論』についてもいえることである。それは、第一巻に比べて第二巻のレベルがなぜ落ちているといわれるのか、である。単にエンゲルスが書いたから、というだけではない。『資本論』第一巻については、第一版をマルクス自身が改訂した。しかしマルクスは第二巻、第三巻は自身では編集していない。だから、エンゲルスの実力もさることながら、マルクスの論文でも『資本論』第一巻の第二版は、いわゆる第一版のものとは違うのである。あれ（第一版）はいわば博士論文のようなもので、就職論文と同様の研究論文であるから。ところが第二版は違う。学界に受け入れられずにアタマにきて書いたものだからである。第二版後記には、次のように書かれている。

あちこちに見られる本文の書き改めは、文体に関するだけのものも多く、いちいちこれに立ち入ることは無用であろう。このような書き改めは本書の全体にわたっている。それにもかかわらず、いま、パリで分冊で刊行されつつあるフランス訳を校訂するにあたって、私は、ドイツ語原文のいくつかの部分について、ある箇所ではもっと徹底的に書きかえることが、他の箇所では文体をもっと改めることが、あるいはまたときどきある書き違いをもっと入念に取り除くことが必要だったと感じている。それをやるためには時間がなかった。……

……私が『資本論』の第一巻の仕上げをしていたちょうどそのときに、いまドイツの知識階級のあいだで大きな口をきいている不愉快で不遜で無能な亜流が、ヘーゲルを、ちょうどレッシングの時代に勇敢なモーゼス・メンデルスゾーンがスピノザを取り扱ったように、すなわち「死んだ犬」として、取り扱っていい気になっていたのである。それだからこそ、私は自分があの偉大な思想家の弟子であることを率直に認め、また価値論に関するあちこちでは彼に特有な表現様式に媚(こび)を呈しさえしたのである」（マルクス『資本論 1』岡崎次郎訳、大月書店）

つまり、第一版の本物（初版）はヘーゲルにまず媚を呈していない。第二版は媚を呈さなければならない程の改訂をなしたということである。なぜそうしたのか、である。答は初版については、学界が認めなかったから、アタマに来たのだから。これはヘーゲルの『精神現象学』に後で「序論」となるものを付したのと同じことである、ととってよい。

## (4) 思弁的像を止めて言葉にしたのが概念で、概念の創出・駆使には弁証法を必要とする

だからあくまでも、ヘーゲルを読むという時には、ヘーゲルの文章はいかなる思弁性で書かれているかを、分かることである。ヘーゲルの思弁の実力は、ヘーゲルの文体で分かるわけである。ヘーゲルは、思弁能力は大きく培ったけれども、概念能力は未だしだったのである。

たしかに思弁して思惟能力は培われ、そうすることによって、概念を構築する実力が培われていくのである。だが、である。概念というのは、一般性であって、けっして個別性ではない。つまり個別性がないのである。思弁というのは、自分が対象を一生懸命研究して、研究した対象の内容の論理性を引きだして、その論理性でもってその対象を考える、という否定の否定が入っていることを分かってほしい。

それに対して概念というのは、研究の結果、これはこういう構造を把持しているのだと決定したものが概念なのである。思弁の時にはオーバーなことをいえば、思弁が一億も二億もあるわけである。それを一つに総括し、論理的に一つとして統括したものが概念、つまり思弁にストップをかけ、運動を止めたもの、これが概念である。分かりやすくは、森羅万象を万物に総括し、万物は一つだと統括することと同じで、これを概念というのである。だから、概念は言葉にできるが、思弁は言葉にできない。ともかく論理的に一生懸命考えている思考過程そのものである。

ヘーゲルの思弁の中身を推し量れば、次のようになる。「そういえばアリストテレスは、こういうことについて、こんなことをいっていた。多分これはこういうことだ。それに対してトマス・アクィナス

は、同じことをこのように考えている。しかし、あれは神学が関わっているから、こういうことだ。そこで、それをもってしてデカルトが『我思う、故に我あり』といったのは、おそらくアリストテレスのここのところは否定してしまって、トマス・アクィナスのここのところから、『我』という概念を創ったのだろう。なぜなら、あの『我』は自分ではないのであり、人間という意味なのであるから。カントはせめてそういう流れをもう少し見ればよいのに、それを見ないから、カントの思弁とか、形而上学というのはウソではないか」と。これが思弁であり、ヘーゲルの思弁の中身である。

そうやって諸々考えて、自然を体系化していって、もうこれだとなったのが、概念なのである。だから、概念は運動が止まるのである。したがって、概念を用いる時には、弁証法的に駆使しなければ、概念は駆使できないということなのである。

## (5) 学問形成過程に関わる人類の認識の発展過程を図示する

そもそも認識学とは、論じてきたように人間の頭脳活動たる認識を、歴史的・具体的に探究して、それらを論理化し、理論的に体系化したものとして構築した学問であり、大きくは三部門に分けられるものであった。本章では、「人間はどのように発展してきて現在の人間という存在になったのかを、ヒトから人間への認識の歴史的発展過程から捉え返して、人類の認識としての発展過程の論理構造として説く」という第一の部門を取りあげ、現在文化史として存在するものの最高形態としての、学問史の中の哲学の学説発展の構造史を説いてきた。すなわち、人類の認識の発展過程として、「思う」「考える」「思

## 【学問形成に関わる人類の認識の発展過程】

思う → 考える → 思考する → 思惟する → 思弁する

外界を反映して像を創る
対象と関わり知識の集積

→ 外界を反映しつつ外界を反映できる実力をつけていく

→ 外界を反映できる実力によって“思う”ことができるようになる。思うとは変化する像を止め、止めた像を見つめること

→ 外界を反映できる実力とともに“思う”ことを考えることができるようになる

→ “考える”ことができるようになる。考えるとは、止めた像を動かしていくこと

→ 考えることによって思考することができるようになる

→ “思考する”ことができるようになる。思考するとは止めた像を動かし、その像を縦横に駆使して新しい像を創出すること

→ “思考”しながら思考する力をつけていく

→ “思考する” 力をふまえて相手にいうことができるようになる

→ 相手にいうことでアタマの中の外界を視てとれるようになる

→ 討論する、論争することができるようになる

→ 討論、論争しながら討論、論争する実力をつけていく

→ 外界の反映をもとに思考し、思考に道筋をつくろうとするようになる

→ 道筋をつけながら集めた膨大な知識をまとめようとする

→ 集めた膨大な知識に道筋がつけられる
知識の集積が進む

→ 知識の集積と思考する実力が醸成される二重性で視てとることができるようになる【現実の世界と観念の世界】

→ “思惟する”道筋を筋道にしようとする
現実の世界の論理化

→ 思惟する実力を培いながら思惟する　理論的に考えようとする

→ “思惟する”筋道を確固たるものにする
論理的に体系化して考えようとする

→ 思弁することを通して思弁力を培いつつ体系化を目指す実力をつける

→ 形而上学へ　観念の世界の体系化

自然の弁証法的論理 → 社会の弁証法的論理 → 精神の弁証法的論理 → 自然・社会・精神の弁証法的論理 → ＝学一般・哲学論理学の構築

考する」「思惟する」「思弁する」とはいかなることかを説き、歴史的に哲学への発展を担ってきたアリストテレス、カント、ヘーゲルの認識の段階を論じてきた。最後に、これまで論じてきた「学問形成に関わる人類の認識の発展過程」を図示しておきたい。

この図は、私の以上の講義をふまえ、神庭純子（筑波大学博士（学術））が作成した図に、私が手を入れたものである。

# 終の編　わが研究会の歩みを概観する

## 第一節　弁証法の原点から辿っていくことの大事性

### (1) わが研究会における闘論(討論)の学的意義

日本弁証法論理学研究会は、創立から四十年以上もの月日を経てきている。そもそもの我々の出立時の名称は、日本論理学研究会であった。これは日本における学問分野の、という以上に学的世界においての弁証法的研鑽の停滞を憂えてのことであり、それ故各自が弁証法に関わっての基本を共同して学び、その実力を自分自身の専門分野に適用することによって、歴史に遺る自らの「学問体系の確立」を目指してほしいとの願望が、原点であったものである。

それでは何故(ナニユエ)に弁証法研究会ではなく、論理学研究会であったのかの端的な理由は、弁証法はあくまでも学的出立そのものの基本かつ原点であり、我々が目標とするものは、学問の確立、すなわち論理の学としての学問体系の確立だったからである。

それはそれとして、その学的大志のもとに出立した我々は、数十年後に愕然とする想いにかられることになる。それは学問の確立に必須となるというより、これがなければ絶対に学問構築は不可能である、との古代ギリシャの哲人であるプラトンの弁証法修得についての大いなる示唆を、わが研究会では、知らず知らずのうちに十何年にもわたって実践していたという事実に、である。

しかし、もし我々がそのプラトンが著作で説いている大いなる示唆を、この研究会発足の時期あたりに知識としてでも知っていたと仮定すれば、現在の我々の実力は、もしかしたら（あるいは当然ながら）、現在の我々の水準には程遠いものであったかもしれない、との安堵の思いもある。それはどうしてなのかを省みれば、一九七二年に出立したばかりのわが研究会は、まだ大学生、院生といった学的初心者が大半だっただけに、その学的研鑽の実態は、論争に次ぐ論争といった生やさしいものではなく、闘争というより大喧嘩といった方が正しいくらいの論争、すなわち我々のゼミ合宿は二十年もの長きにわたる闘論に次ぐ闘論の場でしかなかったからである。

これを端的には、実践的にお互いの欠陥を徹底的に一つの問題（疑問・反論）を何時間どころか何日間にもわたって、批判しまくる闘争を行うことによって、互いが、一つまた一つと相手の論を批判し続けていき、数ヵ月かかってようやく相手の論を互いに認め合い、かつ理解していくという、まことにもって哲人プラトンの説く、「弁証法なるものは諸学問の冠石」の中身（実態）の修学というものであったのであり、これを果たしまくっていくことが当初の知らず知らずの研鑽としての課題であった。

その過程が二十年近くもの努力を経てようやくに果たされた結果、『弁証法はどういう科学か』に説いてある、エンゲルスがヘーゲルの『大論理学』を内実に『自然の弁証法』と併せて創出できた科学的と称される弁証法のレベルが、我々自身の実力となってきたのである。別言するならば、この長い長い年月の闘論を重ねることが可能であった結果、我々はエンゲルス、三浦つとむの説く弁証法の三法則が各自の学的実力と化していったということである。もしこの闘論が「仲良しクラブ」レベルでの激論とか、師匠が学生に教えるレベルでの「質疑応答的仲良し討論」であったなら、私の実力も弟子の実力も、到底、現在のレベルには育ってはこなかった、と断言してよい。

## (2) プラトン、アリストテレス時代に創出された弁証法

それだけにここで、少しばかりの「回り道」をしたいと思う。その「回り道」とは、特別なことではなく、私の歩いてきた弁証法の道程を説くためである。

一つはプラトンの「弁証法についての大いなる示唆」であり、ここをヘーゲルにいわせれば「滅ぼしあった対立物の統一」としての論争＝闘論を通じて、互いのそれぞれが確立していくべき学問構築への道に必須である弁証法の学びの必然性というものの実態である。以下、ここに関わるヘーゲルの文言を引用しておこう。

……それ故、普遍的なものは、諸矛盾を、対立物を自己の内で解消するところの、また解消したところのものとして、したがって具体的なものとして、自己の内に具体的なものとして規定されることになる。このような、より高い規定における弁証術が、本来のプラトン的な弁証術なのである。それは思弁的で、否定的な結果に終わるのではなく、互いに滅ぼしあった対立物の統一を示すものである〔sondern sie zeigt die Vereinigung der Gegensätze auf, die sich vernichtet haben〕。ここに悟性にとって難しいことが始まる。プラトン自身も、未だ多弁を弄する煩瑣な

やり方に留まっており、この方法を純粋にそれ自体として発展させてはいない。……

この、プラトンによって始められた思弁的な弁証術に関しては、もっとも興味深いものであるが、彼の著作の中でもっとも難解でもあり、そのために大抵の人は、プラトンの著述を研究しながらも、なかなか分かるようにはならないのである。


（ヘーゲル『哲学史』南郷、悠季共訳）


以上のヘーゲルの訳文をいきなり理解できる諸氏はあまりいないと思う。なぜなら、大きくはここは、ヘーゲルの文章を弁証法的に読みとる実力がなければ無理だと思うからである。そういうことなので、私の過去の著作からの引用レベルで、諸氏に少しは内容が分かってもらえるよう、以下のヘーゲルの文言を、諸氏に分かるように砕いた状態で説いていくことにしたい。

端的に説くなら、プラトンもアリストテレスも、カントもヘーゲルも、歴代の学者の中で、とくにとくに、それぞれに、かつ、それぞれなりにの弁証法（弁証の方法）なるものを大切に学んで修得していって大哲学者といわれるようになった人だということである。だが、である。それにしても大哲学者へーゲルのみが、プラトンの弁証法の効用、アリストテレスの学問形成過程の素描、そしてカントの弁証法の実力を淡々と説いているだけであり、現代に至るヘーゲル以外の人による、彼ら三人、あるいはヘーゲルを入れて四名の学問形成に関わる内実を説いた人は本当はいないのだ、と断言しておきたい。

理由は簡単である。この四人のうち、ヘーゲルのみが学的形成に必要不可欠である学的論理というものの本物の端緒につけているからである。アリストテレスはヘーゲルがしっかりと論評しているように、偶然的にその契機のみである。ここに関わっての論理の構造の理解が欠けたままでいるならば、学問の体系の確立どころか、その重要性かつ必要性を分かることなど、夢のまた夢というものである。それ故、これが全く分かることがなかったのが、かのヘーゲルの友人であった大秀才シェリングであった。

それはそれとして、この弁証法なるものについては、少しというより大きく注釈をつけておく必要がある。その注釈とは、現代に我々が学問を構築すべき、その基盤に弁証法が必須なのであるが、現代の我々にとって（と再び述べるが）、「学問構築には新・旧二つの弁証法の実力を必要とする！」ということを忘却すべきではない、ということである。

それは端的には、プラトンやアリストテレス、それにカントやヘーゲルの学びとろうとした弁証法なるものの正体（実態、内実）は、我々が学んで修得できた三浦つとむやエンゲルスの科学的と称する弁証法とは、その具体的なあり方は当然のこと、実態的姿形が全くといってよい程違うものであるからである。説いてきている通り、プラトンの場合は、自らが合宿レベルでの闘論に次ぐ闘論を長く続けていった結果、互いの間になんらかの諒解事項レベルがその闘論としての対立的弁証法の中に誕生できてきて、それらがなんとなく分かりあうものになってきたのだ、ということである。だが、アリストテレスの弁証法はこれとは大きく異なる。アリストテレスは説いたように、プラトンを主とする人への「本読み奴隷」としての約二十年もの長きにわたる人生レベルといってよい程の修学時代があったことにより、自らの頭脳活動の実態が大きく量質転化的発展を遂げて、別の何かしらの一つのものとして形成され、一つの姿として思うことが可能になっていったということ、だからである。

簡単には、エンゲルスがヘーゲルの『大論理学』の中身と、自らの『自然の弁証法』研究を元にして創出したとされる弁証法は、それまでの弁証法、すなわち弁証の方法(術)とは大きく違い、エンゲルス流に唱えるならば、いわば「科学的な法則としての三法則レベルの弁証法へと転生させた」ものであって、古代ギリシャにおいて誕生して以来、学問的世界の中、とくに現在的にいえば大学の中で千数百年にもわたって育てられてきた弁証法、すなわち弁証としての技とか術、つまり哲学的問答法＝哲学的討論法とかの実態とは、大きく異なるモノだと断定してよいのであるが、ここは誰一人としてまともに(理論的に)は説くことがなかったといえよう。

端的には、この哲学的問答法、哲学的討論法は、その原型はプラトン、アリストテレス時代に創出された古代的弁証法(弁証の方法)である。それだけにこれは、およそ千数百年にわたってヨーロッパの学問的世界で重要視されて用いられてきたものである。だがそれも(大体において)、デカルトの「弁証法など役立たずのシロモノ」(『哲学原理』)といったレベルの反撃によって大きな打撃を受けることになっていく。にもかかわらず、現在でも細々とながらにヨーロッパで息をしてはいる。たとえば哲学的討論法・問答法として！ である。

この千年もの年月をかけて完成されていくことになって次第に時代としての新しい弁証法に育っていく弁証の方法＝弁証の術(討論法)については、創始者の一人として絶対に欠かすことができない、かの哲学者プラトンは、以下のように説くのである。

> ディアレクティケー〔弁証の術＝弁証の方法〕というのは、我々にとって諸々の学びの上に、いわば冠石のように〔ὥσπερ θριγκὸς τοῖς μαθήμασιν〕置かれているのであって、もはや他の学びをこれよりも上に置くことは許されず、これをもって諸々の学びについての議論は終わりである、と君には思われないかね。
>
> （『国家』534E–535A　南郷、悠季共訳）

これはまことにもって見事なまでの見識であるというべきであろう。この時代の大哲学者たるプラトンは、これまた世界歴史的な大哲学者というべきヘーゲルがその名著（とはいっても大学での講義を弟子たちがまとめたものではあるが）『哲学史』の中において激賞しきっている僅かな人物の中の一人であり、いくら褒めても足りない程である。だが、である。現在においてもこのプラトンの原理レベルでの弁証法の創出者としての実力をまともに評価しきれる人は、これまた僅かであり、弁証法的世界のなんとも淋しい現実である。それがなぜかは、すなわちなぜ評価できないのかをはっきり説けば、諸氏を含めたほとんどの人（学者を含めて）に、新・旧二重性を把持する十分な本物に関しての弁証法（弁証の方法）の素養的な実力がないからであり、これはやむをえない次第である、ともいえよう。

以上でなんとなくでも分かってほしいことは、「学問というものは弁証法（新・旧二通りある）の実力抜きでは本当には学べないものなのだ。仮に弁証法抜きに学んだとしても、ヘーゲルが熱望したようなレベルでの本物の学問には到底なりきれないのだ」ということである。だがそれだけに、現在においては真にこの新・旧二通りの弁証法の実力を培えた人のみが、真に学問的実力を培いえて、結果、体系化へと歩みを進めることが可能となるのだ、と諸氏には分かってほしいものである。それはそうと、カントはここにはしっかりと気づいて、古代ギリシャの弁証法の学びについては相当程度の努力はしたはずであったと思うのではあるが、学問レベルでの弁証法の実力不足が、これまた相当程度にあったのだと推測している。具体的には、カントはたしかに古代ギリシャの学の検討は為したであろうが、肝心の弁証法の真の学的あり方を成しえたアリストテレスに学ぶことはあまりなかったのでは……と思えるのである。

これは『カント論理学講義』として著わされている著作の冒頭だけでも分かることである。とくにアリストテレスに関しては、一言も無きに等しいといってよいからである。プラトンとアリストテレスに見事に学びきったヘーゲルには、弁証法の実態がはっきりと視えていったのであるが、カントはどうしようもないレベルであったと断言できる。つまりカントには古代ギリシャ的弁証法が理解不能だったといってよい。(加えて学問的・哲学的な問答をする相手がいなかった、そのような相手に恵まれなかったので、)「二律背反」という古代ギリシャにおける「ゼノンの絶対矛盾」のレベルの弁証法的実力に到達できただけであり、結果彼の学問は到底哲学なるものの形成すら成らずに、『純粋理性批判』レベルで、なんともお粗末ないわば未完に終わってしまったことである。ここに関しても、ヘーゲルがしっかりと『哲学史』で説いているだけに、諸氏は常識でなければならないことである。

以上、学問に励む諸氏には、古代ギリシャで創出された第一期弁証法に加えるに、主にエンゲルスの手によって新しく創出された、いわゆる「科学としての弁証法」を併せた実力が絶対に必要だと断言しておきたい。どうして、ヘーゲルの、あるいはカントの弁証法が出てこないのか、に関して一言で説くならば、アリストテレスやヘーゲルの弁証法は、他のところ（アリストテレス）で説明したようにいわば背後霊レベルであるだけに、それを諸氏に分からせることは、小学生に高層建築の設計図を見せて、なぜ、これが地震などで倒れ難いのかを説くような困難さだからである。この難解さは、『神学大全』をモノにしえたトマス・アクィナスとて同様であるととってもらってよい。これに比してカントの弁証法はゼノンの「絶対矛盾」のカント版なので、とくに説明の要はあるまいというものである。

### (3) わが中学時代の「独りっきりの二人問答」

ここで少しばかりの〔私個人としての注説〕を述べておくべきであろう。一つは、私の中学時代の「想い出」なるものに関わってである。小学時代でも多分にそうであったが、中学時代の私は、友人と呼べる関係を持った同級生は、ほとんどいなかったといってよい。私が会話する相手は、毎日といってよいくらいにイジメの真っ只中で生きていた小学時代は僅かに学校の中に私をかばってくれる友がいただけであり、イジメとは全く無縁の意気軒昂的人生の真っ只中の中学時代は学校の中と通学列車の中での一、二人くらいの友がいただけであった。それだけにこの時代は駅から降りて自宅まで、また自宅から駅までの三十分もの時間はたった一人の私自身の頭脳を創出する時間であった。このたった一人の時間を私は、それこそ、何年にもわたって自分一人で二重性を把持しての闘論をなし続けていった。

これはプラトンの合宿での闘論とは大きく異なったものであり、何回か説くことにもなるように、この弁証法的方法は、プラトンより大きく弁証法的実力が発展できていった、かの哲人アリストテレス、すなわち、「本読み奴隷」として二十年近くも一人的闘論を行ったはずのアリストテレスの弁証法的修学の方法だったはずの事柄である。ここで「はず」と説くのは、これは「どこにも証拠は残っていないはず」だからである。でも私には確信できる真実（事実では残ってはいなくても）である。その実態を少し説くならば、以下のことである。

その内実は、駅を出てほんの数分もすれば、説いたように、わが家まではたった一人の帰り道となる。それで、直ちに自分を二人に分けて（当然ながら観念的二重化そのものである）、自分Aと友人Bとして、何事かを問わず、必ず問題化してしまうのである。Aがあることを問題化して「○○である」との解答を出せば、Bはただちに「それは絶対に○○ではない。なぜなら真の解答は××なのだから」と反駁するのである。そうすると、Aはまたただちに「○○である」ことの証明をする。それに対してBはこれまた即座に「いや、やはり○○ではなく××なのだ」と、考えつくかぎりの論の展開をなす……といった具合に、である。

そしてこれは、わが家に帰ってからも、一人で風や雲との対話だったのであり、高校時代は早朝たった一人での田んぼの耕しの場合も、同じく流れゆく雲や消え去っていく月との対話が続いたことである。学校へ出かける前の一時間近い田んぼでの労働は、相当のものであったのだが、結果としてこれらは、すべて将来の武道と弁証法に役立っていくのである。

かつての『なんごうつぐまさが説く看護学科・心理学科学生への〝夢〟講義（1）〜（6）』（現代社）に少し説いておいたように、このことは小学生からの私の日課であった。この頃は、プラトンもアリストテレスも、つまりこの時代のことに興味がなかっただけに、古代ギリシャの歴史も人物も知らないままではあったが、ともかく、「独りっきりの二人問答」なるものを十年以上行っていた過去があっただけに、プラトンからアリストテレスへの弁証法に関わる流れ、生成発展していく過去がわが身の過去と大きく重なっていったことは確か、である。

## (4) 学問という概念の重層的体系的発展

もう一つは、ゼノンとソクラテスに関わってである。昔からの読者の方であれば御承知のことであるが、ゼノンの絶対矛盾レベルでの卓見をソクラテスは少しも理解できずに、バカにするだけだったというお話のことである。それだけに私は、ソクラテスを高く評価したことは一度もないばかりか、彼は世間で評価する程の大学者ではないのだ、と長らく思っていた。

だが、これは正しい評価のあり方ではないことが、この何十年もの研究会のゼミの流れで次第に分かって（理解できるようになって）きたのである。すなわち、ソクラテスの実力を絶対的な評価でなしてはならぬことが、やがて分かってくることになったからである。

これは端的には、歴史上の数学者や物理学者の当時の数学や物理学の問題を解くレベルで彼らの実力を理解してはならない！　のと同様である。これは彼ら大学者が当時の実力で苦労した問題なるものは、現代では中学生で簡単に説いているレベルだからである。このことと同様に、ソクラテスの実際の実力は弁証法の生成発展の歴史の研究から分かったというか、弁証法の歴史性をその弁証法に関わっての偉人たちの実力を研究するごとに分かってきたというか、とにかく、歴史上に偉人として存在しているそれらの人々の実力なるものは、その時代時代の歴史性を抜きにして判定してはならぬということが、歴史的・論理的レベルで判明してくるようになってきたからでもある。

ここを私自身の文を引用して、そこを少し説いてみよう。

〔1〕

学問というものは、現実の世界の歴史性、体系性を観念的な論理性として体系化することである。

南郷 継正

学問とは、客観的絶対精神の発展形態である自然・社会・精神を主観的精神の自己運動として捉え返して体系化することにある。

〔ヘーゲルが哲学を完成していたら書いたであろう概念規定〕

この〔1〕は「学問に関わっての概念」規定を初めて為したものである。それだけに、学問の把握のあり方があまりにもの一般性的なものとなってしまっている。そしてこれは、この当時の私の頭脳活動の実力そのものであったはずである。

これに対してヘーゲル哲学の捉え方は、これまた一般的レベルであるとはいえ、「あまりにも」ではなくそこはかとなくではあるが、ヘーゲルレベルでの絶対精神なるものの二重性すなわち主観的絶対精神と客観的絶対精神の構造だけは把握してある。つまり世界（森羅万象）のヘーゲル哲学の内包する客観の発展性を把握できているといってよい。

〔2〕

学問というものは、自然・社会・精神として存在している現実の世界の歴史性、体系性を観念的な実体の論理性として構築し、その内実の歴史的構造性を理論レベルで体系化することである。

南郷 継正

学問とは、客観的絶対精神の実体レベルでの発展形態である自然から社会へ、そして社会から精神への歩みを、主観的精神の絶対精神から絶対理念までの発展的自己運動として捉え返して体系化することにある。

〔ヘーゲルが哲学を完成していたら書いたであろう概念規定〕

私の措定していた〔1〕の概念規定がしばらく時が流れていくと、当然ながらであるが、この〔2〕のレベルに深化することになる。この深化は、これまた当然ながら、弁証法の学びが、エンゲルス、三浦弁証法のレベルを遠く離れていくことによって、大きくヘーゲル流のいわゆるプラトン・アリストテレスへと発展できた古代弁証法たるアリストテレス弁証法の発展形態たるヘーゲル弁証法に近づいていていった結果である。
私にとってエンゲルス、三浦弁証法レベルでは、〔1〕の規定が最高のものとして捉えるのが精一杯の実力だったといってよいのである。

〔3〕

学問というものは、現実の世界の実体性を、歴史性（弁証法性）、体系性（論理学性）の構築をふまえて学の土台と化す過程と直接に、世界の実体性をそれらの歴史性、体系性をふまえての自然科学からまた社会科学へ、そして精神科学へと究明し、それらを一体化する「学一般」の構築を成し遂げ、そこをふまえることによって、（最後には国家論として完結する）世界の論理性を観念的実体として体系化することによって学の最高形態たる哲学（影の王国、すなわち、頭脳の中に全世界の実体を認識の一大体系性として収めきる学）として完成することにある。

南郷　継正

学問とは、「客観的絶対精神の自己的発展形態」である自然から社会へ、社会から精神へ、精神から絶対精神への生成発展を、自らの「主観的精神の自己運動の発展形態」として捉え返しながら、そこを「観念的（絶対精神的）＝学的世界」として体系化する、つまりそれを学一般として体系的に措定しながら、その構造を学的最高形態にまで高めた学問であり、すなわちそれは絶対精神を哲学として完成させることにある。

〔ヘーゲルが哲学を完成していたら書いたであろう概念規定〕

この〔3〕に至って、ようやく学問という概念が重層的体系性レベルでまともに把握できる実力になったように思う。だが、この完結を見ることが可能となったのには、一つの出来事の完結があったからに他ならない。それは左記の〔4〕の哲学の概念規定がようやくにして可能になったことによる。それだけに、年代順としては、〔4〕から〔3〕へ、である。

〔4〕

哲学とは学問としての国家体系である。より正確には、学問としての哲学の体系とは実体世界の国家体系を論じる国家学に対しての、いわば観念的世界における学術国家としての体系学であり、端的には学、国家学である。

南郷　継正

〔4〕の理解に関して読者諸氏にお願いしたい。それは、この文言は、国家学（国家論）に関わってのものでは「絶対にない」ということである。

弟子の中にすらこれを国家学と錯覚した者がいたので念のため、である。

そもそも、この〔4〕は哲学の学的位置を帝国と見做した文を受けての文言であり、哲学は学問としては（諸学が王国であるのに対し、諸王国を統治下においた）帝国の体系を比喩的に用いただけ、のことである。

## 第二節　学問の体系化へ向けての道程とは

### （1）学問の確立に必要な弁証法の重層構造の学び

論を戻すことにする。

だが、弁証法的研鑽は華やかに進んでいくかの趣を呈していたが、やがてわが研究会はここでもまた、大きな岩壁にぶつかることになっていく。すなわち、科学的弁証法のレベルは、弁証法の学びとしても基本的レベルでしかないだけに、このままの弁証法では現代においての学問構築には大きく不足することになるのは目に見えている。それだけにこのレベルを超すべき大事性が、すなわち、ここを超えていくためには、すなわちその弁証法の学びが学問確立のために役立つ構造レベルの弁証法になるには、基本の弁証法を大きく深めていくべき大事性がしだいに分からされてくるのである。

付加すれば、この弁証法レベルとは、エンゲルスが当初、ヘーゲル『大論理学』に学んだとされるものに加えて、晩年になって自らが著わそうとした「自然の弁証法」なるものの研究によって大きく法則化されたのが基盤となっているだけに、そのままではあまりにも、世界歴史的学問体系レベルからすれば、その弁証法的中身が狭くかつ薄すぎるからである。ここは少し説くべきであろう。

エンゲルスの創出した法則としての弁証法は、いわば自然的事物に関わっての弁証法、すなわち自然研究のためのものともいえよう内実を把持したものが主体であるだけに、この自然的レベルの弁証法は、重層性のほとんどないといってよい自然分野の法則としては大きく役立つことはあっても、重層すぎる社会の分野では少し実質が薄すぎるし、ましてや大建築レベルの重層構造を把持している頭脳活動の粋たる精神分野の闇の世界ではほとんど役に立たなすぎて、真の学問構築には大きく役不足となってくることが目に見えているから、なのである。

これはすなわち、自然科学分野に関わる弁証法・論理学の構築・社会科学分野に関わる弁証法・論理学の構築、精神科学分野に関わる弁証法・論理学の構築、そこをふまえての三大分野を統括することが可能となる学問としての論理学の体系的構築、ここを成しえてこその学的レベルの哲学の体系が完成となるものであるが（ここが我々に分かってきたのであるが）、それだけにこのエンゲルスの弁証法のままでは到底役に立つことはなかった、となりかねないということが、学的なレベルが上がるにつれて次第に分かってくることになったのだ、ということである。

ここで三浦つとむ、エンゲルスの熱心な読者から次の反論が寄せられるかもしれない。それは「エンゲルスの弁証法の実態は自然の弁証法だというのは、少し間違っているのではないか。それが証拠にエンゲルスの著作である『反デューリング論』の中には、［経済学］という大きな綱目がしっかりあるではないか。それをどう説明するのだ⁉」である。加えて「それればかりではない。マルクス亡きあとマルクスの残りの原稿をきちんと文章化して、『資本論』を完成的に編集できたのはエンゲルスの実力である、ことも常識というものだし……」と。以上の二点の証拠なるものは、事実である。本当のことである。その通りではあるが、これは少しコメントをつける必要がある。

『反デューリング論』に関しては、エンゲルス当人が書いているように、その内容に関わって、マルクスのチェックをきちんと受けている、ということであり、また『資本論』のエンゲルスの手になる第二巻、第三巻では、第一巻と比較すると論理的レベルの実質が少し落ちているのも、経済学的世界ではこれまた常識というものであるのだから。

この三浦つとむとエンゲルスのいわゆる科学的弁証法が、自然分野以外にはあまりにも役立たずとなっている現在に関しては、私の師滝村隆一が「マルクス主義の方法的解体——とりあえずの覚え書」の中でコンコンとまじめくさって説いているように！　である。

しかし、「実証事実的認識」が「弁証法」という方法的なフィルターを通過させさえすれば、忽ち「科学」としての「法則」へと高められるという発想からは、「科学者」たりうるか否かの分水嶺は、もっぱら「弁証法」を自得できたか否かにある、従って「科学者」たらんと欲すれば、何をおいてもまず「弁証法」を学べ、という見地が生み出される。

かくて「弁証法」は、「科学的真理」を無限に打ち出す打ち出の小槌にまで神格化される。

勿論ここでは、そんな能書きを垂れている連中の「業績」が、ごく通俗的なブルジョア学者の水準にさえ遠く及ばないといった問題は、どうでもよい。そんなことよりも重要なのは、「観念論」ではなくて「唯物論」や「弁証法」を前提とした場合には、どうして「科学的認識」への道を阻害する有害な先見や偏見にはならない、などと断言できるのであろうか?……

それはただ殆ど無意味でときにいくらか有害な「弁証法学」としての形式的な独立化をめざした閑人のアマチュア芸といえるだけで、そんなものを有り難がって押し戴いているのは、学的専門家になろうとせずに学的に啓蒙されたがっている特異な閑人だけであろう。……

それではそこに到達する以前の理論的研究の過程で、全く役に立たないのかと問われれば、仕事の合間にでもやる、殆ど遊びに近い論理的思考の体操といったところ。それはちょうどプロのスポーツ選手がハードな専門技術的な訓練に入る前に簡単にやる、準備体操や軽いランニングのようなもので、過大な期待をかけない限り、やっても損はない、その程度の代物である。

（「マルクス主義の方法的解体——とりあえずの覚え書」『試行』一九九三年十二月号所収）


これは本当のことを説いているのだといってよい。たしかに彼の「国家論」研究には全くといってよい程、役に立つことはなかったはずだから。

だからといって、私がその弁証法の否定を納得してきたことは一度とてなかったことも事実である。なぜならば、滝村隆一が本来学問確立のために行うべきだった修学は、我々が何十年と諸々に説くような弁証法への探究が第一義だったはずなのである。だが、惜しいことには、滝村隆一は国家論の学的出立当初はともかく、やがてエンゲルス・三浦弁証法を役立たずとして棄て去ってしまっていただけに、如何ともしがたいものがあったといってよい。これも本来ならば、滝村隆一は本物の弁証法はプラトン、アリストテレスそしてトマス・アクィナスからカント、ヘーゲルへと辿るべきであったと分かっていくべきことだったのである。だが、である。若き大秀才たる滝村隆一にとって（繰り返し説くが）、肝心要のそこへ気がつくようになることなどは到底無理というものであった。

昔々の話を一つ記しておくことにしよう。私が滝村隆一に師事してしばらく経った時のことである。「私は『武道の理論』を学問として完成させたいので、学問とは何かを知るべく哲学の勉強というより哲学の歴史をまともに勉強してみたい。ここで一気に歴史上名著として名が遺っている哲学を修めていきたい」と述べたのである。そうしたら、即座に「それは止した方がよい。大体哲学なるものの勉強に何年かかると思っているのだ。それだけで人生は終わってしまう。だから、無駄なことはやるべきではない」と、いわば怒られる形でダメ出しをされてしまったことである。

その時の私の思いは以下である。「えッ！　哲学の勉強とはそんなに大変なことなのか。私は哲学したいというのではなく、哲学の歴史を学んで哲学の内実・実態を分かりたいだけなのに……。でもここで止めるわけにはいかないしな。なにせ哲学の代わりの弁証法の実態をなんとしてでも分かることをしなければ、弁証法の実態も分からないままの、弁証法の修学となってしまいかねないから……」と思って、厳しく止められたにもかかわらず、哲学なるものの歴史の学びから離れられなかったのである。

しかし、いくら哲学とは何かを知りたいと努力しても、どうにも哲学なるものは、その正体が明らかにならず……との月日が流れていって、やはり滝村隆一の「教え」は本当のことだったのか……との思いが何度となく頭に浮き沈みした年月だったことである。だが、それが明白となる日が来ることになる。

ここに関しては、『武道と弁証法の理論』に説いておいたごとくに！　である。私自身に関しては、四十代にエンゲルスが分かり始め、五十代にカントがやさしくなり、六十代初頭には、ヘーゲルの説いていることが私の説くことと重なるようになっていったのである。「証拠は何か」と問われるであろうが、「文献としての証拠は零であり、何もない」けれども、私がある理論に関わることを講義すると、弟子の誰かが、「それに関しては、ヘーゲルが〇〇という書の中で同じことを論じているのですが……」という笑い話が何回となくあったのである。一番傑作だったのは、「そもそも諸氏は学者を目指す以上は、自分の実力が学的レベルになるまでは、恋人との会話も学問的レベルであることが大切であるということを分かってほしい」と述べた時に、弟子の一人が「それについてはヘーゲルの書簡集の中で、彼が同じことを恋人への手紙の中に書いています」と答えて、大爆笑となったものである。

それで私はこの『武道と弁証法の理論』を出版する頃から、恐ろしいくらいにヘーゲルが理解できることになっていくのであるが、これも、やはり哲学の歴史なるものが、自分の頭の中に、言葉とか文字ではなく、観念的な実態として活動し始めることになったからである。そして哲学の歴史が頭の中で流れていくようになるにつれて、次には頭脳活動としての哲学の歴史が蠢く（蠢動）ようになっていくのである。ここまで来ると、ヘーゲルが阿呆の画廊と説くものの実態が明白になってきて、どうしてヘーゲルはここを自分の言葉で文章で、この阿呆の画廊とはいかなることか、哲学の歴史とはいかなる構造を持っているのかについて、理論的に説くことがないのかが、当然のことながら、不思議と思えてくるのであった。「だったら、私が説いてやろう！　ヘーゲルに代わって私がやってやろう」となったのが、『哲学・論理学原論』の出版を思いたった大きな動機の一つであったのである。

## （2）ヘーゲルは概念の労苦を説いたが概念は論じきれていない

論を戻そう。我々が、プラトン説くところの闘論に次ぐ闘論で互いの実力を滅ぼしあいながら、そこをふまえて学的実力を培っていく数十年の歴史で分かってきたことがある。それは、役立つその学的レベルとしての弁証法の中身には、すなわち弁証法の理論的な深化・構造化・体系化には、端的にはどうしても自然科学的に関わっての一般的実力をふまえた上で、そこの構造性を社会科学的な一般的実力と化す中で、この両者の重層構造レベルでの一般的実力の上に、精神科学としての一般的実力を三重レベルの構造として培わなければ、どうにもならないことがまともに視え始めた（理解できてきた）ということである。しかも、以上の事柄は、歴史科学的な認識論の実力を一般的レベルではなく学問体系的に把持したものを加えてでなければならないことにも、しっかりと気づかされることとなっていく。

「念のため」を、もう少し付加しておくことが大事であろう。それは大哲学者であったヘーゲルも、一応は実践した中身ではある。ここで「中身ではある」と説くのは、ヘーゲル自身は観念論者であるだけでなく、ここを学問なるものは絶対精神の自己運動である、と自ら定義しているだけに、逆に行ってしまったのだということである。それ故結果としては、大失敗とまではいかないものの、大きく彼の学問形成・完成への大障害となったことである。ここで、諸氏のほとんどが彼ヘーゲルが逆に行ったものとは一体「何」か、を問いたいはずである。

それは「認識論」の研究についてであった。彼ヘーゲルは、生涯レベルでは大哲学者と称されるまでの理論的な発展を遂げて、それなりの認識論レベルでの学問形成ができていったことは「確か」であるが、実際には最初の段階で大きなヘマをやってしまっているのである。だが、マルクス、エンゲルスは当然ながら、三浦つとむ、滝村隆一を含めてほとんどの後世の人はここに誰もが気がつくことはなかった（現在も！）のである。それは何事なのかを端的には、『精神現象学』執筆の直後に、『大論理学』なるものをいわば執筆したことに関わる。当のヘーゲル自身が『精神現象学 序論』において、「概念の労苦」なるものについて、自分自身への戒めであるかのようにしっかりと説いていたにもかかわらず！である。

ヘーゲルは、この『精神現象学 序論』において、「概念」なるものについて以下、様々に展開を見せてくれている。だが、このヘーゲルの論説はすべて概念そのものの、いわば用法（用いられ方）に留まっているだけであり、肝心の概念の「労苦」についての論理学的説明は無きに等しい、すなわち、論理学上の一大「概念」であるべき「概念」についての労苦的説明は全く「無（ゼロ）」なのである。つまり、この頃のヘーゲルの学的実力は学問形成に関わっての概念形成の必要性・必然性はしっかりと理解できて説いてはいるものの、肝心の「概念」そのものの立体性というより立体的構造すなわち、概念の体系性なるものに関しては未だに把握できていなかった（概念規定を概念化できる途上であった）のだといってよい。以下、『精神現象学　序論』から引用する。

真理の真の姿形は学問的であることである、と述べたが〔Indem die wahre Gestalt der Wahrheit in die Wissenschaftlichkeit gesetzt wird〕、これを換言すれば、真理というのは概念という学的要素（基本要素）においてのみ〔an dem Begriffe allein das Element〕、存在するようになる、ということである。

（南郷、悠季共訳、以下同様）

しかしながら、この新たなものは、ちょうど生まれたばかりの子どもと同様に、完全な現実性などほとんど有していない。これは本質的なことであって、蔑ろにしてはならないことである。〔歴史の〕最初に登場してくるものは、まだ直接的でしかなく、それなりの〔レベルの〕概念でしかないものである〔erst seine Unmittelbarkeit oder sein Begriff〕。基礎（土台）ができたからといって建造物が完成したわけでは全くないのと同様に、全体の概念に到達したとしても、まだ全体そのもの〔としての概念をしっかりと把握したわけ〕ではないのである〔so wenig ist der erreichte Begriff des Ganzen das Ganze selbst〕。

それ故学問の研究において重要なことは、概念の労苦を自らに課すことである〔Worauf es deswegen bei dem Studium der Wissenschaft ankommt, ist die Anstrengung des Begriffs auf sich zu nehmen〕。そこで必要なことは、概念そのものに注意を向けること、たとえば、即自的存在とか対自的存在、自己同一性などの単純な諸規定に注意を向けることである。なぜなら、これらは魂といってもよい程に、純粋に自己運動をしてゆくものだからである。但しそこでいう概念とは、魂よりも高次のものを表わしているのではないとしてだが。表象レベルで考え続けられているような慣習〔的な考え〕については、それが概念によって中断されるということは、非現実的な思想の中であれこれと論証する形式的な思惟におけるのと同様に、煩わしいこととされている。

概念づける思惟〔begreifende Denken〕においては事情が異なる。ここでは概念が対象それ自身の自己であり、この自己は対象の生成として現われる。したがって自己というのは、動かずに諸々の偶有性を具えている静止的な主体などではなく、自ら運動していき、自己の諸規定を自己の内に取り戻す概念〔der sich bewegende und seine Bestimmungen in sich zurücknehmende Begriff〕なのである。

## （3）認識論の修学なしに学問の体系化はなしえない

次の一文はこの「序論」について、中央公論社版の訳者（山本 信）が付した〔注〕なるものである。

（1）ヘーゲルが「概念」という時、この言葉は非常に強い意味を持つ。それは、事物について我々が抱いている一般観念とか、あれこれの言葉について辞書に書かれているような意味内容といったことにつきるのではなく、事物自身の内的本質とその関連を表わし、ほとんど、事物を構成している原理そのものと考えられている。やがて論ぜられるように、こうした概念の自己運動を把握することが、すぐれた意味での「学問」だというのである。

この（1）の説明だけはどうしてもしておくべきであろう。悲しいことに、訳者は「概念」を「この言葉は非常に強い意味を持つ」と説くのであるが、端的には「概念」というものは「意味を持つ」といった平板な意味ではけっしてない。概念とは、たしかに初心レベルではその対象的事物事象を具象＝現象レベルで一般的に捉えた場合の言葉ではある。

だが、一般的とは、その対象に関わっての性質を論理的に捉えた場合をいうのであるから、具象レベル、現象レベルで捉えた性質を概念化した場合の論理と、それを構造レベルで捉え返した場合の論理は、レベルが異なるだけに、同じ概念の実質・実態とはならないのである。当然に、具体の概念と現象の概念は異なり、というふうに、概念には論理としての階段（段階）があることを忘れてはならない。

したがって概念なるものは、この〔注〕を記した人の解釈（というより、これは観念論的な説き方である）とは大きく違うものであることを、まず分かるべきである。端的に、概念は論理的実質・実態を称するものであり、対象の把握の仕方によってその論理が異なるだけでなく、段階が（レベルが）異なるのである。葉っぱを葉として捉える概念と、それを樹木レベルで捉える概念と、それ以上に植物として捉える概念とは大きく異なることくらいは中学生レベルでも常識というものである。

しかし、この概念の理解は大変な岩壁そのものであったことである。初学者には到底理解不可能なことであるが、「概念の大本となる学問的認識なるものの実体的根底たる認識は、頭脳の中の生生・生成の論理構造を把持している像である」とのことが、私自身当初の十数年間はどうにも理解できがたかったからである。話はとぶが、これは歴史的には世界中のすべての教育制度の中身の大欠陥なのである。

だが、これはヘーゲルをまともに学ぶ年月の少なかったエンゲルスは当然に、三浦つとむにも、このことがほとんど理解されることはなかったのである。それだけに我々は、この大岩壁をどうしても突破しなければならなかった。そのためには認識論の学びがなんとしてでも必要だったことである。認識論の学びを経て、すなわち、そこから再出立しての唯物論としての認識論の究明確立を経ることによって、ようやくその学問形成のための二大礎石たる弁証法と認識論の完成を見て、そのことによって概念の概念たる所以を悟得できていくのであり、結果としてヘーゲルが説くことのなかった概念そのものの概念規定を把持できたことである。

それらの長い時間をかけて修学の成果をもって、わが会は「生命の歴史＝生命史観」の措定を三十余年かけて果たすことができたのであり、その生命史観を基盤として自然的分野の研究から社会的分野の研究へ、そしてそこから精神的分野の究明へと至る生成発展の学的歴史を追究する過程を通すことによって、歴史上初めてそこから反転して弁証法の重層構造かつ、認識論の重層構造を経て、学問とは何かなどなどの概念化がすべて可能となっていったのであり、遂にはヘーゲルも果たそうと志して出立したにもかかわらず果たせなかった論理学の実質的な中身である。

論理の体系化のための論理学の重層構造すなわち論理の把持すべき一般的論理性から具体的論理性・そして現象的論理性を経ることによって構造的論理へと論理なるものの構造の深化を果たし、併せて概念体系を果たすことによって論理学をも体系性として創出できる現在となってきている。この長い年月の間、我々が成し遂げた学的レベルでの世界的発見は何十もあるが、その幾つかを（諸氏には、理解不可能なレベルのことは除いて、分かりやすいものを）挙げておこう。

一、ビッグ・バンの全く新しい理論的（仮説的）証明　一、太陽系誕生の理由
一、木星の謎　一、地球に生命体誕生の理由　一、月誕生の証明
一、地震とは何か、どうして地球においてのみ起きるのか
一、火山活動の理由　一、台風とは何か、何故あのようなコースを辿るのか
一、古代ギリシャ学の措定　一、トマス・アクィナス（スコラ哲学）の意義

そのような弁証法とは何か、いかなる歴史的形成過程を把持しているのか、そしてそれが認識論の形成にどう関わるのかが分かる実力がつき、その実力の形成過程をもってすると、ソクラテス、プラトン、アリストテレスからカント、ヘーゲルへの学問構築の歴史も、その内実の理解はまことに容易であり、哲学の歴史上最難関といわれるヘーゲルの構造的実態を読み解き、逆に本来のヘーゲルの学問内容がい

わんとしたことを表現して見せることが可能となってくるのである。私がそこを可能となしえたのが『全集　第六巻』、『全集　第七巻』所収の「武道哲学講義Ⅲ　第一部『精神現象学　序論』を読めるためには」及び「武道哲学講義Ⅳ　第二部『精神現象学　序論』を読む」であったのだ、と諸氏にははたして理解できていたであろうか。

しかし現実は、そう生やさしくはない。多くの諸氏が学者への道を志して長い年月をかけているにもかかわらず、なかなかに分からないこと、つまり学問の構造とくに学問体系とは何か、なぜ学問は体系性を持たなければ構築できないのか、は一言では以下である。

学問というものの体系は、一般論から現象論、現象論から構造論、そしてこの構造論と現象論をふまえることによってようやくに体系化の糸口が見つかり、そこから本質論を措定できる実力が可能となっていくのである。だが、である。それには学的土台たる「弁証法」「認識論」そして「論理学」の学びへの情熱が必須である。大学にすら、これらの学びの場が存在しない現在、本書の意義がより高まるといえよう。すなわち、本書をまともに修学するという、この過程を経てこそ、ようやくにして学問体系が仕上がる目標を立ててもよいことになっていくのである。だがそこを学問レベルで理解できていない現実が、世界の学界全体に存在していることもまた、確かである。

それだけに、そこは発刊予定の、私の「哲学の論理学的歴史」の中で詳細に論じたい。

南郷継正（なんごう つぐまさ）

日本弁証法論理学研究会 主宰。
中学時代に『哲学とは何か――カントとヘーゲル』で哲学に憧れを抱き、高校時代に『観念論と唯物論』で弁証法の偉大性を知り、大学入学と同時に弁証法の学習途上で、三浦つとむに私淑。後に滝村隆一に学的論文の展開法を学び、国家論を哲学の歴史の中で修得す。加えて武道空手、武道居合、武道合気の武道修業・修行の中で弁証法・認識論の内実を試み、かつ、学的体系化を果たす。1972年に旧日本論理学研究会を発足させ、第一級の秀才たちと学的体系化の歴史的再措定に挑む。現在は『学城』を若手学究をも加えて発刊し続ける。

著　書『武道の理論』（科学的武道論への招待）
『武道の復権』（空手・拳法の論理）
『武道とは何か』（武道綱要）
『武道への道』（武道を通しての教育論）
『武道修行の道』（武道教育と上達・指導の理論）
『武道講義』第一巻（武道と認識の理論Ⅰ）
第二巻（武道と認識の理論Ⅱ）
第三巻（武道と認識の理論Ⅲ）
第四巻（武道と弁証法の理論）
『武道の科学』（武道と認識・実体論）
『弁証法・認識論への道』（以上 三一書房刊）
『南郷継正 武道哲学 著作・講義全集』第一巻，第二巻，第四巻～第十二巻
『なんごうつぐまさが説く 看護学科・心理学科学生への“夢”講義（1）～（6）』
『武道哲学講義（1）～（3）』
『武道空手學 概論〔新世紀編〕』（共著）（以上 現代社）

哲学・論理学原論〔新世紀編〕
――ヘーゲル哲学 学形成の認識論的論理学――

Die wissenschaftliche Grundlegung der Philosophie und der Logik－Zum Verstehen der Hegels Philosophie: Wissenschaft der epistemologischen Logik für den Aufbau der Wissenschaft

2017年10月17日　第1版第1刷発行©
2018年4月7日　第1版第2刷発行©

著　者　南郷継正
発行者　小南吉彦
印刷所　中央印刷株式会社
製本所　誠製本株式会社

発行所　東京都新宿区早稲田鶴巻町514番地（〒162-0041）　株式会社 現代社
電話：03-3203-5061　振替：00150-3-68248

＊落丁・乱丁本はおとりかえいたします。

ISBN　978-4-87474-182-5　C3010

# 『南郷継正　武道哲学　著作・講義全集』

第一巻　武道哲学総論Ⅰ　『武道の哲学』――武道学の認識論ならびに実体論

第二巻　武道哲学入門Ⅰ　『新・弁証法・認識論への道』第一部・第二部

第三巻　武道哲学入門Ⅱ　『哲学・論理学への道』第一部・第二部

第四巻　武道の科学Ⅰ　『〔全集版〕武道の理論』＋『武道哲学講義Ⅰ』

第五巻　武道の科学Ⅱ　『〔全集版〕武道の復権』＋『武道哲学講義Ⅱ』

第六巻　武道の科学Ⅲ　『〔全集版〕武道への道』＋『武道哲学講義Ⅲ』

第七巻　武道の科学Ⅳ　『〈全集版〉武道修行の道』＋『武道哲学講義Ⅳ』
第八巻　武道哲学総論Ⅱ　『〈全集版〉武道学綱要』（武道とは何か）＋『武道哲学講義Ⅴ』
第九巻　武道哲学各論Ⅰ　『武道講義　武道と認識の理論Ⅰ』＋『武道武術の諸問題Ⅰ』
第十巻　武道哲学各論Ⅱ　『武道哲学　武道と認識の理論Ⅱ』＋『武道哲学講義Ⅵ』
第十一巻　武道哲学各論Ⅲ　『武道哲学　武道と認識の理論Ⅲ』＋『武道哲学講義Ⅶ』
第十二巻　武道哲学各論Ⅳ　『新版　武道と弁証法の理論』
第十三巻　武道哲学総論Ⅲ　『武道における教育論・上達論・勝負論・極意論講義』

二五〇〇部限定
箱入り上製本